Coleção
LEIS ESPECIAIS
para ***concursos***

Dicas para realização de provas com questões de concursos e jurisprudência do STF e STJ inseridas artigo por artigo

50

Coordenação:
LEONARDO GARCIA

MANDADO DE SEGURANÇA E MANDADO DE INJUNÇÃO

Leis 12.016/2009 e 13.300/2016

50

Coleção
LEIS ESPECIAIS
para **concursos**

Dicas para realização de provas com questões de concursos e jurisprudência do STF e STJ inseridas artigo por artigo

Coordenação:
LEONARDO GARCIA

ABHNER YOUSSIF MOTA ARABI

MANDADO DE SEGURANÇA E MANDADO DE INJUNÇÃO

Leis 12.016/2009 e 13.300/2016

2ª edição
revista, atualizada e ampliada

2019

EDITORA *Jus*PODIVM
www.editorajuspodivm.com.br

EDITORA *Jus*PODIVM
www.editorajuspodivm.com.br

Rua Território Rio Branco, 87 – Pituba – CEP: 41830-530 – Salvador – Bahia
Tel: (71) 3045.9051
• Contato: https://www.editorajuspodivm.com.br/sac

Capa: Ana Caquetti

M271 Mandado de segurança e mandado de injunção / Abhner Youssif Mota Arabi – 2. ed. rev., atual. e ampl. – Salvador: Editora JusPodivm, 2019.
272 p. (Leis Especiais para Concursos, v.50/ coordenador Leonardo Garcia)

ISBN 978-85-442-2398-7

1. Direito Constitucional. 2. Mandado de Segurança. 3. Mandado de Injunção. I. Garcia, Leonardo de Medeiros. II. Arabi, Abhner Youssif Mota. III. Título.

CDD 341.2

Proposta da Coleção *Leis Especiais para Concursos*

A coleção *Leis Especiais para Concursos* tem como objetivo preparar os candidatos para os principais certames do país.

Pela experiência adquirida ao longo dos anos, dando aulas nos principais cursos preparatórios do país, percebi que a grande maioria dos candidatos apenas lê as leis especiais, deixando os manuais para as matérias mais cobradas, como constitucional, administrativo, processo civil, civil etc. Isso ocorre pela falta de tempo do candidato ou porque faltam no mercado livros específicos (para concursos) em relação a tais leis.

Nesse sentido, a Coleção *Leis Especiais para Concursos* tem a intenção de suprir uma lacuna no mercado, preparando os candidatos para questões relacionadas às leis específicas, que vêm sendo cada vez mais contempladas nos editais.

Em vez de somente ler a lei seca, o candidato terá dicas específicas de concursos em cada artigo (ou capítulo ou título da lei), questões de concursos mostrando o que os examinadores estão exigindo sobre cada tema e, sobretudo, os posicionamentos do STF, STJ e TST (principalmente aqueles publicados nos informativos de jurisprudência). As instituições que organizam os principais concursos, utilizam os informativos e notícias (publicados na página virtual de cada tribunal) para elaborar as questões de concursos. Por isso, a necessidade de se conhecer (e bem!) a jurisprudência dos tribunais superiores.

Assim, o que se pretende com a presente coleção é preparar o leitor, de modo rápido, prático e objetivo, para enfrentar as questões de prova envolvendo as leis específicas.

Boa sorte!

Leonardo Garcia
(Coordenador da coleção)
www.instagram.com/leomgarcia/

Como Essas Leis são Cobradas nos Concursos?

As Leis 12.016/2009 (Mandado de Segurança) e 13.300/2016 (Mandado de Injunção) são cobradas em diversos concursos jurídicos, entre eles: magistratura estadual e federal, ministérios públicos federal e estaduais, defensorias públicas federal e estaduais, procuradorias federal, estaduais e municipais, bem como concursos de analista jurídico dos diversos órgãos públicos. A cobrança se dá tanto no âmbito do Direito Constitucional (já que se trata de duas ações tipicamente constitucionais, também conhecidas como *remédios constitucionais*) quanto no Direito Processual Civil (nesse caso, com maior destaque para os aspectos procedimentais dessas duas ações).

Os assuntos mais cobrados variam desde aspectos mais gerais quanto às hipóteses de cabimento, até aspectos mais específicos enfrentados em casos de destaque. Ademais, em relação a seus contornos jurisprudenciais, as ações comentadas neste livro são julgadas pelo Supremo Tribunal Federal e pelo Superior Tribunal de Justiça não apenas no âmbito recursal, mas também em diversos casos de sua competência originária. Por essa razão, compreender o entendimento desses Tribunais sobre o tema é essencial para o domínio da matéria. Ao longo do livro, os julgados mais importantes sobre cada tema são indicados sinteticamente ao leitor, acompanhados de comentários teóricos que facilitam sua compreensão.

É importante ressaltar que os artigos mais cobrados estão destacados em pontilhado nos boxes cinza, como no exemplo abaixo:

Art. 1º Conceder-se-á mandado de segurança para **proteger direito líquido e certo, não amparado por habeas corpus ou habeas data**, sempre que, **ilegalmente ou com abuso de poder**, qualquer pessoa física ou jurídica sofrer **violação ou houver justo receio de sofrê-la** por parte de autoridade, seja de que categoria for e sejam quais forem as funções que exerça.

Sumário

Abreviaturas

ADI	Ação Direta de Inconstitucionalidade
ADIO	Ação Direta de Inconstitucionalidade por Omissão
ADPF	Arguição por Descumprimento de Preceito Fundamental
AGU	Advogado-Geral da União
CNJ	Conselho Nacional de Justiça
CRFB/88	Constituição da República Federativa do Brasil de 1988
CPC/1973	Código de Processo Civil de 1973
CPC/2015	Código de Processo Civil de 2015
EC	Emenda Constitucional
HC	*Habeas Corpus*
HD	*Habeas Data*
MI	Mandado de Injunção
MS	Mandado de Segurança
PGR	Procurador-Geral da República
STF	Supremo Tribunal Federal
STJ	Superior Tribunal de Justiça

Lei do Mandado de Segurança – Lei 12.016, de 7 de Agosto de 2009

Disciplina o **mandado de segurança individual e coletivo** e dá outras providências.

Art. 1º Conceder-se-á mandado de segurança para **proteger direito líquido e certo, não amparado por habeas corpus ou habeas data**, sempre que, **ilegalmente ou com abuso de poder**, qualquer pessoa física ou jurídica sofrer **violação ou houver justo receio de sofrê-la** por parte de autoridade, seja de que categoria for e sejam quais forem as funções que exerça.

§ 1º Equiparam-se às **autoridades**, para os efeitos desta Lei, os representantes ou órgãos de **partidos políticos e os administradores de entidades autárquicas**, bem como os **dirigentes de pessoas jurídicas ou as pessoas naturais no exercício de atribuições do poder público**, somente no que disser respeito a essas atribuições.

§ 2º **Não cabe mandado de segurança** contra os **atos de gestão comercial** praticados pelos administradores de empresas públicas, de sociedade de economia mista e de concessionárias de serviço público.

§ 3º Quando o direito ameaçado ou violado couber a **várias pessoas**, qualquer delas poderá requerer o mandado de segurança.

1. Âmbito temático da norma

A Lei nº 12.016/2009 disciplina e estabelece os regramentos atinentes ao mandado de segurança, tanto no âmbito individual quanto no âmbito coletivo. O referido ato normativo substitui as leis anteriores que conferiam tratamento à matéria, especialmente as Leis nº 1.533/1951 e nº 4.348/1964.

Seu art. 1º reproduz em grande parte o art. 5º, LXIX, da CRFB/88 (*"conceder-se-á mand .do de segurança para proteger direito líquido e certo, não amparado por habeas corpus ou habeas data, quando o responsável pela ilegalidade ou abuso de poder for autoridade pública ou agente de pessoa jurídica no exercício de atribuições do Poder Público"*), definindo o âmbito temático da norma e também os casos de cabimento dessa ação mandamental. Outro dispositivo constitucional que também se refere a tal *writ* é o inciso LXX da CRFB/88, que se refere ao mandado de segurança coletivo, dispondo que *"o mandado de segurança coletivo pode ser impetrado por: a) partido político com representação no Congresso Nacional; b) organização sindical, entidade de classe ou associação legalmente constituída e em funcionamento há pelo menos um ano, em defesa dos interesses de seus membros ou associados"*.

Esse último aspecto é também abordado pelos artigos 21 e 22 da presente Lei, os quais são objeto de tratamento específico pelo Volume 28 desta coleção de "Leis Especiais para Concursos", que tratando dos Direitos Coletivos em geral aborda a questão conjuntamente com as outras leis concernentes ao microssistema do processo civil coletivo, tais como a Lei da Ação Civil Pública (7.347/1985), o Título III do Código de Defesa do Consumidor (8.078/1990), a Lei da Ação Popular (4.717/1965) e também o Mandado de Injunção Coletivo (artigos 12 e 13 da Lei nº 13.300/2016). Para o estudo específico desses assuntos, remetemos o leitor à referida obra.

→ Aplicação em concurso:

- **Técnico Judiciário - Área Administrativa – TRT 5ª Região (2008) - CESPE**

  "Qualquer partido político pode impetrar mandado de segurança coletivo para proteção de direito líquido e certo".

  Afirmativa errada.

2. Antecedentes históricos

Dentre as características que distinguem e dão identidade peculiar à ação de mandado de segurança está a necessária presença de **direito líquido e certo**. Aliás, esse é o próprio objetivo da previsão específica dessa ação, que tem como finalidade constitucionalmente manifestada a proteção de direito líquido e certo, no que o texto constitucional é reproduzido pelo art. 1º da Lei nº 12.016/2009. Convém, pois, saber qual o alcance semântico da expressão.

Do ponto de vista histórico, a primeira previsão constitucional da ação de mandado de segurança se deu no texto de 1934, cujo artigo 113, item 33, assim dispunha:

CAPÍTULO II

Dos Direitos e das Garantias Individuais

> **Art. 113** - A Constituição assegura a brasileiros e a estrangeiros residentes no País a inviolabilidade dos direitos concernentes à liberdade, à subsistência, à segurança individual e à propriedade, nos termos seguintes:
>
> [...]
>
> 33) Dar-se-á mandado de segurança para defesa do direito, certo e incontestável, ameaçado ou violado por ato manifestamente inconstitucional ou ilegal de qualquer autoridade. O processo será o mesmo do habeas corpus, devendo ser sempre ouvida a pessoa de direito público interessada. O mandado não prejudica as ações petitórias competentes.

Note-se que já se tinha a previsão do mandado de segurança dentro do capítulo constitucional relativo aos direitos e garantias individuais, abrangendo tanto os brasileiros quanto os estrangeiros residentes no país. Previa-se o cabimento da ação nos casos de manifesta inconstitucionalidade ou ilegalidade de qualquer autoridade, mas fazia-se referência, nessa época, a "direito certo e incontestável". Ainda, na ausência de procedimento específico, determinava-se a aplicação do mesmo rito aplicável ao *habeas corpus*, exigindo-se a prévia manifestação da pessoa de direito público interessada e ressalvando-se expressamente o não prejuízo de outras ações cabíveis.

Antes disso, na ausência de previsão de instrumentos processuais destinados à proteção desses direitos líquidos e certos, ou os direitos fundamentais e as garantias individuais em geral, criou-se sob a vigência da Constituição Republicana de 1891 a **doutrina brasileira do *habeas corpus***, pela qual se atribuía a esta última via processual uma interpretação mais ampla, que ensejasse o seu manejo para a proteção de direitos e liberdades individuais em geral.

É que, em sua redação original, a Constituição de 1891 já continha previsão expressa do cabimento de *habeas corpus* para as situações em que o indivíduo, brasileiro ou estrangeiro residente no país, sofresse ou se achasse em iminente perigo de sofrer violência ou coação por ilegalidade ou abuso de poder. Essa era a disposição do art. 72, § 22, daquela Constituição:

> SEÇÃO II
> Declaração de Direitos
>
> **Art. 72** - A Constituição assegura a brasileiros e a estrangeiros residentes no País a inviolabilidade dos direitos concernentes à liberdade, à segurança individual e à propriedade, nos termos seguintes:
>
> [...]
>
> § 22 - Dar-se-á o *habeas corpus*, sempre que o indivíduo sofrer ou se achar em iminente perigo de sofrer violência ou coação por ilegalidade ou abuso de poder.

A partir dessa previsão constitucional bastante ampla, que possibilitava a impetração de *habeas corpus* para a proteção de situações de violência ou coação por ilegalidade ou abuso de poder em geral, a "doutrina brasileira do *habeas corpus*" desenvolveu-se no sentido de ampliar essa via processual, inicialmente pensada para a proteção do direito de ir e vir, à tutela de direitos violados ou ameaçados por qualquer atuação arbitrária do poder público, em proteção a direitos que, direta ou indiretamente, se vinculassem à liberdade individual. É dizer: na falta de outros instrumentos processuais mais adequados (como supervenientemente se revelaria o mandado de segurança), tentava-se conferir ampla interpretação ao cabimento do *habeas corpus*. O processo de construção dessa teoria teve grande contribuição do então advogado Rui Barbosa, que por vezes provocou o Supremo Tribunal Federal, pela via do *habeas corpus*, a aplicar esse entendimento.

Entretanto, em 1926 sobreveio a Emenda Constitucional nº 3 à Constituição de 1891, que alterou as disposições relativas ao *habeas corpus*, restringindo as hipóteses de seu cabimento à violência por meio de prisão ou ao constrangimento ilegal à liberdade de locomoção. Veja-se como ficou a nova redação à época:

> SEÇÃO II
> Declaração de Direitos
>
> **Art.72** - A Constituição assegura a brasileiros e a estrangeiros residentes no paiz a inviolabilidade dos direitos concernentes á liberdade, á segurança individual e á propriedade, nos termos seguintes: (Redação dada pela Emenda Constitucional de 3 de setembro de 1926)
>
> [...]

> § 22. Dar-se-ha o *habeas-corpus* sempre que alguém soffrer ou se achar em imminente perigo de soffrer violencia por meio de prisão ou constrangimento illegal em sua liberdade de locomoção. (Redação dada pela Emenda Constitucional de 3 de setembro de 1926)

A partir dessa restrição constitucional, perderam forças os argumentos sustentados pela "doutrina brasileira do *habeas corpus*", pelo que se aumentou a necessidade de que se previsse algum instrumento processual destinado à proteção mais ampla e célere dos direitos individuais atingidos ou ameaçados por condutas do poder público em geral. Assim é que a Constituição de 1934 instituiu, pela vez primeira no ordenamento jurídico brasileiro, o Mandado de Segurança, que recebeu tratamento no plano infraconstitucional pela Lei nº 1.533/1951.

→ Aplicação em concurso:

- **Analista de Contas – MPC/MS (2013) – FCC**

  "Marcante na evolução histórica da proteção dos direitos fundamentais no constitucionalismo brasileiro foi a construção interpretativa levada a efeito pelo Supremo Tribunal Federal em torno do significado do instituto do *habeas corpus* sob a vigência da Constituição de 1891. Tal orientação jurisprudencial, chamada de 'doutrina brasileira do *habeas corpus*',

A) consubstanciou a principal fonte de inspiração do mandado de segurança, *writ* introduzido no ordenamento brasileiro a partir da Constituição de 1934.

B) reconhecia a legitimidade do uso de habeas corpus em face de lesão ou ameaça a qualquer dos direitos fundamentais constitucionalmente assegurados.

C) foi inspirada nos ideais do neoconstitucionalismo.

D) reconhecia a legitimidade do uso de habeas corpus em face de lesão ou ameaça a outras liberdades individuais, muito embora o texto constitucional original limitasse expressamente o alcance do writ apenas à liberdade de locomoção.

E) caracterizou-se fundamentalmente por dotar o habeas corpus, ainda que sem base normativa, de elevado nível de informalidade processual, dispensando a exigência de representação por advogado devidamente constituído e reconhecendo a legitimidade de concessão *ex officio* pela autoridade judicial."

Alternativa correta: letra 'A'.

- **OAB (2009)**

  "No que se refere aos remédios constitucionais, assinale a opção correta.

  A) A ação popular pode ser ajuizada por qualquer pessoa para a proteção do patrimônio público estatal, da moralidade administrativa, do meio ambiente e do patrimônio histórico e cultural.

  B) A ação civil pública somente pode ser ajuizada pelo MP, segundo determina a CF.

  C) A doutrina brasileira do habeas corpus, cujo principal expoente foi Rui Barbosa, conferiu grande amplitude a esse writ, que podia ser utilizado, inclusive, para situações em que não houvesse risco à liberdade de locomoção.

  D) O habeas data pode ser impetrado ao Poder Judiciário, independentemente de prévio requerimento na esfera administrativa."

  A alternativa correta é a letra 'C'.

- **Promotor de Justiça – MP/Piauí (2012)- CESPE**

  "Denomina-se doutrina brasileira do *habeas corpus* o entendimento atual do STF, reunido em diversas súmulas, acerca da aplicação e cabimento desse instituto".

  Afirmativa errada.

Nos textos constitucionais seguintes, manteve-se a figura do *writ*, dessas outras vezes já com a expressão de "direito líquido e certo". A exceção foi a Constituição de 1937, que não continha previsão específica relativa ao mandado de segurança. Analisados esses antecedentes históricos e a origem da "doutrina brasileira do *habeas corpus*", voltemos à análise dos elementos que caracterizam a presença ou ausência de direito líquido e certo.

3. Direito líquido e certo. Prova pré-constituída.

Em linhas gerais e de forma bastante direta, pode-se afirmar que a presença de direito líquido e certo se caracteriza quando resultar de fato induvidoso, facilmente comprovável, sem necessidade de maior instrução probatória processual. Note-se, nesse sentido, que a noção se vincula com a própria ideia de **prova pré-constituída**, isto é, a necessidade de que os meios de prova que demonstrem os fatos e os direitos alegados sejam existentes previamente à própria ação, visto que o rito processual da ação de mandado de segurança não admite a instrução probatória, o que seria incompatível com o vetor de celeridade intrínseco a tal via processual.

Nesse mesmo sentido é a lição de Hely Lopes Meirelles, Arnoldo Wald e Gilmar Ferreira Mendes: "Direito líquido e certo é aquele que se apresenta manifesto na sua existência, delimitado na sua extensão e apto a ser exercitado no momento da impetração"[1]. É, então, titular do direito líquido e certo aquele que demonstrar, desde o ajuizamento da ação, a incontestabilidade do seu direito, mediante prova pré-constituída.

Observe-se que a necessidade de prova pré-constituída que evidencie o direito líquido e certo do impetrante não representa obstáculo à investigação jurídica da questão debatida no *writ*, isto é, não impede a discussão de teses jurídicas controversas, tampouco a análise de questões jurídicas complexas. É dizer: a mera complexidade da interpretação das normas atinentes ao direito invocado não apresenta óbice ao cabimento desta ação. Entretanto, exige-se do impetrante que os fatos ensejadores de seu direito sejam comprovados de plano, pela via documental, já desde a petição inicial da impetração.

▶ **STF:**

> Súmula nº 625/STF: "Controvérsia sobre matéria de direito não impede concessão de Mandado de Segurança".

→ **Aplicação em concurso:**

- **Analista de Controle – TCE/PR (2016) – CESPE**

  "O cabimento do mandado de segurança depende da presença de direito líquido e certo e, portanto, esse instrumento será inadequado quando a matéria de direito, objeto da ação, for controvertida."

  A afirmativa está errada.

- **Analista do Ministério Público – MP/RJ (2016) – FGV (adaptada)**

  "No que se refere ao mandado de segurança, é correto afirmar que:

  Visa a tutelar direito líquido e certo, compreendido como tal aquele que decorre de fatos demonstráveis de plano, por meio de prova documental pré-constituída."

  A afirmativa está correta.

- **Analista da Defensoria Pública – DPE/RO (2015) – FGV**

  "No que se refere ao mandado de segurança, é correto afirmar que:

---

1. MEIRELLES, Hely Lopes; WALD, Arnoldo; MENDES, Gilmar Ferreira. **Mandado de segurança e ações constitucionais.** São Paulo: Editora Malheiros, 2013, p. 37.

Visa a tutelar direito líquido e certo, compreendido como tal aquele que decorre de fatos demonstráveis através de prova documental, pericial ou oral."

A afirmativa está errada.

- **Analista do CNMP – Direito – CNMP (2015) – FCC**

  "Controvérsia sobre matéria de direito não impede a concessão de mandado de segurança."

  A afirmativa está correta.

- **Analista do CNMP – Direito – CNMP (2015) – FCC**

  "A complexidade dos fatos exclui por si só o caminho do mandado de segurança."

  A afirmativa está errada.

- **Procurador da Assembleia Legislativa de Goiás (2015) – CS-UFG**

  "É sabido que o mandado de segurança é espécie de ação constitucional, de natureza cognitiva, destinada a tutelar direito líquido e certo não amparado por habeas corpus ou habeas data. No mandado de segurança, [...] o direito líquido e certo que enseja tutela pela via mandamental é aquele sobre o qual não há controvérsia, doutrinária ou jurisprudencial."

  A afirmativa está errada.

- **Auditor Substituto – TCE/RJ (2015) – FGV**

  "O mandado de segurança [...] sendo ação constitucional, admite qualquer meio de prova indispensável para a parte demonstrar a ilegalidade ou abuso de poder."

  A afirmativa está errada.

- **Auditor Substituto – TCE/RJ (2015) – FGV**

  "O mandado de segurança [...] pode ser impetrado pelo ofendido, sem necessidade de representação por advogado, à semelhança do que ocorre no caso de habeas corpus."

  A afirmativa está errada.

- **Auditor Substituto – TCE/RJ (2015) – FGV**

  "O mandado de segurança [...] é admissível contra omissão ilegal ou abusiva de autoridade pública ou de agente de pessoa jurídica no exercício de atribuição do Poder Público."

  A afirmativa está correta.

- **Procurador do Município de Niterói (2014) – FGV (adaptada)**

  "Em relação ao mandado de segurança, é correto afirmar que:

  Visa a tutelar direito líquido e certo, compreendido como tal aquele que decorre de fatos demonstráveis de plano, mediante prova documental pré-constituída."

  A afirmativa está correta.

- **Procurador do Município de Nossa Senhora do Socorro/SE (2014) – FUNDEP**

  "A noção de direito líquido e certo, em seu específico sentido jurídico-processual, significa fato incontestável e inequívoco, demonstrado imediatamente por meio de prova documental, literal e pré-constituída."

  A afirmativa está correta.

- **Promotor de Justiça – MPE/PR (2014) – Banca própria**

  "Controvérsia sobre matéria de direito impede concessão de mandado de segurança."

  A afirmativa está errada.

- **Juiz de Direito – TJ/MT (2014) – FMP**

  "Quanto ao direito líquido e certo em mandado de segurança, é correto afirmar que:

A) é um conceito de direito material e revela o objeto litigioso do processo.

B) é um conceito ligado à circunstância de o direito poder ser provado por todos os meios juridicamente admissíveis.

C) é um conceito de direito material que, contudo, não constitui o objeto litigioso do processo.

D) é um conceito processual, ligado à circunstância de o direito poder ser provado tão-somente mediante prova documental.

E) nenhuma das afirmações é totalmente correta."

Alternativa correta: letra "D".

- **Procurador Municipal – Prefeitura de Paraty/RJ (2016) – CESPE**

  "A impetração do mandado de segurança deve fundamentar-se:

A) Em alegações que dependam de dilação probatória.

B) Em recursos administrativos.

C) Na natureza civil da ação constitucional.

D) Na hipótese de ajuizamento.

E) No conceito de direito líquido e certo."

Alternativa correta letra "E".

- **Advogado – Fundação Santa Cabrini/RJ (2014) – CEPERJ**

  "Nos termos da Constituição, não cabendo Habeas Data ou Habeas Corpus, será possível a impetração de Mandado de Segurança quando houver:

  A) pretensão resistida

  B) reconhecimento jurídico

  C) direito líquido e certo

  D) ato legal

  E) decisão administrativa."

  Alternativa correta letra "C"

- **Técnico – MPE/RJ (2011) – FUJB**

  "Entende-se por 'direito líquido e certo', expressão utilizada pela CRFB/88 para estatuir o cabimento de um dos remédios constitucionais que prevê entre suas declarações de direitos e garantias fundamentais, aquele:

  A) no qual tanto o pedido quanto a quantidade pedida vêm expressos desde a exordial;

  B) determinado acerca do que se pede e mensurável por mero cálculo aritmético;

  C) cuja prova já se apresenta pré-constituída, produzida desde o oferecimento da petição inicial;

  D) cuja comprovação vem indicada desde o aforamento da demanda, não comportando emendas quando da fase de instrução probatória

  E) não amparado por habeas corpus e/ou habeas data."

  Alternativa correta letra "C".

- **Auxiliar Administrativo – UFRJ (2015) – UFRJ**

  "O instrumento que se utiliza para a proteção de direito líquido e certo contra ato ou omissão de autoridade pública não amparado por habeas corpus ou habeas data chama-se,

  A) mandado judicial.

  B) direito de petição.

  C) ação rescisória.

  D) mandado de injunção.

  E) mandado de segurança."

  Alternativa correta letra "E".

- **Técnico Judiciário – TRT 9ª Região (2007) - CESPE**

  "Julgue os itens seguintes, no referente a direitos e garantias fundamentais.

  O instrumento processual adequado para cassar ato de autoridade que venha a violar direito líquido e certo da pessoa do impetrante é o mandado de segurança ou a ação popular."

  Afirmativa errada.

4. Natureza jurídica do direito líquido e certo

Apreendido o conceito da expressão "direito líquido e certo", cumpre tratar da sua natureza jurídica, que é objeto de controvérsia na doutrina processualista civil. Há três posições principais:

A) Trata-se de condição da ação (categoria cuja existência ainda é sustentada por parte da doutrina, apesar de não ter sido expressamente mantida no Código de Processo Civil de 2015). Nesse aspecto, a existência ou não do direito líquido e certo revelaria a presença ou ausência do próprio interesse de agir por meio dessa via processual especial;

B) Trata-se de pressuposto processual objetivo, isto é, requisito processual específico a tal ação, imprescindível à possibilidade da utilização do mandado de segurança, mas que não invalida a tutela do interesse jurídico buscado por outra via processual ordinária.

C) Trata-se do próprio mérito da ação, já que a afirmação da existência ou da inexistência de direito líquido e certo já se confundiria com o próprio fundo de direito alegado pelo autor, isto é, o próprio direito subjetivo invocado. Desse modo, a presença ou ausência de direito líquido e certo já representaria a procedência ou improcedência do pedido formulado no *mandamus*.

Pode-se, ainda, defender uma posição intermediária, em raciocínio bastante semelhante ao que defende a teoria da asserção em relação às condições da ação do processo civil. Antes, porém, destaca-se que ainda se controverte se, sob a vigência do CPC/2015, permanece existente a categoria das condições da ação. Isso porque o CPC/1973 a elas fazia referência expressa quando previa como uma das causas de extinção do processo sem resolução do mérito a ausência de "*qualquer das condições da ação, como a possibilidade jurídica, a legitimidade das partes e o interesse processual*" (art. 267, VI, do CPC/1973). No CPC/2015, entretanto, o dispositivo correlato dispõe ser hipótese de não resolução do mérito a "*ausência de legitimidade ou de interesse processual*" (art. 485, VI, do CPC/2015).

Abstraindo-se dessa discussão, que não constitui o objeto de estudo nesse momento, a teoria da asserção recomenda a aferição das condições da ação *in statu assertionis*, isto é, assim como expostas pelo próprio autor em sua petição inicial, o que interferirá na própria consequência jurídica que sua ausência importará. Se aferida logo no início do processo, sua ausência constituirá causa de extinção do processo sem resolução do mérito, o que, a princípio, a penas produzirá coisa julgada formal, isto é, endoprocessualmente. De outro lado, caso aferida a ausência de interesse ou de legitimidade em momento mais avançado da lide, essa característica se confundiria com a própria improcedência dos pedidos formulados, já que representariam, em outras palavras, afirmar que o autor não é titular da situação jurídica subjetiva que aduzia possuir. Nesses casos, a coisa julgada teria aspecto material, abrangendo também sua força para outros processos e atraindo tanto sua eficácia negativa quanto sua eficácia positiva. De todo modo, mais uma vez se ressalta expressamente que se trata apenas de uma das muitas teorias existentes, matéria que representa controvérsia ainda existente no direito processual civil brasileiro e, sob certo aspecto, intensificada na vigência do CPC/2015.

Em todo caso, a referida solução intermediária mencionada quanto à natureza jurídica da verificação da existência ou não de direito líquido e certo recomenda que tal resposta dependa do momento processual em que se opera essa análise. Assim, conforme esse fator, o direito líquido e certo poderia ser condição da ação/pressuposto processual *lato sensu* ou configurar o próprio conteúdo do mérito do mandado de segurança.

→ Aplicação em concurso:

- **Procurador – DPE/DF (2006) – CESPE**

  "Com relação ao mandado de segurança, julgue os itens a seguir.

  No mandado de segurança, o direito líquido e certo é condição da ação. Assim, a sentença que nega a existência do direito líquido e certo é decisão sem resolução de mérito por carência de ação."

  Alternativa erada.

5. Cabimento residual

Em relação ao *habeas data* e ao *habeas* corpus, o cabimento do Mandado de Segurança é residual, isto é, só será possível quando não cabível alguma daquelas outras vias processuais. É nesse sentido que se coloca a disposição constitucional do art. 5º, LXIX, ao prever que *"conceder-se-á mandado de segurança para proteger direito líquido e certo, **não amparado por habeas corpus ou habeas data**"* (grifos nossos), redação que é também repetida pelo art. 1º, *caput*, da Lei nº 12.016/2009.

As hipóteses de cabimento do *habeas data* são mais detalhadamente dispostas na Lei nº 9.507/1997, que regula o direito de acesso a informações e disciplina o rito processual de tal ação. Já as situações que possibilitam a impetração de *habeas corpus* dizem respeito à proteção do direito de ir e vir, isto é, à tutela da liberdade individual de locomoção do paciente. Como vimos, o seu escopo mais amplo que ensejava a fundamentação da "doutrina brasileira do *habeas corpus*" não mais subsiste e até mesmo perdeu sentido jurídico em razão do desenvolvimento de novos mecanismos destinados à proteção de outras liberdades e de outros direitos individuais assegurados pelo ordenamento jurídico. Apesar de essa última ação não constituir objeto de análise da presente obra, esses esclarecimentos são suficientes para elucidar o cabimento residual, no sentido que aqui se explicou, da ação de mandado de segurança.

Cumpre, nesse sentido, destacar as previsões constitucionais sobre o assunto, para que se possa fazer uma análise comparativa entre os dispositivos:

> CRFB/88, art. 5º:
>
> LXVIII – conceder-se-á ***habeas corpus*** sempre que alguém sofrer ou se achar ameaçado de sofrer violência ou coação em sua liberdade de locomoção, por ilegalidade ou abuso de poder;
>
> LXIX – conceder-se-á **mandado de segurança** para proteger direito líquido e certo, não amparado por habeas corpus ou habeas data, quando o responsável pela ilegalidade ou abuso de poder for autoridade pública ou agente de pessoa jurídica no exercício de atribuições do Poder Público;
>
> LXXII – conceder-se-á ***habeas data***:
>
> a) para assegurar o conhecimento de informações relativas à pessoa do impetrante, constantes de registros ou bancos de dados de entidades governamentais ou de caráter público;
>
> b) para a retificação de dados, quando não se prefira fazê-lo por processo sigiloso, judicial ou administrativo;

→ Aplicação em concurso:

- **Advogado – UFMS (2014) - Instituto AOCP**

  "Conceder-se-á mandado de segurança para proteger direito líquido e certo, não amparado por habeas corpus ou habeas data, sempre que, ilegalmente ou com abuso de poder, qualquer pessoa física ou jurídica sofrer violação ou houver justo receio de sofrê-la por parte de autoridade, seja de que categoria for e sejam quais forem as funções que exerça."

  A afirmativa está correta.

6. Ilegalidade ou abuso de poder

Além dos requisitos até agora analisados (existência de direito líquido e certo que não possa ser protegido por *habeas corpus* ou *habeas data*), o ajuizamento de mandado de segurança pressupõe situação que envolva ilegalidade ou abuso de poder. É que se trata de instrumento processual tipicamente direcionado à proteção dos particulares frente a condutas não admitidas pela ordem jurídica e que sejam cometidas por autoridades públicas ou por autoridades privadas no exercício de funções ou atribuições públicas.

Há de se lembrar que a atuação da Administração Pública (que comumente se dá pelos atos administrativos, mas não apenas por estes), quando submetida ao regime jurídico de direito público, é pautada por regras e princípios próprios, que lhe acarretam algumas prerrogativas especiais, mas também situações de sujeições especiais, que se colocam de forma mais rígida quando em comparação com o regime jurídico que comumente rege a atuação dos particulares. Dentre esses princípios, destaca-se o da legalidade (ou, como mais modernamente fala a doutrina, da juridicidade), segundo o qual a Administração Pública só pode atuar se e quando houver autorização legislativa que a legitime, a qual também confere limites a essa atuação.

Em desdobramento dessa ideia de legalidade, coloca-se também a noção de abuso de poder. É importante destacar que todo o regime jurídico administrativo está fundamentado no equilíbrio entre poderes e deveres. É dizer: a função administrativa é exercida em nome da coletividade e em proteção do interesse público, objetivo em razão do qual se erigem à Administração Pública alguns poderes especiais. Entretanto, à luz de um Estado Democrático de Direito, em que também o poder público deve se sujeitar aos limites impostos pelo ordenamento jurídico, esses poderes apenas se justificam e se legitimam enquanto conformados e compatíveis com as finalidades e os fundamentos que ensejam a sua própria existência. Assim, se os poderes atribuídos à Administração Pública são exercidos em desconformidade com os fundamentos e as finalidades que os legitima e os justifica, estar-se-á diante de uma situação de abuso de poder.

Na doutrina administrativista, costuma-se destacar três formas principais de abuso de poder: o **desvio de poder** (quando o seu exercício se dá por razões não compatíveis com o interesse público), **excesso de poder** (quando a atuação de autoridade inicialmente competente e titular daqueles poderes exercidos excede os limites das atribuições que legalmente lhe foram atribuídas) e a **omissão administrativa** (que se consubstancia por um não-agir da Administração Pública quando esta devia atuar de forma positiva e concreta).

Curiosamente, além do que já destacado, algumas situações de ilegalidade de atos administrativos ou de outras situações que ensejem sua nulidade são previstas no art. 2º da Lei nº 4.717/1965, que disciplina a ação popular:

> Lei nº 4.717/1965 Lei da Ação popular:
>
> Art. 2º São nulos os atos lesivos ao patrimônio das entidades mencionadas no artigo anterior, nos casos de:
>
> a) incompetência;
>
> b) vício de forma;
>
> c) ilegalidade do objeto;
>
> d) inexistência dos motivos;
>
> e) desvio de finalidade.
>
> Parágrafo único. Para a conceituação dos casos de nulidade observar-se-ão as seguintes normas:
>
> a) a incompetência fica caracterizada quando o ato não se incluir nas atribuições legais do agente que o praticou;
>
> b) o vício de forma consiste na omissão ou na observância incompleta ou irregular de formalidades indispensáveis à existência ou seriedade do ato;
>
> c) a ilegalidade do objeto ocorre quando o resultado do ato importa em violação de lei, regulamento ou outro ato normativo;

d) a inexistência dos motivos se verifica quando a matéria de fato ou de direito, em que se fundamenta o ato, é materialmente inexistente ou juridicamente inadequada ao resultado obtido;

e) o desvio de finalidade se verifica quando o agente pratica o ato visando a fim diverso daquele previsto, explícita ou implicitamente, na regra de competência.

É certo que a possibilidade de impetração do mandado de segurança não se limita à impugnação de atos administrativos, tampouco apenas de formas de atuação da Administração Pública. Apesar de serem essas as hipóteses mais comuns, é possível também que a situação de ilegalidade ou de abuso de poder exsurja de entidades privadas (tais como os partidos políticos ou pessoas jurídicas de direito privado quando atuem no exercício de funções públicas, por exemplo). Essas situações se dão em relação às autoridades por equiparação (às quais se refere o § 1º do art. 1º da Lei nº 12.016/2009), objeto de tópico específico à frente.

7. Pessoa física ou jurídica

Nos termos da disposição legal expressa, o direito líquido e certo a ser protegido pelo mandado de segurança pode ser de titularidade de pessoa física ou jurídica. É dizer: esse *writ* (diferente de ações como a ação popular, por exemplo) pode ser impetrado tanto por pessoa física quanto por pessoa jurídica, na defesa de proteção de seus interesses próprios que constituam direitos líquidos e certos, em consequência lógica da afirmação de sua personalidade jurídica própria e autônoma.

Jurisprudencialmente, a interpretação é ainda mais ampla, admitindo-se a impetração, em algumas situações, por entidades despersonalizadas, quando em defesa de interesses institucionais ou prerrogativas daquela entidade, por exemplo. Nesses casos, apesar de continuar inexistindo personalidade jurídica, afirma-se a existência de **personalidade judiciária**, de modo a possibilitar a defesa em juízo desses interesses narrados.

Na maioria dos casos, a afirmação dessa personalidade judiciária se dá em situações em que os interesses que a instituição demanda sejam tutelados são inicialmente resistidos pela pessoa jurídica que integram. No ponto, é imperioso lembrar que a organização administrativa pode se dar sob diversas formas, destacando-se no ponto a descentralização administrativa e a desconcentração administrativa.

Na primeira, a descentralização administrativa, são criadas novas entidades administrativas, dotadas estas de personalidade jurídica própria. É a situação da instituição de autarquias públicas, por exemplo, que devem ser criadas por lei específica (art. 37, XIX, da CRFB/88: "*somente por lei específica poderá ser criada autarquia e autorizada a instituição de empresa pública, de sociedade de economia mista e de fundação, cabendo à lei complementar, neste último caso, definir as áreas de sua atuação - Redação dada pela Emenda Constitucional nº 19, de 1998*") e às quais se atribui parcela das funções administrativas típicas de Estado. Nesses casos, havendo personalidade jurídica própria, não há qualquer problema em se afirmar, também, a possibilidade de impetração de mandado de segurança em defesa de direitos líquidos e certos da entidade.

Na segunda, a desconcentração administrativa, criam-se novos órgãos administrativos, unidades desprovidas de personalidade jurídica própria, as quais continuam integrantes da estrutura orgânica da pessoa jurídica que o criou. Nessa segunda hipótese enquadram-se, por exemplo, as situações dos órgãos do Judiciário (Supremo Tribunal Federal, Superior Tribunal de Justiça e demais Tribunais Superiores, Tribunais Regionais Federais, Tribunais de Justiça, etc.), do Legislativo (Senado Federal, Câmara dos Deputados, Assembleias Legislativas estaduais, Câmaras Municipais), além de órgãos como os Ministérios Públicos, Tribunais de Contas, entre outros. Em regra, a atuação desses órgãos em juízo se dá mediante a atuação da pessoa jurídica a que pertencem, o que em geral, nos casos exemplificada mente citados, corresponde aos entes federativos: União, Estados, Distrito Federal e Municípios.

Entretanto, como narrado, podem surgir situações em que os interesses institucionais desses órgãos administrativos coloquem-se em contraposição a condutas ou posições sustentadas pelas Pessoas Jurídicas das quais integrantes. Exemplificativamente, pode-se imaginar, por exemplo, a situação de um Tribunal de Justiça estadual que não recebe do Poder Executivo os duodécimos relativos ao orçamento anual que lhe é destinado. Como se sabe, o texto constitucional assegura ao Poder Judiciário autonomia orçamentária, a ele cabendo elaborar sua proposta orçamentária dentro dos limites da Lei de Diretrizes Orçamentárias, a qual, quando legislativamente aprovada mediante a promulgação da Lei Orçamentária Anual gera o dever de repasse mensal dos duodécimos das dotações orçamentárias correspondentes. Essa é a previsão do art. 168 da CRFB/88, segundo o qual *"Os recursos correspondentes às dotações orçamentárias, compreendidos os créditos suplementares e especiais, destinados aos órgãos dos Poderes Legislativo e Judiciário, do Ministério Público e da Defensoria Pública, ser-lhes-ão entregues até o dia 20 de cada mês, em duodécimos, na forma da lei complementar a que se refere o art. 165, § 9º. (Redação dada pela Emenda Constitucional nº 45, de 2004)"*.

Nesse caso, ou em outros semelhantes ao exemplo dado, a impetração de mandado de segurança seria uma medida judicial cabível? Sim! Como já adiantado, apesar de não se atribuir personalidade jurídica aos Tribunais de Justiça, a situação revela a possibilidade de exercício de sua personalidade judiciária, em defesa do seu interesse institucional relativo ao recebimento mensal dos duodécimos das dotações orçamentárias que lhe foram reservadas, em proteção à autonomia financeira que o texto constitucional assegura ao Poder Judiciário.

Além disso, como disciplina o § 3º do dispositivo comentado, quando o direito líquido e certo ameaçado ou violado couber a várias pessoas, qualquer delas poderá impetrar o mandado de segurança.

► **STF:**

> "[...] 2. A JURISPRUDÊNCIA - COM AMPLO RESPALDO DOUTRINARIO (*V.G.*, VICTOR NUNES, MEIRELLES, BUZAID) - TEM **RECONHECIDO A CAPACIDADE OU PERSONALIDADE JUDICIÁRIA DE ÓRGÃOS COLETIVOS NÃO PERSONALIZADOS E A PROPRIEDADE DO MANDADO DE SEGURANÇA PARA A DEFESA DO EXERCÍCIO DE SUAS COMPETENCIAS E DO GOZO DE SUAS PRERROGATIVAS**. 3. NÃO OBSTANTE DESPIDO DE PERSONALIDADE JURÍDICA, PORQUE E ÓRGÃO OU COMPLEXO DE ÓRGÃOS ESTATAIS, **A CAPACIDADE OU PERSONALIDADE JUDICIÁRIA DO MINISTÉRIO LHE É INERENTE - PORQUE INSTRUMENTO ESSENCIAL DE SUA ATUAÇÃO - E NÃO SE PODE DISSOLVER NA PERSONALIDADE JURÍDICA DO ESTADO, TANTO QUE A ELE FREQUENTEMENTE SE CONTRAPÕE EM JUÍZO**; SE, PARA A DEFESA DE SUAS ATRIBUIÇÕES FINALÍSTICAS, OS TRIBUNAIS TÊM ASSENTADO O CABIMENTO DO MANDADO DE SEGURANÇA, ESTE IGUALMENTE DEVE SER POSTO A SERVIÇO DA SALVAGUARDA DOS PREDICADOS DA AUTONOMIA E DA INDEPENDÊNCIA DO MINISTÉRIO PÚBLICO, QUE CONSTITUEM, NA CONSTITUIÇÃO, MEIOS NECESSÁRIOS AO BOM DESEMPENHO DE SUAS FUNÇÕES INSTITUCIONAIS [...]" (MS nº 21.239/DF, Rel. Ministro Sepúlveda Pertence , Tribunal Pleno, DJ de 23/04/1993).
>
> "[...] 4. Não obstante, a jurisprudência desta Corte reconhece a ocorrência de situações em que o Poder Legislativo necessite

praticar em juízo, em nome próprio, uma série de atos processuais na defesa de sua autonomia e independência frente aos demais Poderes, nada impedindo que assim o faça por meio de um setor pertencente a sua estrutura administrativa, também responsável pela consultoria e assessoramento jurídico de seus demais órgãos. Precedentes: ADI 175, DJ 08.10.93 e ADI 825, DJ 01.02.93 [...]" (ADI 1.557/DF, Rel. Ministro Ellen Gracie, Tribunal Pleno, DJ de 18/6/2004).

► **STJ:**

Súmula 525/STJ: "A Câmara de Vereadores não possui personalidade jurídica, apenas personalidade judiciária, somente podendo demandar em juízo para defender os seus direitos institucionais."

"[...] 1. **A Câmara de Vereadores não possui personalidade jurídica, mas apenas personalidade judiciária, de modo que somente pode demandar em juízo para defender os seus direitos institucionais, entendidos esses como sendo os relacionados ao funcionamento, autonomia e independência do órgão**. 2. Para se aferir a legitimação ativa dos órgãos legislativos, é necessário qualificar a pretensão em análise para se concluir se está, ou não, relacionada a interesses e prerrogativas institucionais. [...]" (REsp 1.164.017/PI, rel. Ministro Castro Meira, Primeira Seção, julgamento em 24/03/2010, DJe de 06/04/2010)

"[...] 2. O entendimento de que o Ministério Público Especial tem sua atuação restrita ao âmbito do Tribunal de Contas não exclui a possibilidade de tal Parquet especial atuar fora de tais cortes em defesa de suas (Ministério Público de Contas) prerrogativas institucionais, que é exatamente a hipótese dos autos. 3. **Tanto a doutrina quanto a jurisprudência pacificamente reconhecem a legitimidade até mesmo para determinados órgãos públicos, entes despersonalizados e agentes políticos dotados de prerrogativas próprias, para impetração de *writ* em defesa de suas atuação funcional e atribuições institucionais**, razão pela qual não há razão para excluir a legitimação para o Ministério Público de Contas em tais casos." (RMS 52.741/GO, rel. Ministro Herman Benjamin, Segunda Turma, julgamento em 08/08/2017)

→ Aplicação em concurso:

- **Procurador do Estado – PGE/TO (2018) – FCC**

"Quando o direito ameaçado ou violado couber a várias pessoas, a impetração do mandado de segurança ficará condicionada à formação de litisconsórcio necessário, podendo porém ser ajuizada ação declaratória autônoma sem o preenchimento desse requisito."

A afirmativa está errada.

- **Analista Judiciário - Área Administrativa – TRE-SP (2017) – FCC**

  "Sobre o mandado de segurança, considere:

  Quando o direito ameaçado ou violado couber a várias pessoas, a utilização do mandado de segurança depende do seu ajuizamento conjunto por todas elas, em litisconsórcio ativo."

  A afirmativa está errada.

- **Analista Judiciário – Analista Judicial – TJ/PI (2015) – FGV**

  "José impetrou mandado de segurança em face do diretor de uma sociedade empresarial privada concessionária de serviço público. Considerando essa hipótese e o disposto na Lei nº 12.016/2009, é correto afirmar que:

  Se o direito invocado pelo impetrante couber a várias pessoas, o mandado de segurança deverá ser liminarmente extinto, em razão do litisconsórcio ativo necessário."

  A afirmativa está errada.

- **Promotor de Justiça – MPE/PR (2014) – Banca própria**

  "Quando o direito ameaçado ou violado couber a várias pessoas, qualquer delas poderá requerer o mandado de segurança."

  A afirmativa está correta.

- **Titular de Serviços de Notas e de Registros – TJ-MS (2014) – IESES**

  "Quando o direito ameaçado ou violado couber a várias pessoas, todas deverão requerer o mandado de segurança em litisconsórcio ativo necessário."

  A afirmativa está errada.

- **Promotor de Justiça – MPE/PE (2014) – FCC**

  "Em relação ao mandado de segurança, de acordo com a lei que o rege, [...] quando o direito ameaçado ou violado couber a várias pessoas, deverão elas impetrá-lo atuando em litisconsórcio necessário ativo."

  A afirmativa está errada.

- **Procurador Jurídico – SAAE/SP (2014) – VUNESP**

  "Com relação ao mandado de segurança, individual ou coletivo, é correto afirmar que [...] quando o direito ameaçado ou violado couber a várias pessoas, todas deverão vir a juízo, em litisconsórcio necessário, a fim de requerer o mandado de segurança."

A afirmativa está errada.

- **Procurador Jurídico – SAAE/SP (2014) – VUNESP**

  "Com relação ao mandado de segurança, individual ou coletivo, é correto afirmar que [...] quando o direito ameaçado ou violado couber a várias pessoas, qualquer delas poderá requerer o mandado de segurança."

  A afirmativa está correta.

- **Advogado – UFMS (2014) - Instituto AOCP**

  "Quando o direito ameaçado ou violado couber a várias pessoas, qualquer delas poderá requerer o mandado de segurança."

  A afirmativa está correta.

8. Mandado de Segurança repressivo ou preventivo

O direito líquido e certo a ser protegido contra ilegalidade ou abuso de poder pode ser objeto de impetração quando sofrer violação ou quando já existir justo receio de sua ocorrência. Dessa forma, para que seja possível o ajuizamento da ação de mandado de segurança, não se exige que já tenha ocorrido a lesão a direito líquido e certo, de modo que se revela possível seu ajuizamento com base apenas na probabilidade ou ameaça de lesão.

Trata-se de decorrência lógica do princípio da inafastabilidade da jurisdição (art. Art. 5º, XXXV, da CRFB/88), segundo o qual *"a lei não excluirá da apreciação do Poder Judiciário lesão ou ameaça a direito"*. Assim é que a ameaça de lesão a direito líquido e certo comprovado mediante prova pré-constituída, quando demonstrada, já enseja fundamento jurídico suficiente à impetração do *mandamus*.

No primeiro caso, quando já houver a lesão ao direito alegado, dir-se-á o mandado de segurança repressivo, já que busca reprimir ou desconstituir situação de ilegalidade ou de abuso de poder já concretizada. Na segunda hipótese, quando a lesão a direito líquido e certo ainda não tiver ocorrido, mas este estiver ameaçado, o mandado de segurança será dito preventivo, já que busca prevenir uma situação de ilegalidade ou de abuso de poder ainda não concretizada.

→ Aplicação em concurso:

- **Técnico Judiciário - Área Administrativa – TRT 20ª Região (2016) – FCC**

"Cabe mandado de segurança [...] somente se tiver havido violação de direito líquido e certo, não se admitindo que seja apresentado em caráter preventivo.

Afirmativa errada.

- **Procurador do Estado do Paraná (2015) – PUC/PR**

  "Foi concedida liminar em mandado de segurança impetrado contra ato em potencial (ainda não praticado) de autoridade administrativa. Assinale a alternativa correta.

  Trata-se de hipótese de concessão de tutela inibitória, pois previne a prática de ato ilícito."

  A afirmativa está correta.

- **Procurador do Estado do Paraná (2015) – PUC/PR**

  "Foi concedida liminar em mandado de segurança impetrado contra ato em potencial (ainda não praticado) de autoridade administrativa. Assinale a alternativa correta.

  Como o ato ainda não foi praticado, não há direito líquido e certo a ser tutelado e o mandado de segurança não é o meio adequado para a tutela do direito no caso."

  A afirmativa está correta.

9. Controle preventivo de constitucionalidade

A partir dessa distinção explicada no item anterior, exsurge outro fim bastante importante a que se destina o mandado de segurança: o controle de preventivo de constitucionalidade, em defesa a direito líquido e certo de parlamentar não participar de processo legislativo que descumpre regra constitucional procedimental ou que verse sobre matéria tendente a abolir cláusulas pétreas (art. 60, § 4º, da CRFB/88).

Entre as diversas classificações relativas ao controle de constitucionalidade, quanto ao momento de sua realização este pode se mostrar repressivo ou preventivo, conforme se dê antes ou depois da promulgação do ato normativo objeto do controle, isto é, em momento anterior ou posterior à existência e à vigência da norma analisada.

O controle repressivo é o que acontece na maioria dos casos, quando, após promulgada uma norma, argui-se sua inconstitucionalidade. No modelo brasileiro, o controle repressivo é majoritariamente exercido pelo Poder Judiciário, apesar de existirem algumas exceções, tais como:

- Rejeição pelo Congresso Nacional de Medida Provisória editada pelo Presidente da República (art. 62, § 5º, da CRFB/88).

- Sustação parlamentar de atos normativos emanados do Executivo, quando exorbitem os limites da delegação legislativa anterior, caso em que haverá vício de inconstitucionalidade na norma sob análise (art. 49, V, da CRFB/88).

- Controle de constitucionalidade exercido incidental e concretamente pelos Tribunais de Contas (nesse sentido é a antiga Súmula nº 347/STF: "O Tribunal de Contas, no exercício de suas atribuições, pode apreciar a constitucionalidade das leis e dos atos do Poder Público"). Entretanto, há controvérsias sobre se tal entendimento é ou não de ser mantido, devendo-se acompanhar a jurisprudência do STF quanto ao tema.

▶ **STF:**

> "[...] **EM NOSSO SISTEMA JURÍDICO, NÃO SE ADMITE DECLARAÇÃO DE INCONSTITUCIONALIDADE DE LEI OU DE ATO NORMATIVO COM FORÇA DE LEI POR LEI OU POR ATO NORMATIVO COM FORÇA DE LEI POSTERIORES. O CONTROLE DE CONSTITUCIONALIDADE DA LEI OU DOS ATOS NORMATIVOS E DA COMPETÊNCIA EXCLUSIVA DO PODER JUDICIÁRIO**. OS PODERES EXECUTIVO E LEGISLATIVO, POR SUA CHEFIA - E ISSO MESMO TEM SIDO QUESTIONADO COM O ALARGAMENTO DA LEGITIMAÇÃO ATIVA NA AÇÃO DIRETA DE INCONSTITUCIONALIDADE -, PODEM TÃO-SÓ DETERMINAR AOS SEUS ÓRGÃOS SUBORDINADOS QUE DEIXEM DE APLICAR ADMINISTRATIVAMENTE AS LEIS OU ATOS COM FORÇA DE LEI QUE CONSIDEREM INCONSTITUCIONAIS. [...]" (ADI 221-MC, rel. Ministro Moreira Alves, Tribunal Pleno, julgada em 29/03/1990, DJ de 22/10/1993).

De outro lado, o controle será preventivo quando realizado antes da vigência da norma, ou seja, ainda durante o processo de sua elaboração. Em regra, o controle preventivo é realizado por órgãos políticos, tal como a fiscalização realizada pelo Congresso Nacional durante o processo legislativo e o veto presidencial a projeto de lei aprovado pelo Congresso Nacional, quando se opere por fundamento de inconstitucionalidade (art. 66, §1º, da CRFB/88).

Conforme o atual entendimento jurisprudencial do Supremo Tribunal Federal, o controle judicial e preventivo de constitucionalidade apenas é admitido excepcionalmente, já que "só se admite a intervenção preventiva do Judiciário no trâmite do processo legislativo nos casos de Proposta de Emenda Constitucional (PEC) que viole flagrantemente alguma das cláusulas pétreas (hipótese que se restringiria aos casos de PEC, não se estendendo aos projetos de leis ou de outras espécies normativas) e de ofensa manifesta a dispositivo constitucional regente do processo legislativo"[2], essa última espécie abrangente das proposições legislativas em geral. Em tais situações excepcionais, admite-se o controle de constitucionalidade junto ao Supremo Tribunal Federal, mediante provocação de parlamentar via Mandado de Segurança, em que se alegue direito líquido e certo a não participar de deliberação legislativa sobre matéria ou projeto inconstitucionais.

Depois de publicado o ato normativo, entretanto, não é cabível o *mandamus* que se destine a impugnar a própria lei em tese, sob pena de se valer desta ação como sucedâneo das ações típicas do controle repressivo de constitucionalidade, sujeitas a regime jurídico próprio (Súmula nº 266/STF). Não obstante, caso se trata de ato normativo de efeitos concreto, é possível a impetração de Mandado de Segurança.

► **STF:**

> Súmula nº 266: "Não cabe mandado de segurança contra lei em tese."
>
> "CONSTITUCIONAL. **MANDADO DE SEGURANÇA. CONTROLE PREVENTIVO DE CONSTITUCIONALIDADE MATERIAL DE PROJETO DE LEI. INVIABILIDADE**. 1. **Não se admite, no sistema brasileiro, o controle jurisdicional de constitucionalidade material de projetos de lei (controle preventivo de normas em curso de formação). O que a jurisprudência do STF tem admitido, como exceção, é a legitimidade do parlamentar - e somente do parlamentar - para impetrar mandado de segurança com a finalidade de coibir atos praticados no processo de aprovação de lei ou emenda constitucional incompatíveis com disposições constitucionais que disciplinam o processo legislativo'** (MS 24.667, Pleno, Min. Carlos Velloso, DJ de 23.04.04). Nessas excepcionais situações, em que o vício de inconstitucionalidade está diretamente relacionado a aspectos formais e procedimentais da atuação legislativa, a impetração de segurança é admissível, segundo a jurisprudência do STF, porque visa a corrigir vício já efetivamente concretizado no próprio curso do processo de formação da norma, antes mesmo

---

2. ARABI, Abhner Youssif Mota. **A tensão institucional entre Judiciário e Legislativo: controle de constitucionalidade, diálogo e a legitimidade da atuação do Supremo Tribunal Federal.** Curitiba: Editora Prismas, 2015, p. 87/88.

e independentemente de sua final aprovação ou não. 2. Sendo **inadmissível o controle preventivo da constitucionalidade material das normas em curso de formação**, não cabe atribuir a parlamentar, a quem a Constituição nega habilitação para provocar o controle abstrato repressivo, a prerrogativa, sob todos os aspectos mais abrangente e mais eficiente, de provocar esse mesmo controle antecipadamente, por via de mandado de segurança. 3. A prematura intervenção do Judiciário em domínio jurídico e político de formação dos atos normativos em curso no Parlamento, além de universalizar um sistema de controle preventivo não admitido pela Constituição, subtrairia dos outros Poderes da República, sem justificação plausível, a prerrogativa constitucional que detém de debater e aperfeiçoar os projetos, inclusive para sanar seus eventuais vícios de inconstitucionalidade. Quanto mais evidente e grotesca possa ser a inconstitucionalidade material de projetos de leis, menos ainda se deverá duvidar do exercício responsável do papel do Legislativo, de negar-lhe aprovação, e do Executivo, de apor-lhe veto, se for o caso. Partir da suposição contrária significaria menosprezar a seriedade e o senso de responsabilidade desses dois Poderes do Estado. E se, eventualmente, um projeto assim se transformar em lei, **sempre haverá a possibilidade de provocar o controle repressivo pelo Judiciário, para negar-lhe validade, retirando-a do ordenamento jurídico**. 4. Mandado de segurança indeferido." (MS 32.033, rel. Ministro Gilmar Mendes, redator para o acórdão Ministro Teori Zavascki, Tribunal Pleno, julgado em 20/06/2013, DJe de 18/02/2014).

→ Aplicação em concurso:

- **Auditor de Controle Externo – TCM/BA (2018) – FCC – adaptada**

  "É possível a utilização de mandado de segurança para impugnar [...] b) ato normativo que possua efeitos concretos."

  A afirmativa está correta.

- **Juiz do TRT/2ª Região (2012)**

  "O sistema brasileiro admite o controle judicial preventivo, nos casos de mandado de segurança impetrado por parlamentar com objetivo de impedir a tramitação de projeto de emenda constitucional lesiva às cláusulas pétreas".

  A afirmativa está correta.

- **Juiz do TRF/5ª (2011)**

  "O controle prévio ou preventivo de constitucionalidade não pode ocorrer pela via jurisdicional, uma vez que ao Poder Judiciário foi reservado o controle posterior ou repressivo, realizado tanto de forma difusa quanto de forma concentrada".

A afirmativa está errada.

- **Juiz do TJPB (2011)**

"O controle judicial preventivo de constitucionalidade que envolve vício no processo legislativo deve ser exercido pelo STF via mandado de segurança, caracterizando-se como controle em concreto e efetivando-se de modo incidental".

A afirmativa está correta.

- **Procurador da República (2011)**

"Existe a possibilidade de controle preventivo de constitucionalidade no caso de proposta de emenda constitucional infringente de cláusula pétrea".

A afirmativa está correta.

- **Juiz do TRF/2ª Região (2009)**

"O controle prévio ou preventivo de constitucionalidade realizado pelo Poder Legislativo incide sobre todos os projetos de atos normativos".

A afirmativa está errada.

- **Advogado da União (2009) – CESPE**

"É admissível o controle de constitucionalidade de emenda constitucional antes mesmo de ela ser votada, no caso de a proposta atentar contra cláusula pétrea, sendo o referido controle feito por meio de mandado de segurança, que deve ser impetrado exclusivamente por parlamentar federal".

A afirmativa está correta.

- **Procurador Federal (2010) – CESPE**

"De acordo com entendimento do STF, o controle jurisdicional prévio ou preventivo de constitucionalidade sobre projeto de lei ainda em trâmite somente pode ocorrer de modo incidental, na via de exceção ou defesa".

A afirmativa está correta.

- **Procurador da República (2011)**

"Muito embora seja possível o controle de constitucionalidade de emendas constitucionais, este, no que diz respeito ao aspecto material, fica restrito à compatibilidade ou não da reforma constitucional às chamadas 'cláusulas pétreas'".

A afirmativa está correta.

- **Advogado do Instituto de Previdência dos Servidores do Estado do Espírito Santo - IPAJM (2010)**

  "No Brasil, o controle preventivo de constitucionalidade ocorre apenas de duas maneiras: por intermédio das comissões de constituição e justiça do Poder Legislativo e pelo veto do presidente da República".

  A afirmativa está errada.

- **Juiz do TRT/23ª Região (2010)**

  "O controle de constitucionalidade também pode ser classificado em repressivo e preventivo, este último controle pode ser realizado através do veto político do chefe do Poder Executivo".

  A afirmativa está errada.

- **Juiz do TRF/1ª Região (2009)**

  "No Brasil, o controle repressivo é feito exclusivamente pelo Poder Judiciário, e o controle preventivo pelos Poderes Legislativo e Executivo".

  A afirmativa está errada.

- **Juiz do TRF/2ª Região (2009)**

  "No Brasil, o controle posterior ou repressivo de constitucionalidade é exercido com exclusividade pelo Poder Judiciário, tanto de forma difusa como concentrada".

  A afirmativa está errada.

10. Autoridades públicas e equiparações

A princípio, como decorre de sua própria origem histórica acima estudada, o mandado de segurança direciona-se à impugnação de atos estatais, proferidos no exercício de funções públicas e administrativas. Haverá, ainda, casos em que a autoridade emanadora do ato impugnado será integrante de pessoa jurídica de direito privado (como as empresas públicas e sociedades de economia mista, por exemplo), quando desempenhem funções públicas ou exerçam atribuições típicas do poder público, situações em que somente em relação a essas será possível a impetração do mandado de segurança.

Em relação às empresas estatais (gênero que abrange as espécies empresas públicas e sociedades de economia mista), especialmente quando sejam exploradoras de atividade econômica e não prestadoras de serviço público, tem-se que a elas se aplica um regime jurídico próprio, nos termos do art. 173, § 1º, da CRFB/88:

Art. 173. Ressalvados os casos previstos nesta Constituição, a exploração direta de atividade econômica pelo Estado só será permitida quando necessária aos imperativos da segurança nacional ou a relevante interesse coletivo, conforme definidos em lei.

§ 1º A lei estabelecerá o estatuto jurídico da empresa pública, da sociedade de economia mista e de suas subsidiárias que explorem atividade econômica de produção ou comercialização de bens ou de prestação de serviços, dispondo sobre: (Redação dada pela Emenda Constitucional nº 19, de 1998)

I - sua função social e formas de fiscalização pelo Estado e pela sociedade; (Incluído pela Emenda Constitucional nº 19, de 1998)

II - a sujeição ao regime jurídico próprio das empresas privadas, inclusive quanto aos direitos e obrigações civis, comerciais, trabalhistas e tributários; (Incluído pela Emenda Constitucional nº 19, de 1998)

III - licitação e contratação de obras, serviços, compras e alienações, observados os princípios da administração pública; (Incluído pela Emenda Constitucional nº 19, de 1998)

IV - a constituição e o funcionamento dos conselhos de administração e fiscal, com a participação de acionistas minoritários; (Incluído pela Emenda Constitucional nº 19, de 1998)

V - os mandatos, a avaliação de desempenho e a responsabilidade dos administradores. (Incluído pela Emenda Constitucional nº 19, de 1998)

§ 2º As empresas públicas e as sociedades de economia mista não poderão gozar de privilégios fiscais não extensivos às do setor privado.

§ 3º A lei regulamentará as relações da empresa pública com o Estado e a sociedade.

§ 4º A lei reprimirá o abuso do poder econômico que vise à dominação dos mercados, à eliminação da concorrência e ao aumento arbitrário dos lucros.

§ 5º A lei, sem prejuízo da responsabilidade individual dos dirigentes da pessoa jurídica, estabelecerá a responsabilidade desta, sujeitando-a às punições compatíveis com sua natureza, nos atos praticados contra a ordem econômica e financeira e contra a economia popular.

O mandamento constitucional, após muito tempo de omissão legislativa, foi regulamentado no âmbito infraconstitucional pela Lei nº 13.303/2016, que estabeleceu o estatuto jurídico da empresa pública, da sociedade de economia mista e de suas subsidiárias, no âmbito da União, dos Estados, do Distrito Federal e dos Municípios. Em tal regime jurídico peculiar, são fixadas disposições mistas, abrangendo aspectos típicos do regime jurídico público-administrativo (tal como o dever de promover licitação em suas atividades-meio, o dever de realização de concursos públicos, o dever de prestação de contas dos recursos públicos recebidos, etc.) e também disposições próprias do regime privado.

É em relação ao primeiro grupo de atuações que se admite a interposição de mandado de segurança, possibilidade que não abrange os atos de gestão comercial, isto é, as que não constituem a realização de sua atividade-fim, nas quais competem e concorrem com outras entidades privadas no mercado. A partir dessa mesma razão, também é possível admitir, excepcionalmente, a impetração em relação a atos de particulares, quando estejam no exercício de funções públicas, como é o caso de concessionários de serviço público, por exemplo.

→ Aplicação em concurso:

- **Promotor de Justiça Substituto – MP/MS (2015) – FAPEC**

  "Quanto ao mandado de segurança, é correto afirmar que:

  É cabível contra ato praticado em licitação promovida por sociedade de economia mista ou empresa pública."

  A afirmativa está correta.

- **Analista Judiciário - Área Judiciária – TRT 20ª Região (2016) – FCC**

  "Cabe mandado de segurança [...] em caso de violação de direito líquido e certo por ato ilegal de dirigente de pessoa jurídica no exercício de atribuições do poder público, somente no que disser respeito a essas atribuições."

  A afirmativa está correta.

Nesse sentido é que o §1º do art. 1º da Lei equipara às autoridades em relação aos quais se admite a impetração de Mandado de Segurança os representantes ou órgãos de partidos políticos (pessoas jurídicas de direito privado) e os administradores de entidades autárquicas (pessoas jurídicas de direito público), bem como os dirigentes de pessoas jurídicas ou as pessoas naturais no exercício de atribuições do poder público, somente no que disser respeito a essas atribuições.

→ **Aplicação em concurso:**

- **Defensor Público – DPE /PR (2017) – FCC**

  "Equiparam-se às autoridades coatoras os representantes ou órgãos de partidos políticos e os administradores de entidades autárquicas, bem como os dirigentes de pessoas jurídicas ou as pessoas naturais no exercício de atribuições do poder público, somente no que disser respeito a essas atribuições."

  A afirmativa está correta.

- **Titular de Serviços de Notas e de Registros – TJ-MS (2014) – IESES**

  "Equiparam-se às autoridades, os representantes ou órgãos de partidos políticos e os administradores de entidades autárquicas, bem como os dirigentes de pessoas jurídicas ou as pessoas naturais no exercício de atribuições do poder público, somente no que disser respeito a essas atribuições."

  A afirmativa está correta.

- **Titular de Serviços de Notas e de Registros – TJ-PR (2014) – IBFC**

  "Em se tratando de mandado de segurança, equiparam-se às autoridades os representantes ou órgãos de partidos políticos e os administradores de entidades autárquicas, bem como os dirigentes de pessoas jurídicas ou as pessoas naturais no exercício de atribuições do poder público, somente no que disser respeito a essas atribuições."

  A afirmativa está correta.

11. Atos de gestão comercial

Na mesma linha, refletindo a distinção acima realizada, o § 2º afirma o entendimento de que é incabível o Mandado de Segurança que se volte contra os atos de gestão comercial praticados pelos administradores de empresas públicas, de sociedade de economia mista e de concessionárias de serviço público.

► **STF:**

> "DIREITO ADMINISTRATIVO. CONTROLE LEGISLATIVO FINANCEIRO. CONTROLE EXTERNO. REQUISIÇÃO PELO TRIBUNAL DE CONTAS DA UNIÃO DE INFORMAÇÕES ALUSIVAS A OPERAÇÕES FINANCEIRAS REALIZADAS PELAS IMPETRANTES. RECUSA INJUSTIFICADA. DADOS NÃO ACOBERTADOS PELO SIGILO BANCÁRIO E

EMPRESARIAL. [...] 4. Operações financeiras que envolvam recursos públicos não estão abrangidas pelo sigilo bancário a que alude a Lei Complementar nº 105/2001, visto que as operações dessa espécie estão submetidas aos princípios da administração pública insculpidos no art. 37 da Constituição Federal. Em tais situações, é prerrogativa constitucional do Tribunal [TCU] o acesso a informações relacionadas a operações financiadas com recursos públicos. 5. O segredo como 'alma do negócio' consubstancia a máxima cotidiana inaplicável em casos análogos ao sub judice, tanto mais que, quem contrata com o poder público não pode ter segredos, especialmente se a revelação for necessária para o controle da legitimidade do emprego dos recursos públicos. É que a contratação pública não pode ser feita em esconderijos envernizados por um arcabouço jurídico capaz de impedir o controle social quanto ao emprego das verbas públicas. 6. 'O dever administrativo de manter plena transparência em seus comportamentos impõe não haver em um Estado Democrático de Direito, no qual o poder reside no povo (art. 1º, parágrafo único, da Constituição), ocultamento aos administrados dos assuntos que a todos interessam, e muito menos em relação aos sujeitos individualmente afetados por alguma medida.' (MELLO, Celso Antônio Bandeira de. Curso de Direito Administrativo. 27ª edição. São Paulo: Malheiros, 2010, p. 114). 7. O Tribunal de Contas da União não está autorizado a, *manu militari*, decretar a quebra de sigilo bancário e empresarial de terceiros, medida cautelar condicionada à prévia anuência do Poder Judiciário, ou, em situações pontuais, do Poder Legislativo. Precedente: MS 22.801, Tribunal Pleno, Rel. Min. Menezes Direito, DJe 14.3.2008. 8. ***In casu*, contudo, o TCU deve ter livre acesso às operações financeiras realizadas pelas impetrantes, entidades de direito privado da Administração Indireta submetidas ao seu controle financeiro, mormente porquanto operacionalizadas mediante o emprego de recursos de origem pública. Inoponibilidade de sigilo bancário e empresarial ao TCU quando se está diante de operações fundadas em recursos de origem pública. Conclusão decorrente do dever de atuação transparente dos administradores públicos em um Estado Democrático de Direito**. 9. **A preservação, *in casu*, do sigilo das operações realizadas pelo BNDES e BNDESPAR com terceiros não, apenas, impediria a atuação constitucionalmente prevista para o TCU, como, também, representaria uma acanhada, insuficiente, e, por isso mesmo, desproporcional limitação ao direito fundamental de preservação da intimidade**. [...]" (MS 33.340/DF, rel. Ministro Luiz Fux, Primeira Turma, julgamento em 26/05/2015, DJe de 03/08/2015)

→ Aplicação em concurso:

- **Auditor de Controle Externo – TCM/BA (2018) – FCC – adaptada**

  "É possível a utilização de mandado de segurança para impugnar [...] ato de gestão comercial praticado por empresa pública."

  A afirmativa está errada.

- **Auditor/Conselheiro Substituto – TCE/MG (2018) – FUNDEP**

  "No tocante à sujeição dos atos das empresas públicas e sociedades de economia mista à ação de mandado de segurança, é correto afirmar:

  A) Seus atos de gestão comercial, praticados por seus administradores, apenas não se sujeitam a mandado de segurança coletivo.

  B) Seus atos de gestão comercial, praticados por seus administradores, não se sujeitam a mandado de segurança, seja individual ou coletivo.

  C) Seus atos não se sujeitam a mandado de segurança coletivo, apenas.

  D) Seus atos não se sujeitam a mandado de segurança, seja individual ou coletivo.

  E) Seus atos de gestão comercial sujeitam-se a mandado de segurança, individual ou coletivo, caso não possam ser impugnados por outra ação judicial."

  Afirmativa correta: letra "B".

- **Procurador do Estado – PGE/TO (2018) – FCC**

  "Não cabe mandado de segurança contra os atos de gestão comercial praticados pelos administradores de empresas públicas, de sociedade de economia mista e de concessionárias de serviço público."

  A afirmativa está correta.

- **Analista Judiciário - Área Administrativa – TRE-SP (2017) – FCC**

  "Sobre o mandado de segurança, considere:

  É cabível mandado de segurança contra os atos de gestão comercial praticados pelos administradores de empresas públicas, de sociedade de economia mista e de concessionárias de serviço público."

  A afirmativa está errada.

- **Analista Judiciário - Área Judiciária – TRT 20ª Região (2016) – FCC**

  "Cabe mandado de segurança [...] contra atos de gestão comercial praticados por administradores de empresa pública."

  A afirmativa está errada.

- **Analista Técnico - DPU (2016) – CESPE**

  "É incabível mandado de segurança contra ato de gestão comercial praticado por administrador de concessionária de serviços públicos."

  A afirmativa está correta.

- **Analista Judiciário – Analista Judicial – TJ/PI (2015) – FGV**

  "José impetrou mandado de segurança em face do diretor de uma sociedade empresarial privada concessionária de serviço público. Considerando essa hipótese e o disposto na Lei nº 12.016/2009, é correto afirmar que:

  Se o ato atacado for de gestão comercial, o mandado de segurança deverá ser liminarmente extinto, por não ser cabível o *writ*."

  A afirmativa está correta.

- **Analista Judiciário – Analista Judicial – TJ/PI (2015) – FGV**

  "José impetrou mandado de segurança em face do diretor de uma sociedade empresarial privada concessionária de serviço público. Considerando essa hipótese e o disposto na Lei nº 12.016/2009, é correto afirmar que:

  O mandado de segurança deverá ser liminarmente extinto, por não ser cabível a impetração em face de diretor de pessoa jurídica de direito privado."

  A afirmativa está errada.

- **Juiz Leigo – TJ-MG (2015) – CONSULPLAN**

  "Cabe mandado de segurança contra os atos de gestão comercial praticados pelos administradores de empresas públicas, sociedade de economia mista e concessionárias de serviço público."

  A afirmativa está errada.

- **Técnico Judiciário Auxiliar – TJ-SC (2015) – FGV**

  "É cabível o mandado de segurança contra ato [...] de gestão comercial praticado pelos administradores de empresas públicas."

  A afirmativa está errada.

- **Titular de Serviços de Notas e de Registros – TJ-MS (2014) – IESES**

  "Não cabe mandado de segurança contra os atos de gestão comercial praticados pelos administradores de empresas públicas, de sociedade de economia mista e de concessionárias de serviço público."

  A afirmativa está correta.

- **Advogado – UFMS (2014) – Instituto AOCP**

  "Cabe mandado de segurança contra os atos de gestão comercial praticados pelos administradores de empresas públicas, de sociedade de economia mista e de concessionárias de serviço público"

  A afirmativa está errada.

- **Juiz Federal Substituto – TRF 4ª Região (2014) – Banca própria**

  "Sobre o mandado de segurança:

  Não cabe mandado de segurança contra os atos de gestão comercial praticados pelos administradores de empresas públicas, de sociedades de economia mista e de concessionárias de serviço público."

  A afirmativa está correta.

- **Promotor de Justiça – MPE/PE (2014) – FCC**

  "Em relação ao mandado de segurança, de acordo com a lei que o rege, [...] será ele cabível contra os atos de gestão comercial praticados pelos administradores de empresas públicas, de sociedade de economia mista e de concessionárias de serviço público."

  A afirmativa está errada.

- **Titular de Serviços de Notas e de Registros – TJ-PR (2014) – IBFC**

  "Cabe mandado de segurança contra os atos de gestão comercial praticados pelos administradores de empresas públicas, de sociedade de economia mista e de concessionárias de serviço público."

  A afirmativa está errada.

Nos casos em que se admitir a impetração de Mandado de Segurança em face de ato de dirigente de sociedade de economia mista no exercício de função pública, há diversos precedentes do STJ que firmam a definição da competência conforme o ente federativo a cuja administração indireta pertence a pessoa jurídica e conforme a natureza do serviço público. Assim, no caso de uma sociedade de economia mista federal, por exemplo, a competência será da justiça federal.

► **STF:**

> "RECURSO EXTRAORDINÁRIO. PROCESSUAL CIVIL E CONSTITUCIONAL. **CONCURSO PÚBLICO. MANDADO DE SEGURANÇA. SOCIEDADE DE ECONOMIA MISTA. AUTORIDADE FEDERAL. COMPETÊNCIA. JUSTIÇA FEDERAL. RECURSO EXTRAORDINÁRIO DESPROVIDO. REPERCUSSÃO GERAL RECONHECIDA. REAFIRMADA A JURISPRUDÊNCIA DOMINANTE SOBRE A MATÉRIA.**"

(RE 726.035-RG, rel. Ministro Luiz Fux, Tribunal Pleno eletrônico, julgamento em 24/04/2014, DJe de 05/05/2014)

▶ **STJ:**

Súmula nº 333: "Cabe Mandado de Segurança contra ato praticado em licitação promovida por sociedade de economia mista ou empresa pública."

"PROCESSUAL CIVIL. MANDADO DE SEGURANÇA. COMPETÊNCIA. RECURSO ESPECIAL INTERPOSTO PELA ALÍNEA "C" DO PERMISSIVO CONSTITUCIONAL. AUSÊNCIA DE COTEJO ANALÍTICO. QUESTÃO DE FUNDO. JURISPRUDÊNCIA PACÍFICA. JULGAMENTO EM REGIME DE REPERCUSSÃO GERAL PELO STF. **MANDADO DE SEGURANÇA. DIRIGENTE DE SOCIEDADE DE ECONOMIA MISTA. CONCURSO PÚBLICO. COMPETÊNCIA DA JUSTIÇA FEDERAL.** 1. Não pode ser conhecido o presente recurso pela alínea 'c' do permissivo constitucional, quando a recorrente não realiza o necessário cotejo analítico, bem como não apresenta, adequadamente, o dissídio jurisprudencial. Apesar da transcrição de ementa, não foram demonstradas as circunstâncias identificadoras da divergência entre o caso confrontado e o aresto paradigma. 2. Ademais, ainda que a divergência fosse notória, não há dispensa do cotejo analítico, a fim de demonstrar a divergência entre os arestos confrontados. Precedente: AgRg nos EAREsp 774.660/DF, Rel. Min. Humberto Martins, Corte Especial, julgado em 6/4/2016, DJe 6/5/2016. 4. O novo Código de Processo civil também não exime o recorrente da necessidade da demonstração da divergência. 5. **Nada obstante, mesmo na questão de fundo, pacífico o entendimento neste Tribunal Superior, consoante assentado em regime de repercussão geral pelo STF, de que compete à Justiça Federal o julgamento de mandado de segurança contra ato de dirigente de sociedade de economia mista, no exercício de delegação do poder público federal, incluído o ato atinente a contratação via concurso público, de envergadura constitucional, mormente considerando as consequências patrimoniais a serem suportadas pela União ou, como no caso, entidade por ela controlada**. 6. Agravo interno improvido. (AgInt no REsp 1.588.607, rel. Ministro Francisco Falcão, Segunda Turma, julgamento em 06/10/2016, DJe de 20/10/2016)

12. Competência

A definição do órgão julgador competente para a apreciação e julgamento do mandado de segurança variará conforme a autoridade coatora emanadora do ato ensejador da situação de ilegalidade ou de abuso de poder que provoca a lesão ou a ameaça de lesão ao direito líquido e certo que se quer proteger. É nesse sentido que Hely Lopes Meirelles, Arnoldo Wald e Gilmar Ferreira Mendes afirmam que "a competência para julgar mandado de segurança define-se pela categoria de autoridade coatora e pela sua sede funcional"[3]. Em sentido semelhante, também afirma Luiz Fux que: "O Mandado de Segurança como ação civil tem a sua competência definida pela categoria da autoridade coatora apontada, bem como de sua sede funcional, qualquer que seja a natureza do ato impugnado" [4].

O estudo da competência deve partir das definições constitucionais relativas ao tema. Dividiremos nossa análise conforme a competência para o processamento e o julgamento originários do mandado de segurança ou para a análise de eventual recurso ordinário constitucional cabível.

12.1. Análise das competências originárias

Ao **Supremo Tribunal Federal**, caberá processar e julgar originariamente o mandado de segurança impetrado em razão de atos do Presidente da República, das Mesas da Câmara dos Deputados e do Senado Federal, do Tribunal de Contas da União, do Procurador-Geral da República e do próprio Supremo Tribunal Federal. É o que dispõe o art. 102, I, 'd', da CRFB/88. Observe-se que a competência originária do STF para o *habeas data* se dá em relação às mesmas autoridades elencadas para o mandado de segurança.

▶ **STF:**

> Súmula nº 330/STF: "O Supremo Tribunal Federal não é competente para conhecer de mandado de segurança contra atos dos Tribunais de Justiça dos Estados."
>
> Súmula nº 623/STF: "Não gera por si só a competência originária do Supremo Tribunal Federal para conhecer do mandado de segurança com base no art. 102, I, n, da Constituição, dirigir-se o pedido contra deliberação administrativa do tribunal de origem, da qual haja participado a maioria ou a totalidade de seus membros."
>
> Súmula nº 624/STF: "Não compete ao Supremo Tribunal Federal conhecer originariamente de mandado de segurança contra atos de outros tribunais."

---

3. MEIRELLES, Hely Lopes; WALD, Arnoldo; MENDES, Gilmar Ferreira. **Mandado de segurança e ações constitucionais.** São Paulo: Editora Malheiros, 2013, p. 83.
4. FUX, Luiz. **Mandado de segurança.** Rio de Janeiro: Forense, 2010, p. 54.

> Súmula nº 627/STF: "No mandado de segurança contra a nomeação de magistrado da competência do Presidente da República, este é considerado autoridade coatora, ainda que o fundamento da impetração seja nulidade ocorrida em fase anterior do procedimento."

Ainda sobre a competência do STF em matéria de Mandado de Segurança, destacam-se dois entendimentos jurisprudenciais importantes.

1) Apesar de o dispositivo constitucional fazer referência apenas às Mesas da Câmara dos Deputados e do Senado Federal, a jurisprudência do Tribunal admite pacificamente a impetração do *writ* em relação a ato proferido por Presidente de Comissão Parlamentar de Inquérito.

▶ **STF:**

> **"MANDADO DE SEGURANÇA. COMISSÃO PARLAMENTAR DE INQUÉRITO. ILEGITIMIDADE PASSIVA DA MESA DO SENADO FEDERAL. QUEBRA DE SIGILO FISCAL. FALTA DE FUNDAMENTAÇÃO. NULIDADE DO ATO IMPUGNADO. PRECEDENTES. 1. Impetração contra ato praticado pela Comissão Parlamentar de Inquérito do Futebol. A Mesa do Senado Federal, não sendo responsável pela quebra do sigilo, não tem legitimidade para compor o pólo passivo do *writ*.** [...]" (MS 23.957/DF, rel. Ministro Maurício Corrêa, Tribunal Pleno, julgamento em 20/09/2001, DJ de 14/12/2001)

2) Outras hipóteses de Mandado de Segurança podem ser processadas e julgadas originariamente junto ao Supremo Tribunal Federal mesmo que se voltem contra atos de outras autoridades não mencionadas no referido dispositivo constitucional, desde que a competência originária se justifique por alguma das outras alíneas do inciso I do art. 102 da CRFB/88. Exemplificativamente, pode ser a situação das alíneas 'f' (as causas e os conflitos entre a União e os Estados, a União e o Distrito Federal, ou entre uns e outros, inclusive as respectivas entidades da administração indireta, quando houver a possibilidade de existência de potencial conflito federativo), 'n' (quando todos os membros da magistratura forem direta ou indiretamente interessados ou nas ações em que mais da metade dos membros do Tribunal de origem estejam impedidos ou sejam direta ou indiretamente interessados); ou 'o' (ações contra o Conselho Nacional de Justiça e contra o Conselho Nacional do Ministério Público).

Nesse último caso, porém, o STF afirmou interpretação que sua competência originária se limita às ações mandamentais que questionem atos do CNJ ou do CNMP, tal como é o Mandado de Segurança. Além disso, há precedente no qual se afirmou que a manifestação negativa desses órgãos corresponderia a um "não-ato" e que, portanto, essa decisão negativa não poderia ser impugnada originariamente junto ao STF pela via mandamental.

▶ **STF:**

> "[...] 2. A jurisprudência do Supremo Tribunal Federal, afirmada inclusive por decisão unânime do Plenário, é no sentido de que as 'ações' a que se refere o art. 102, I, "r", da Constituição, são apenas as ações constitucionais de mandado de segurança, mandado de injunção, habeas data e habeas corpus (AO 1706 AgR/DF, Min. Celso de Mello, DJe de 18.2.2014). As demais ações em que se questionam atos do Conselho Nacional de Justiça – CNJ ou do Conselho Nacional do Ministério Público - CNMP submetem-se, consequentemente, ao regime de competência estabelecido pelas normas comuns de direito processual, com as restrições e limitações previstas nos artigos 1º, 3º e 4º da Lei 8.347/92 e art. 1º da Lei 9.494/97. [...]" (AO 1.679-AgR/DF, rel. Ministro Teori Zavascki, Segunda Turma, julgamento em 26/08/2014, DJe de 10/09/2014)

> "DIREITO CONSTITUCIONAL E ADMINISTRATIVO. **MANDADO DE SEGURANÇA. DECISÃO NEGATIVA DO CONSELHO NACIONAL DO MINISTÉRIO PÚBLICO. INCOMPETÊNCIA ORIGINÁRIA DO SUPREMO TRIBUNAL FEDERAL. 1. A impugnação de decisão negativa do CNMP não enseja a competência originária desta Corte (art. 102, I, r, da CF).** 2. Mandado de segurança não conhecido." (MS 33.163/DF, rel. Ministro Marco Aurélio, redator para o acórdão o Ministro Roberto Barroso, Primeira Turma, julgamento em 05/05/2015, DJe de 07/08/2015)

Ao **Superior Tribunal de Justiça**, competirá processar e julgar originariamente o mandado de segurança impetrado em razão de atos de Ministro de Estado, dos Comandantes da Marinha, do Exército e da Aeronáutica ou do próprio Tribunal. É o que dispõe o art. 105, I, 'b', da CRFB/88.

Observe-se que esses casos de competência originária para o mandado de segurança não são paralelos às situações das ações penais, já que para as infrações penais comuns, por exemplo, é competência originária do Supremo Tribunal Federal processar e julgar os Ministros de Estado e os Comandantes da Marinha, do Exército e da Aeronáutica, ainda que recentemente se tenha conferido interpretação mais restritiva ao tema. Veja-se, ainda, que a competência originária do STJ para o *habeas data* também se dá em relação às mesmas autoridades elencadas para o mandado de segurança.

→ **Aplicação em concurso:**

- **Procurador do Município de Uberaba (2016) – FUNDEP**

  "A respeito da ação de mandado de segurança, disciplinado pela Lei Nº 12.016/2009, analise as seguintes afirmativas:

  O STJ não tem competência para processar e julgar, originariamente, mandado de segurança contra ato de outros Tribunais."

  A afirmativa está correta.

Essa competência originária do STJ não abrangerá, entretanto, atos provenientes de órgãos federais colegiados, ainda que presididos por Ministro de Estado. É dizer: "o Superior Tribunal de Justiça é incompetente para processar e julgar, originariamente, mandado de segurança contra ato de órgão colegiado presidido por Ministro de Estado" (Súmula 177/STJ).

→ **Aplicação em concurso:**

- **Procurador do Estado do Mato Grosso (2014) – Banca própria**

  "O Superior Tribunal de Justiça é competente para processar e julgar, originariamente, mandado de segurança contra ato de órgão colegiado presidido por Ministro de Estado."

  A afirmativa está errada.

Assim, se o ato for praticado pelo Ministro de Estado de forma individual, a competência originária para o processamento e julgamento do mandado de segurança será do STJ. Entretanto, se o ato for praticado colegiadamente, não se configurará a hipóteses de competência originária. O mesmo raciocínio é aplicado paralelamente também na esfera estadual, quando houver previsão de foro especial para a impugnação de atos de Secretários de Estado.

► **STJ:**

> Súmula 177/STJ: "O Superior Tribunal de Justiça é incompetente para processar e julgar, originariamente, mandado de segurança contra ato de órgão colegiado presidido por Ministro de Estado".
>
> "ADMINISTRATIVO. MANDADO DE SEGURANÇA. CONCURSO PÚBLICO. CARGO EFETIVO DE ADVOGADO DA UNIÃO. EXCLUSÃO

DO CERTAME EM SINDICÂNCIA DE VIDA PREGRESSA. **ATO PRATICADO PELO CONSELHO SUPERIOR DA ADVOCACIA-GERAL DA UNIÃO. ADVOGADO-GERAL DA UNIÃO. ILEGITIMIDADE PASSIVA. SÚMULA 177/STJ**. [...] 2. **Para aferir a competência para processamento e julgamento de mandado de segurança impetrado contra o Advogado-Geral da União, necessário se faz averiguar se o ato por ele praticado o foi enquanto presidente do colegiado ou individualmente**. 3. A agravante insurge-se contra a sua exclusão do certame na fase de 'sindicância da vida pregressa', ou seja, etapa do concurso conduzida pelo Conselho Superior da AGU. Assim, **esta Corte não detém competência para o processamento e julgamento do presente *mandamus*, consoante a Súmula 177/STJ, *verbis*: 'O Superior Tribunal de Justiça é incompetente para processar e julgar, originariamente, mandado de segurança contra ato de órgão colegiado presidido por ministro de estado'. Agravo regimental improvido**. (AgRg no MS 20.192/DF, rel. Ministro Humberto Martins, Primeira Seção, julgamento em 25/09/2013, DJe de 07/10/2013)

"[...] 2. **Apesar de o Coíndice/ICMS do Estado de Goiás ser presidido pelo Secretário da Fazenda, a competência para processar e julgar o presente mandado de segurança é do Juiz de 1º grau por estar-se impugnando ato do órgão estadual colegiado, não sendo possível aproveitar a prerrogativa de foro do referido secretário (art. 46, inciso VIII, alínea 'o', da Constituição do Estado de Goiás), que não praticou o ato administrativo. Aplicação, mutatis mutandis, da orientação da Súmula 177/STJ: 'O Superior Tribunal de Justiça é incompetente para processar e julgar, originariamente, mandado de segurança contra ato de órgão colegiado presidido por Ministro de Estado'**[...]" (RMS 28.597/GO, rel. Ministro Castro Meira, Segunda Turma, julgamento em 13/08/2013, DJe de 19/08/2013)

► **STF:**

"[...] 1. **O Supremo Tribunal Federal é competente para o julgamento de mandado de segurança impetrado contra ato do Ministro da Justiça em matéria extradicional. (HC 83.113/DF, Rel. Min. Celso de Mello)**. [...]" (MS 33.864/DF, rel. Ministro Roberto Barroso, Primeira Turma, julgamento em 19/04/2016, DJe de 20/09/2016)

"[...] **Compete ao Supremo Tribunal Federal processar e julgar, originariamente, pedido de habeas corpus, quando impetrado contra o Ministro da Justiça, se o writ tiver por objetivo impedir a instauração de processo extradicional contra súdito estrangeiro.**

> **É que, em tal hipótese, a eventual concessão da ordem de habeas corpus poderá restringir (ou obstar) o exercício, pelo Supremo Tribunal Federal, dos poderes que lhe foram outorgados, com exclusividade, em sede de extradição passiva, pela Carta Política (CF, art. 102, I, 'g'). Conseqüente inaplicabilidade, à espécie, do art. 105, I, 'c', da Constituição.** [...]". (HC 83.113-QO/DF, rel. Ministro Celso de Mello, Tribunal Pleno, julgamento em 26/06/2003, DJ de 29/08/2003)

Ainda sobre a competência do STJ, há alguns temas adicionais cujos destaques se fazem importantes, notadamente sob o enfoque dos entendimentos jurisprudenciais a eles aplicáveis.

Inicialmente, erige-se o entendimento de que o Superior Tribunal de Justiça não tem competência para processar e julgar, originariamente, mandado de segurança contra ato de outros Tribunais ou dos respectivos órgãos. Nesse sentido, aliás, é o enunciado de sua Súmula nº 41/STJ.

► **STJ:**

> Súmula 41/STJ: "O Superior Tribunal de Justiça não tem competência para processar e julgar, originariamente, mandado de segurança contra ato de outros tribunais ou dos respectivos órgãos".
>
> "[...] **A competência desta Corte, de acordo com o art. 105, inciso I, alínea b, da Constituição Federal, limita-se a julgar originariamente mandado de segurança contra ato de Ministro de Estado ou do próprio Tribunal. A presente impetração se volta contra ato de magistrado de outro Tribunal, a atrair inevitavelmente a incidência do enunciado da Súmula n. 41 do Superior Tribunal de Justiça**. - Pacífica a jurisprudência desta Corte no sentido de inadmitir impetração de mandado de segurança a fim de conferir efeito suspensivo a recurso que originalmente não o tem. [...]" (EDcl no MS 21.424/SP, rel. Ministro Ericson Maranho, Desembargador Convocado do TJSP, Terceira Seção, julgamento em 12/08/2015, DJe de 27/08/2015)
>
> "[...] **O Superior Tribunal de Justiça não detém competência para processar e julgar mandado de segurança impetrado de acórdão de órgão fracionário de Tribunal de Justiça que, provendo recurso em sentido estrito interposto pelo Ministério Público, recebeu denúncia ofertada contra a impetrante, a quem é atribuído o cometimento de crime ambiental (Súmula 41/STJ)** [...]" (AgRg no MS 21.331/PB, rel. Ministro Newton Trisotto, Desembargador

Convocado do TJSC, Terceira Seção, julgamento em 22/04/2015, DJe de 05/05/2015)

"[...] A uma, **'O Superior Tribunal de Justiça não tem competência para processar e julgar, originariamente, mandado de segurança contra ato de outros tribunais ou dos respectivos órgãos' (Súmula n.º 41 do STJ). A duas, 'descabida a impetração do mandado de segurança contra ato jurisdicional dos órgãos fracionários ou de relator desta Corte Superior. Deveras, o artigo 11, IV, do Regimento Interno do Superior Tribunal de Justiça, que estabelece a competência da Corte Especial para julgar os mandados de segurança contra ato do próprio Tribunal, conforme preceitua o artigo 105, inciso I, 'b', da Constituição Federal, não se refere a atos judiciais, mas, sim, aos de ordem administrativas'** (AgRg no MS 21.063/DF, Rel. Ministro BENEDITO GONÇALVES, CORTE ESPECIAL, julgado em 05/11/2014, DJe 17/11/2014). [...]" (AgRg no MS 21.368/MG, rel. Ministro Mauro Campbell Marques, Corte Especial, julgamento em 17/12/2014, DJe de 19/12/2014)

Paralelamente, sobre o controle de competência de outros órgãos judiciais, estabeleceu-se no STJ que, em regra, o Mandado de Segurança impetrado contestando o mérito de ato de juizado especial, quando cabível, terá a competência de sua apreciação atribuída à Turma Recursal ao qual vinculado. A exceção à essa regra é quando o *mandamus* se destinar ao próprio **controle de competência dos juizados especiais**, quando a competência será do Tribunal ao qual vinculados.

► **STJ:**

Súmula 376/STJ: "**Compete a turma recursal processar e julgar o mandado de segurança contra ato de juizado especial**".

"[...] 1. **Consoante a jurisprudência desta Corte, admite-se a impetração de mandado de segurança perante os Tribunais de Justiça dos Estados para o exercício do controle de competência dos juizados especiais, ficando a cargo das Turmas Recursais, a teor do que dispõe a Súmula nº 376 do STJ, o writ que tenha por escopo o controle de mérito dos atos de juizado especial. Precedentes.** [...]" (RMS 46.955/GO, rel. Ministro Moura Ribeiro, Terceira Turma, julgamento em 23/06/2015, DJe de 17/08/2015)

"PROCESSUAL CIVIL. AGRAVO REGIMENTAL NO RECURSO ORDINÁRIO. MANDADO DE SEGURANÇA CONTRA ACÓRDÃO DE TURMA RECURSAL. COMPETÊNCIA DA PRÓPRIA TURMA RECURSAL E NÃO DO TRIBUNAL DE JUSTIÇA. SÚMULA 376/STJ. PRECEDENTES. 1. 'É

descabida a tese de que acórdãos de Turmas Recursais deveriam ser atacados por *writ of mandamus* nos Tribunais de Justiça. É evidente que o conceito de 'atos' da Súmula 376/STJ envolve decisões singulares ou colegiadas, pois a competência para o processamento de mandados de segurança se afere a partir da autoridade que pratica o ato' (AgRg no MS 21.337/DF, Rel. Ministro Humberto Martins, Corte Especial, DJe 16/12/2014). 2. Agravo regimental a que se nega provimento." (AgRg no RMS 44.774/SC, rel. Ministro Og Fernandes, Segunda Turma, julgamento em 26/05/2015, DJe 10/06/2015)

"PROCESSUAL CIVIL. MANDADO DE SEGURANÇA. IMPETRAÇÃO CONTRA ACÓRDÃO DE TURMA RECURSAL. TRIBUNAL DE JUSTIÇA. INCOMPETÊNCIA. SÚMULA N. 376/STJ. 1. **Os tribunais de justiça estaduais não possuem competência para rever decisões de turma recursal de juizado especial. 2. A expressão 'ato de juizado especial' inserida na Súmula n. 376/STJ alcança tanto as decisões singulares quanto as colegiadas daquele juizado, sendo, portanto, desinfluente, para enquadramento sumular, o fato de o *mandamus* atacar 'acórdão unânime' de turma recursal**. 3. Agravo regimental desprovido." (AgRg no RMS 45.388/SC, rel. Ministro João Otávio de Noronha, Terceira Turma, julgamento em 07/05/2015, DJe de 14/05/2015)

→ Aplicação em concurso:

- **Defensor Público – DPE/AM (2018) – FCC**

"O mandado de segurança:

A) é admitido perante os Tribunais de Justiça dos Estados para o exercício do controle de competência dos juizados especiais.

B) é de competência do Tribunal de Justiça, que deverá processá-lo e julgá-lo contra ato de juizado especial.

C) é meio idôneo para a concessão de efeito suspensivo a recurso em sentido estrito interposto em face de decisão de primeira instância que deferiu pedido de liberdade provisória.

D) é admitido para impugnar decisão judicial que, acolhendo o pedido do Ministério Público, determina o arquivamento de inquérito policial, por ausência de elementos probatórios mínimos que autorizem a deflagração de uma ação penal.

E) em matéria criminal, a exemplo do regramento do habeas corpus, não observa o prazo de 120 dias quando se tratar de abuso de poder relacionado ao réu."

Alternativa correta: letra "A".

- **Procurador – IPSM (2018) – VUNESP – adaptada**

  "Compete à turma recursal processar e julgar o mandado de segurança contra ato de juizado especial."

  A afirmativa está correta.

- **Defensor Público – DPE/PR (2017) – FCC**

  "Compete à turma recursal processar e julgar o Mandado de Segurança contra ato de juizado especial."

  A afirmativa está correta.

- **Procurador do Estado – PGE/MT (2016) – FCC**

  "De acordo com a jurisprudência dominante nos Tribunais Superiores a respeito do mandado de segurança e de ações coletivas, [...] é competente o Tribunal de Justiça para conhecer de mandado de segurança contra ato do juizado especial."

  A afirmativa está errada.

- **Procurador do Município de Goiânia (2015) – CSUFG**

  "A Lei n° 12.016/2009 disciplina o mandado de segurança individual e coletivo. De acordo com tal disposição normativa e com os precedentes dos Tribunais Superiores, [...] o controle de competência dos juizados especiais pode ser exercido mediante impetração de mandado de segurança ante as respectivas Turmas Recursais."

  A afirmativa está errada.

- **Procurador do Estado de Terceira Classe – PGE/RN (2014) – FCC**

  "Em ação que tramitava perante o Juizado Especial, o Procurador do Estado foi impedido de ter acesso aos autos, sob o argumento de que não teria procuração. Reputando a negativa ilegal, a Procuradoria do Estado impetrou mandado de segurança, que, de acordo com Súmula do Superior Tribunal de Justiça, deverá ser apreciado

A) pelo Juiz responsável pelo processo.

B) pelo Plenário do Tribunal de Justiça.

C) pelo Juiz Corregedor do Juizado Especial.

D) por uma das Câmaras do Tribunal de Justiça.

E) pela Turma Recursal."

Alternativa correta: letra "E".

- **Procurador do Estado – PGE/AC (2014) – FMP**

  "A competência para julgamento de mandado de segurança contra ato de juizado especial é da turma recursal."

  A afirmativa está correta.

Entretanto, como acima adiantado, especificamente em relação aos casos peculiares de controle de competência, prevalece no STJ o entendimento de que nessas situações a competência originária é dos Tribunais aos quais vinculados os juizados especiais.

▶ **STJ:**

> "[...] 1. Consoante a jurisprudência desta Corte, **admite-se a impetração de mandado de segurança perante os Tribunais de Justiça dos Estados para o exercício do controle de competência dos juizados especiais, ficando a cargo das Turmas Recursais, a teor do que dispõe a Súmula nº 376 do STJ, o *writ* que tenha por escopo o controle de mérito dos atos de juizado especial. Precedentes**. [...]" (RMS 46.955/GO, rel. Ministro Moura Ribeiro, Terceira Turma, julgamento em 23/06/2015, DJe de 17/08/2015)

> "[...] 2. **O Supremo Tribunal Federal já se pronunciou no sentido de que 'o julgamento do mandado de segurança contra ato de turma recursal cabe à própria turma, não havendo campo para atuação quer de tribunal, quer do Superior Tribunal de Justiça'** (AgRg no AI n. 666.523, Relator Min. Ricardo Lewandowski, Relator p/ Acórdão: Min. Marco Aurélio, Primeira Turma, publicado no DJe em 3/12/2010). Confira-se também: AgRg no RMS n. 36.864/RJ, Rel. Ministro Humberto Martins, Segunda Turma, DJe 2/5/2012. [...]" (EDcl no AgRg no RMS 45.550/SC, rel. Ministro Marco Aurélio Bellizze, Terceira Turma, julgamento em 02/10/2014, DJe de 09/10/2014)

> "[...] 2. **O acórdão hostilizado apreciou matéria diversa da pretensão deduzida na inicial, pois a hipótese de Mandado de Segurança voltado contra o mérito da decisão judicial não se confunde com a espécie dos autos, em que o INSS se utiliza do *writ* para discutir os limites da competência absoluta do Juizado Especial.** 3. **'A Corte Especial do STJ, no julgamento do RMS 17.524/BA, firmou o posicionamento de que é possível a impetração de Mandado de Segurança com a finalidade de promover controle da competência dos Juizados Especiais.'** (RMS 26.665/DF, Rel. Ministro Herman Benjamin, Segunda Turma, DJe 21/8/2009). 4. Decisão recorrida que se mostra contrária à orientação firmada pelo Superior Tribunal de Justiça. **Competência do Tribunal Regional Federal da 1ª Região para processar e julgar o Mandado de Segurança** ajuizado pelo INSS. 5. Recurso Ordinário provido." (RMS 37.959/BA, Rel. Ministro Herman Benjamin, Segunda Turma, julgamento em 17/10/2013, DJe 06/12/2013)

Aos **Tribunais Regionais Federais**, compete processar e julgar originariamente os mandados de segurança que se voltem contra ato do próprio Tribunal ou de juiz federal. É o que dispõe o art. 108, I, 'c', da CRFB/88. Da mesma forma, a competência originária dos TRF's para o *habeas data* se dá em relação às mesmas autoridades elencadas para o mandado de segurança.

Aos **Juízes Federais**, compete julgar os mandados de segurança impetrados em razão de ato de autoridade federal, excetuados os outros casos acima listados de competência dos Tribunais federais. É o que prevê o art. 109, VIII, da CRFB/88. Igualmente, a competência juízes federais para o *habeas data* se dá em relação às mesmas autoridades elencadas para o mandado de segurança.

Quanto à competência da Justiça Federal, destaca-se que, inicialmente, as sociedades de econômica mista não se enquadram nas situações previstas no inciso I do art. 109 do texto constitucional, que apenas faz menção às entidades autárquicas federais (conceito interpretado para alcançar também as fundações públicas) e as empresas públicas, quando forem interessadas na condição de autoras, rés, assistentes ou oponentes. Entretanto, quando se trate de Mandado de Segurança impetrado contra ato público de sociedade de economia mista, restará caracterizada a competência da Justiça Federal a partir do inciso VIII do art. 109, o qual, ao contrário do inciso I, não se vale do critério da qualidade da parte.

Nessas situações, como acima assentado, a competência se definirá conforme o ente federativo a cuja administração indireta pertence a pessoa jurídica e conforme a natureza do serviço público. Assim, no caso de uma sociedade de economia mista federal, por exemplo, a competência será da justiça federal.

► **STJ:**

> Súmula 556: "É competente a justiça comum para julgar as causas em que é parte sociedade de economia mista."
>
> "RECURSO EXTRAORDINÁRIO. PROCESSUAL CIVIL E CONSTITUCIONAL. **CONCURSO PÚBLICO. MANDADO DE SEGURANÇA. SOCIEDADE DE ECONOMIA MISTA. AUTORIDADE FEDERAL. COMPETÊNCIA. JUSTIÇA FEDERAL. RECURSO EXTRAORDINÁRIO DESPROVIDO. REPERCUSSÃO GERAL RECONHECIDA. REAFIRMADA A JURISPRUDÊNCIA DOMINANTE SOBRE A MATÉRIA.**" Tese afirmada: "Compete à justiça federal comum processar e julgar mandado de segurança quando a autoridade apontada como

coatora for autoridade federal, considerando-se como tal também os dirigentes de pessoa jurídica de direito privado investidos de delegação concedida pela União." (RE 726.035-RG, rel. Ministro Luiz Fux, Tribunal Pleno eletrônico, julgamento em 24/04/2014, DJe de 05/05/2014)

▶ **STJ:**

Súmula 42: "Compete à Justiça Comum Estadual processar e julgar as causas cíveis em que é parte sociedade de economia mista e os crimes praticados em seu detrimento."

"CONFLITO NEGATIVO DE COMPETÊNCIA. MANDADO DE SEGURANÇA. ATO PRATICADO EM PROCEDIMENTO LICITATÓRIO POR DIRIGENTE DE SOCIEDADE DE ECONOMIA MISTA FEDERAL. AUTORIDADE FEDERAL. COMPETÊNCIA DA JUSTIÇA FEDERAL. 1. Conforme o art. 109, VIII, da Constituição, compete à Justiça Federal processar e julgar 'os mandados de segurança e os habeas data contra ato de autoridade federal'. Para fixar a competência, portanto, a norma constitucional leva em consideração a posição da autoridade impetrada (se federal ou não), atenta ao princípio federativo por força do qual a autoridade federal não está sujeita à Justiça dos Estados federados. 2. Ao estabelecer que 'cabe mandado de segurança contra ato praticado em licitação promovida por sociedade de economia mista ou empresa pública', a súmula 333/STJ parte do pressuposto necessário que o ato praticado em processo licitatório é ato de autoridade. Não fosse assim, não caberia mandado de segurança. 3. **Ora, em se tratando de ato praticado em licitação promovida por sociedade de economia mista federal, a autoridade que o pratica é federal (e não estadual, distrital ou municipal). Ainda que houvesse dúvida sobre o cabimento da impetração ou sobre a natureza da autoridade ou do ato por ela praticado, a decisão a respeito não se comporta no âmbito do conflito de competência, devendo ser tomada pelo Juiz Federal** (Súmula 60/TFR). 4. No caso, o ato atacado foi praticado pelo Superintendente da Companhia Brasileira de Trens Urbanos - CBTU (sociedade de economia mista federal) e consistiu em declarar a empresa Prisma – Consultoria e Serviços Ltda. vencedora de processo licitatório. Tratando-se (a) de ato praticado em licitação (b) por autoridade federal, a competência é da Justiça Federal. Precedentes: CC 46035/AC, 1ª S., Min. José Delgado, DJ de 01.02.2006; CC 54140/PB; 1ª S., Min. Eliana Calmon, DJ de 02.05.2006; CC 46740/CE, 1ª S., Min. Luiz Fux, DJ de 17.04.2006; CC 54854/SP, 1ª S., Min. José Delgado, DJ de 13.03.2006. 5. Conflito conhecido para declarar competente a Justiça Federal." (CC

> 71.843, rel. Min. Eliana Calmon, redator para o acórdão Min. Teori Albino Zavaski, Primeira Seção, julgamento em 11/6/2008, DJe de 17/11/2008)
>
> "I – Compete à Justiça Estadual processar e julgar as causas em que for parte sociedade de economia mista, no caso o Banco do Brasil, quando a União não intervir no processo como assistente ou opoente. Incidência das Súmulas nºs 251/STF e 42/STJ. Ademais, **no caso, não se trata de mandado de segurança, hipótese em que redundaria na competência da Justiça Federal, eis que, nesses casos, a autoridade coatora age sob a delegação do poder público federal**. Precedentes: CC nº 48.376/GO, Rel. Min. FRANCISCO PEÇANHA MARTINS, DJ de 20/06/05; AgRg no CC nº 35.992/SP, Rel. Min. FRANCISCO FALCÃO, DJ de 20/10/03 e CC nº 30.756/SP, Rel. p/ Acórdão Min. ELIANA CALMON, DJ de 27/05/02. II - Agravo regimental improvido." (CC 90.234, rel. Min. Francisco Falcão, Primeira Seção, julgamento em 10/9/2008, DJe de 29/9/2008)

Ademais, nos casos em que se trata de impetração relativa ao sistema nacional de educação – e mais especificamente a diretores de instituições de ensino superior particulares –, a ação de Mandado de Segurança será também da competência da Justiça Federal, diferentemente de quando se tratar de uma ação ordinária em que não haja interesse da União. Nesse sentido já se orientava as Súmulas nº 15 (*"Compete à Justiça Federal julgar mandado de segurança contra ato que diga respeito ao ensino superior, praticado por dirigente de estabelecimento particular"*) e nº 60 (*"Compete à Justiça Federal decidir da admissibilidade de mandado de segurança impetrado contra atos de dirigentes de pessoas jurídicas privadas, ao argumento de estarem agindo por delegação do poder público federal"*) do extinto Tribunal Federal de Recursos. Ainda, no caso de instituições públicas estaduais ou municipais, não se caracterizará a competência da Justiça Federal.

► **STJ:**

> Súmula 34: "Compete à Justiça Estadual processar e julgar causa relativa a mensalidade escolar, cobrada por estabelecimento particular de ensino."
>
> Súmula 570: "Compete à Justiça Federal o processamento e julgamento de demanda em que se discute a ausência de ou o obstáculo ao credenciamento de instituição particular de ensino superior no Ministério da Educação como condição de expedição de diploma de ensino a distância aos estudantes."

"ADMINISTRATIVO. PROCESSUAL CIVIL. INSTITUIÇÃO DE ENSINO SUPERIOR. EDUCAÇÃO À DISTÂNCIA. REGISTRO DE DIPLOMAS CREDENCIAMENTO DA INSTITUIÇÃO DE ENSINO SUPERIOR PELO MINISTÉRIO DA EDUCAÇÃO. INTERESSE DA UNIÃO. INTELIGÊNCIA DA LEI DE DIRETRIZES E BASES DA EDUCAÇÃO. COMPETÊNCIA DA JUSTIÇA FEDERAL. [...] 3. Nos termos da jurisprudência já firmada pela 1ª Seção deste Sodalício, **em se tratando da competência para processar e julgar demandas que envolvam instituições de ensino superior particular, é possível extrair as seguintes orientações, quais sejam: (a) caso a demanda verse sobre questões privadas relacionadas ao contrato de prestação de serviços firmado entre a instituição de ensino superior e o aluno, tais como, por exemplo, inadimplemento de mensalidade, cobrança de taxas, desde que não se trate de mandado de segurança, a competência, via de regra, é da Justiça Estadual; e, (b) ao revés, sendo mandado de segurança ou referindo-se ao registro de diploma perante o órgão público competente - ou mesmo credenciamento da entidade perante o Ministério da Educação (MEC) - não há como negar a existência de interesse da União Federal no presente feito, razão pela qual, nos termos do art. 109 da Constituição Federal, a competência para processamento do feito será da Justiça Federal**. Precedentes. 4. Essa conclusão também se aplica aos casos de ensino à distância, em que não é possível a expedição de diploma ao estudante em face da ausência de credenciamento da instituição junto ao MEC. Isso porque, nos termos dos arts. 9º e 80, § 1º, ambos da Lei de Diretrizes e Bases da Educação, o credenciamento pela União é condição indispensável para a oferta de programas de educação à distância por instituições especificamente habilitadas para tanto. [...]" (REsp 1.344.771, rel. Ministro Mauro Campbell Marques, Primeira Seção, julgamento em 24/4/2013, DJe de 2/8/2013)

"A Primeira Seção do STJ, no CC n. 108.466/RS, de Relatoria do Exmo. Ministro Castro Meira, julgado em 10 de fevereiro de 2010, nos processos que envolvem o ensino superior, fixou regras de competência em razão da natureza do instrumento processual utilizado. Portanto, em se **tratando de mandado de segurança, a competência será federal, quando a impetração voltar-se contra ato de dirigente de universidade pública federal ou de universidade particular; ao revés, será estadual quando o *mandamus* for impetrado contra dirigentes de universidades públicas estaduais e municipais, componentes do sistema estadual de ensino**. Em outro passo, se forem ajuizadas ações de conhecimento, cautelares ou quaisquer outras de rito especial, que não o mandado de segurança, a competência será federal quando a ação indicar no pólo passivo a União ou quaisquer de suas autarquias (art. 109, I, da CF/88); será de competência estadual, entretanto, quando o ajuizamento voltar-se contra entidade estadual, municipal ou contra instituição particular de ensino." (REsp 1.295.790, rel. Ministro Mauro Campbell Marques, Segunda Turma, julgamento em 6/11/2012, DJe de 12/11/2012)

"CONFLITO DE COMPETÊNCIA. MANDADO DE SEGURANÇA. UNIVERSIDADE DO SISTEMA ESTADUAL DE ENSINO. AUTONOMIA. ART. 211 DA CF/88. COMPETÊNCIA DA JUSTIÇA ESTADUAL. 1. **As universidades estaduais e municipais gozam de total autonomia para organizar e gerir seus sistemas de ensino CF/88, art. 211, e seus dirigentes não agem por delegação da União. A apreciação jurisdicional de seus atos é da competência da Justiça Estadual**. 2. Conflito conhecido para declarar a competência da Justiça Estadual, suscitado." (CC 40.679, rel. Ministro Castro Meira, Primeira Seção, julgamento em 11/2/2004, DJ de 15/3/2004)

À **Justiça do Trabalho**, compete o processamento e o julgamento dos mandados de segurança, quando o ato questionado envolver matéria sujeita à sua jurisdição. É o que prevê o art. 114, IV, da CRFB/88, conforme inclusão realizada pela Emenda Constitucional nº 45/2004. Quando também envolvidas as situações de sua jurisdição, à esse mesmo ramo da Justiça competirá o julgamento de eventual *habeas corpus* e *habeas data*.

► **STJ:**

"[...] 2. **Com a ampliação da competência da Justiça Laboral, promovida pela Emenda Constitucional nº 45 de 2004, passaram a ser cabíveis mandados de segurança impugnando atos de autoridades estatais, ou equiparadas, não integrantes da própria Justiça do Trabalho, sempre que a discussão envolver matéria sujeita à jurisdição especializada**. 3. **Sob os influxos da nova redação do art. 114 da Constituição Federal, a Justiça do Trabalho passou a deter competência para decidir mandados de segurança impetrados contra dirigentes de sociedades de economia mista, no exercício de atribuições de autoridade administrativa, como é o caso de dirigente de entidade da administração pública indireta (CF, art. 37), no exercício de poder disciplinar em relação a empregado celetista**. 4. Conflito conhecido para declarar competente a Justiça Trabalhista." (CC 129.193/MT, rel. Ministro Raul Araújo, Segunda Seção, julgamento em 28/10/2015, DJe de 27/11/2015)

Paralelamente, competirá à **Justiça Eleitoral** o processamento e o julgamento dos mandados de segurança que versem sobre matéria eleitoral. Esse ponto é objeto de tratamento em dispositivos esparsos do Código Eleitoral (Lei nº 4.737/1965), mas ao fazer sua leitura é importante fazer uma filtragem constitucional de suas disposições. Assim, a vinculação entre a matéria eleitoral versada e a competência da Justiça Eleitoral apenas se dará depois que observadas as regras constitucionais acima estudadas.

Por exemplo: se ato impugnado for do Presidente da República e versar sobre direito eleitoral, a competência para o mandado de segurança será do Supremo Tribunal Federal. Nesse sentido, exemplificativamente, apesar de o art. 22, I, 'e', do Código Eleitoral atribuir ao Tribunal Superior Eleitoral a competência para julgamento do *"mandado de segurança, em matéria eleitoral, relativos a atos do Presidente da República, dos Ministros de Estado e dos Tribunais Regionais; ou, ainda, o habeas corpus, quando houver perigo de se consumar a violência antes que o juiz competente possa prover sobre a impetração"*, devem prevalecer as previsões constitucionais. Assim é que a execução do dispositivo foi suspensa pela Resolução do Senado Federal nº 132/185 (no exercício da atribuição constitucional prevista no art. 52, X, da CRFB/88), cujo artigo único afirmou que: *"Suspende, por inconstitucionalidade, nos termos da decisão definitiva proferida pelo Supremo Tribunal Federal, em sessão Plenária realizada em 31 de agosto de 1983, a execução da locução "ou mandado de segurança", constante da letra "e" do inciso I do artigo 22, do Código Eleitoral, instituído pela Lei nº 4.737, de 15 de julho de 1965"*.

Em relação aos **Tribunais de Justiça Estaduais**, deve-se averiguar as definições de cada Constituição Estadual respectiva, bem como das leis locais de organização judiciária, que disciplinarão as regras de competência dos órgãos locais estaduais, dentre as quais estarão as hipóteses de competência originária desses Tribunais.

Por fim, para os **juízes de direito**, a competência é residual.

COMPETÊNCIAS ORIGINÁRIAS PARA O MANDADO DE SEGURANÇA	
Órgão Julgador	**Autoridades emanadoras do ato impugnado**
Supremo Tribunal Federal (art. 102, I, 'd', da CRFB/88)	Presidente da República; Mesas da Câmara dos Deputados e do Senado Federal; Tribunal de Contas da União; Procurador-Geral da República e o próprio Supremo Tribunal Federal.

Superior Tribunal de Justiça (art. 105, I, ‘b’, da CRFB/88)	Ministro de Estado; Comandantes da Marinha, do Exército e da Aeronáutica ou do próprio Tribunal.
Tribunais Regionais Federais (art. 108, I, ‘c’, da CRFB/88)	Próprio Tribunal ou de juiz federal.
Juízes Federais (art. 109, VII, da CRFB/88)	Autoridade federal, excetuados os casos de competência dos tribunais Federais.
Justiça do Trabalho (art. 114, IV, da CRFB/88)	Quando o ato questionado envolver matéria sujeita à sua jurisdição
Tribunais de Justiça Estaduais	Verificar Constituições Estaduais e leis locais de organização judiciária.
Juízes de Direito	Competência residual.

▶ **STJ:**

"[...] 2. É cediço na doutrina quanto aos critérios de fixação da competência em mandado de segurança que: ‘Segundo a lição de Castro Nunes, ‘**a competência judiciária para o mandado de segurança está assentada em dois princípios: a) o da qualificação da autoridade como federal ou local (do que depende a discriminação no dualismo jurisdicional do regime, Justiça Federal e Justiça comum ou local); b) o da hierarquia, isto é, o da graduação hierárquica da autoridade, para o efeito da competência no mecanismo das instâncias em cada uma daquelas jurisdições**. É uma competência *ratione autoritatis*, porque depende da qualificação da autoridade pelo critério acima; *ratione muneris*, isto é, em razão do cargo ou função da autoridade contra a qual se requer o mandado.’ Assim, para se saber qual o juiz ou Tribunal ao qual há de ser direcionado o mandado de segurança, é fundamental a verificação da hierarquia da autoridade e sua qualificação’ (Mantovanni Colares Cavalcante, *in*: Mandado de Segurança. São Paulo: Dialética, 2002, p.54) ‘(...) À evidência, pelo novo perfil constitucional da Justiça do Trabalho, é sua a competência para processar e julgar mandado de segurança contra atos de Delegados Regionais do Trabalho, que, numa fiscalização, apliquem sanções administrativas.’ (Leonardo José Carneiro da Cunha, in Revista Dialética de Direito Processual nº 26, maio/2005, p. 96-102) [...]" (AgRg no MS 15.774/DF, rel. Ministro Luiz Fux, Primeira Seção, julgamento em 23/02/2011, DJe de 07/04/2011)

12.2. Competências para o Recurso Ordinário

Ao **Supremo Tribunal Federal**, caberá julgar o recurso ordinário em mandado de segurança decididos em única instância pelos Tribunais Superiores, e apenas se denegatória a decisão. É o que dispõe o art. 102, II, 'a', da CRFB/88. Observe-se que a mesma competência recursal do STF existe, nessas mesmas condições para o *habeas data*, o *habeas corpus* e o mandado de injunção; isto é, as ações mandamentais constitucionais em geral.

Ao **Superior Tribunal de Justiça**, por sua vez, caberá julgar o recurso ordinário constitucional interposto no âmbito dos mandados de segurança decididos em única instância pelos Tribunais Regionais Federais ou pelos Tribunais dos Estados, do Distrito Federal e Territórios, quando denegatória a decisão. É o que prevê o art. 105, II, 'b', da CRFB/88.

Além das disposições constitucionais, o regramento próprio do recurso ordinário é objeto de tratamento dos arts. 1.027 e seguintes do CPC/2015:

CAPÍTULO VI
DOS RECURSOS PARA O SUPREMO TRIBUNAL FEDERAL E PARA O SUPERIOR TRIBUNAL DE JUSTIÇA

Seção I
Do Recurso Ordinário

Art. 1.027. Serão julgados em recurso ordinário:

I - pelo **Supremo Tribunal Federal**, os mandados de segurança, os habeas data e os mandados de injunção decididos em única instância pelos tribunais superiores, quando denegatória a decisão;

II - pelo **Superior Tribunal de Justiça**:

a) os mandados de segurança decididos em única instância pelos tribunais regionais federais ou pelos tribunais de justiça dos Estados e do Distrito Federal e Territórios, quando denegatória a decisão;

b) os processos em que forem partes, de um lado, Estado estrangeiro ou organismo internacional e, de outro, Município ou pessoa residente ou domiciliada no País.

§ 1º Nos processos referidos no inciso II, alínea "b", contra as decisões interlocutórias caberá agravo de instrumento dirigido ao Superior Tribunal de Justiça, nas hipóteses do art. 1.015.

§ 2º Aplica-se ao recurso ordinário o disposto nos arts. 1.013, § 3º, e 1.029, § 5º.

Art. 1.028. Ao recurso mencionado no art. 1.027, inciso II, alínea "b", aplicam-se, quanto aos requisitos de admissibilidade e ao procedimento, as disposições relativas à apelação e o Regimento Interno do Superior Tribunal de Justiça.

§ 1º Na hipótese do art. 1.027, § 1º, aplicam-se as disposições relativas ao agravo de instrumento e o Regimento Interno do Superior Tribunal de Justiça.

§ 2º O recurso previsto no art. 1.027, incisos I e II, alínea "a", deve ser interposto perante o tribunal de origem, cabendo ao seu presidente ou vice-presidente determinar a intimação do recorrido para, em 15 (quinze) dias, apresentar as contrarrazões.

§ 3º Findo o prazo referido no § 2º, os autos serão remetidos ao respectivo tribunal superior, independentemente de juízo de admissibilidade.

COMPETÊNCIA PARA JULGAMENTO DE RECURSO ORDINÁRIO EM MANDADO DE SEGURANÇA	
Órgão Julgador	**Hipótese de cabimento**
Supremo Tribunal Federal (art. 102, II, 'a', da CRFB/88)	Decisão denegatória proferida em mandado de segurança decididos em única instância pelos Tribunais Superiores.
Superior Tribunal de Justiça (art. 105, II, 'b', da CRFB/88)	Decisão denegatória proferida em mandados de segurança decididos em única instância pelos Tribunais Regionais Federais ou pelos Tribunais dos Estados, do Distrito Federal e Territórios

Por fim, destaca-se haver previsão constitucional de recurso em mandado de segurança também para o Tribunal Superior Eleitoral, conforme previsão do art. 121, §4º, V, da CRFB/88:

Art. 121. Lei complementar disporá sobre a organização e competência dos tribunais, dos juízes de direito e das juntas eleitorais.

[...]

§ 4º Das decisões dos Tribunais Regionais Eleitorais somente caberá recurso quando:

[...]

V - denegarem habeas corpus, mandado de segurança, habeas data ou mandado de injunção.

→ Aplicação em concurso:

- **Procurador Municipal – Prefeitura de Balneário Camboriú (2015) – FEPESE**

  "É correto afirmar sobre o mandado de segurança:

  Da sentença, denegando ou concedendo o mandado, cabe recurso ordinário."

  A afirmativa está errada.

- **Procurador da Procuradoria Especial – TCM/RJ (2015) – FCC**

  "Quanto ao mandado de segurança, tem-se que:
  Da sentença que o denega cabe apelação, pelo término do processo; da sentença que o concede cabe agravo, pelo prosseguimento do feito."
  A afirmativa está errada.

- **Procurador Jurídico – SAAE/SP (2014) – VUNESP**

  "Com relação ao mandado de segurança, individual ou coletivo, é correto afirmar que [...] contra a sentença que denegar a segurança, nos mandados de competência originária do primeiro grau, cabe recurso ordinário constitucional."
  A afirmativa está errada.

- **Advogado – Prefeitura de Patos/PB (2014) – Instituto Pró-Município**

  "É cabível recurso ordinário contra decisão denegatória de mandado de segurança decidido em única instância pelos Tribunais Estaduais, Regionais Federais e o do Distrito Federal e Territórios."
  A afirmativa está errada.

- **Procurador Jurídico – SAAE/SP (2014) – VUNESP**

  "Com relação ao mandado de segurança, individual ou coletivo, é correto afirmar que [...] contra o acórdão que conceder ou negar a segurança, nos mandados de competência originária do tribunal, cabe recurso ordinário constitucional."

  A afirmativa está errada.

Art. 2º Considerar-se-á **federal a autoridade coatora** se as consequências de ordem patrimonial do ato contra o qual se requer o mandado houverem de ser suportadas pela União ou entidade por ela controlada.

1. Autoridade coatora federal

Na linha do que já visto acima quando analisada a competência para o processamento e o julgamento do Mandado de Segurança, o art. 2º apresenta critérios para a caracterização de uma autoridade federal como coatora. Segundo o dispositivo, será considerada federal a autoridade coatora não apenas quando o ato coator advier de um órgão ou entidade federal, mas também quando as consequências do ato praticado, ainda que de ordem patrimonial, tiverem de ser suportadas ou gerarem efeitos diretos sobre a União Federal ou sobre entidade por ela controlada, a ensejar a competência da Justiça Federal para o feito.

O dispositivo é consectário lógico da disposição constitucional do art. 109, I, da CRFB/88, que atribui à Justiça Federal a competência para as causas em que houver interesse direto da União ou de suas autarquias ou empresas públicas, isto é, quando "a União, entidade autárquica ou empresa pública federal forem interessadas na condição de autoras, rés, assistentes ou oponentes". Mais especificamente em relação ao Mandado de Segurança, a competência da Justiça Federal quando for federal a autoridade coatora decorre também da previsão do inciso VIII do art. 109 da CRFB/88, como já destacado, segundo o qual se atribui a tal ramo da Justiça a competência para "os mandados de segurança [...] contra ato de autoridade federal, excetuados os casos de competência dos tribunais federais".

→ Aplicação em concurso:

- **Advogado – UFC (2014) – Instituto AOCP**

  "No tocante ao mandado de segurança, [...] considerar-se-á federal a autoridade coatora se as consequências de ordem patrimonial do ato contra o qual se requer o mandado houverem de ser suportadas pela União ou entidade por ela controlada."

  A afirmativa está correta.

Art. 3º O titular de direito líquido e certo decorrente de direito, em **condições idênticas**, de terceiro **poderá impetrar mandado de segurança a favor do direito originário**, se o seu titular não o fizer, no prazo de **30 (trinta) dias, quando notificado judicialmente**.

Parágrafo único. O exercício do direito previsto no caput deste artigo **submete-se ao prazo fixado no art. 23 desta Lei, contado da notificação.**

1. Substituição processual em Mandado de Segurança

Em regra, a legitimação ativa no Mandado de Segurança rege-se pelas normas gerais correlatas da Teoria Geral do Processo Civil. Assim é que, a princípio, a legitimidade ativa caberá ao titular do direito líquido e certo tido por violado, seja pessoa física ou jurídica, como vimos no item 7 dos comentários ao artigo inaugural da Lei. Nesse sentido é que o art. 6º do CPC/73 previa que *"Ninguém poderá pleitear, em nome próprio, direito alheio, salvo quando autorizado por lei"*, ideia não muito diferente da redação do art. 18 do atual CPC/2015, segundo o qual *"Ninguém poderá pleitear direito alheio em nome próprio, salvo quando autorizado pelo ordenamento jurídico"*. Trata-se de hipóteses de legitimação ordinária, isto é, nas quais o titular do direito líquido e certo tido por violado, ou prestes a sê-lo, age em nome próprio e em defesa de direito próprio. Por outro lado, a legitimação extraordinária ou a substituição processual (admitindo-se os termos como sinônimos) ocorrem quando o autor de uma ação age em nome próprio em defesa de direito alheio, o que demanda autorização específica constante do ordenamento jurídico.

Nesse sentido é que se coloca o art. 3º da Lei nº 12.016/2009, que consagra hipótese legal expressa de substituição processual em Mandado de Segurança, em que se possibilita que o titular do direito líquido e certo decorrente de direito, em condições idênticas, de terceiro impetre mandado de segurança em proteção a esse direito originário do qual decorre o seu interesse, quando o seu titular se quedar inerte. Para tanto, exige-se a notificação judicial do titular inerte, após o que terá o prazo de 30 (trinta dias) para agir em defesa de seu direito. Transcorrido esse prazo sob nova inércia, possibilitar-se-á a substituição processual daquele que possui direito líquido e certo decorrente de direito de terceiro titularizado por pessoa inerte em proteção a esse direito originário.

► **STJ:**

> "[...] o titular de direito decorrente só poderá se valer da impetração de mandado de segurança no caso de o titular do direito originário, se notificado, não o fizer no prazo de 30 (trinta) dias, consoante art. 3º da Lei nº 12.016/2009, o que não se verifica na espécie em que o titular da relação jurídica base defendeu judicialmente o seu interesse. Agravo regimental desprovido." (AgRg no MS 16.400/DF, rel. Ministro Felix Fischer, Corte Especial, julgamento em 12/05/2011, DJe de 06/06/2011)

→ **Aplicação em concurso:**

- **Procurador do Estado – PGE/TO (2018) – FCC**

  "O titular de direito líquido e certo decorrente de direito, em condições idênticas, de terceiro poderá impetrar mandado de segurança a favor do direito originário, se o seu titular não o fizer, no prazo de trinta dias, quando notificado judicialmente."

  A afirmativa está correta.

- **Analista Judiciário – Área Administrativa – TRE-SP (2017) – FCC**

  "Sobre o mandado de segurança, considere:

  O titular de direito líquido e certo decorrente de direito, em condições idênticas, de terceiro poderá impetrar mandado de segurança a favor do direito originário, se o seu titular não o fizer, no prazo de 30 dias, quando notificado judicialmente."

  A afirmativa está correta.

- **Advogado – UFMS (2014) – Instituto AOCP**

  "O titular de direito líquido e certo decorrente de direito, em condições idênticas, de terceiro poderá impetrar mandado de segurança a favor do direito originário, se o seu titular não o fizer, no prazo de 30 (trinta) dias, quando notificado judicialmente."

  A afirmativa está correta.

- **Assistente Jurídico - Advocacia – UEAP (2014) – Instituto CS-UFG**

  "O mandado de segurança constitui-se em ação constitucional de natureza civil, prevista como garantia na Constituição Federal, cujo disciplinamento encontra-se amparado na Lei n. 12.016/ 2009, segundo o qual [...] o titular de direito líquido e certo decorrente de direito, ainda que em condições idênticas, de terceiro, é proibido de impetrar mandado de segurança em favor do direito originário, ainda que o seu titular deixe de o fazer no prazo estabelecido em lei."

  A afirmativa está errada.

- **Titular de Serviços de Notas e de Registros – TJ-MS (2014) – IESES**

  "O titular de direito líquido e certo decorrente de direito, em condições idênticas, de terceiro poderá impetrar mandado de segurança a favor do direito originário, se o seu titular não o fizer, no prazo de 30 (trinta) dias, quando notificado judicialmente."

  A afirmativa está correta.

- **Procurador/UNICAMP (2014) – VUNESP**

  "O titular de direito líquido e certo decorrente de direito, em condições idênticas, de terceiro,

A) poderá impetrar mandado de segurança, como substituto processual do titular do direito originário, se este não o fizer em 30 dias, a contar do ato coator.

B) poderá impetrar mandado de segurança, como substituto processual do titular do direito originário, se este não o fizer em 30 dias, após notificado judicialmente.

C) poderá impetrar mandado de segurança, como substituto processual do titular do direito originário, se este não o fizer em 30 dias, após notificado por carta registrada.

D) poderá impetrar mandado de segurança diante da inércia do titular do direito originário, independentemente de notificação, mas, se já então pendente o referido mandado de segurança, só poderá neste intervir como assistente.

E) não poderá impetrar mandado de segurança, haja vista inexistir previsão legal de legitimidade extraordinária nessa hipótese.

Alternativa correta: letra "B".

Art. 4º Em caso de **urgência**, é permitido, observados os requisitos legais, impetrar mandado de segurança **por telegrama, radiograma, fax ou outro meio eletrônico de autenticidade comprovada**.

§ 1º Poderá o juiz, em caso de urgência, **notificar a autoridade** por telegrama, radiograma ou outro meio que assegure a autenticidade do documento e a imediata ciência pela autoridade.

§ 2º O **texto original da petição deverá ser apresentado nos 5 (cinco) dias úteis** seguintes.

§ 3º Para os fins deste artigo, em se tratando de **documento eletrônico**, serão observadas as regras da Infra-Estrutura de Chaves Públicas Brasileira – ICP-Brasil.

1. Uso de telegrama, radiograma, fax ou outro meio eletrônico de autenticidade comprovada

O dispositivo consagra a possibilidade de utilização de meios eletrônicos na ação de mandado de segurança, tais como o telegrama, o radiograma, o fax e outros meios de autenticidade comprovada. Esses instrumentos tiveram sua possibilidade de utilização expressamente admitida pela lei para os casos de urgência, em preocupação com a celeridade que os interesses tutelados pelo *writ* (direito líquido e certo lesionado ou sob ameaça de lesão) revelam.

Apesar de à época de promulgação da Lei o dispositivo ter representado uma importante preocupação legislativa com a modernização do processo do mandado de segurança, trata-se de dispositivo de pouca aplicação, principalmente a partir da introdução da Lei nº 11.419, que dispôs sobre a informatização do processo judicial no Brasil, além das inovações e avanços que o CPC/2015 trouxe para o tema. Em todo caso, há previsão expressa da utilização dos meios narrados tanto para impetração do *mandamus* (após o que se estabelece o dever de apresentação da petição original nos 5 dias úteis seguintes), bem como para a notificação da autoridade coatora. Por fim, ao dispor sobre a necessidade de observância das regras da Infra-Estrutura de Chaves Públicas Brasileira - ICP-Brasil, o § 3º já revelava preocupação legislativa com a autenticidade dos documentos eletrônicos apresentados.

→ Aplicação em concurso:

- **Advogado – UFAL (2014) – IDECAN**

  "Em caso de urgência, é permitido, observados os requisitos legais, impetrar mandado de segurança por telegrama, radiograma, fax ou outro meio eletrônico de autenticidade comprovada."

  A afirmativa está correta.

- **Gestor de Transporte e Obras/Direito – SEPLAG/MG (2014) – IBFC**

  "Mesmo em caso de urgência, NÃO será permitido impetrar mandado de segurança por:

A) Fax

B) Radiograma.

C) Telegrama

D) E-mail."

Alternativa correta: letra "D".

Art. 5º Não se concederá mandado de segurança quando se tratar:

I - de **ato do qual caiba recurso administrativo com efeito suspensivo**, independentemente de caução;

II - de **decisão judicial da qual caiba recurso com efeito suspensivo**;

III - de **decisão judicial transitada em julgado**.

Parágrafo único. (VETADO)

1. Atos em relação aos quais não cabe Mandado de Segurança

Como visto nos comentários relativos ao art. 1º da Lei, em regra é cabível a impetração de Mandado de Segurança em face de atos de qualquer autoridade pública ou privada investida de funções públicas. Entretanto, o art. 5º excepciona algumas situações em relação às quais não é cabível esse *writ*.

2. Ato em face do qual caiba recurso administrativo com efeito suspensivo

A primeira situação excepcionada pelo art. 5º trata dos atos contra os quais sejam admissíveis recursos administrativos dotados de efeito suspensivo, independentemente da necessidade de caução.

Com o dispositivo, não se está a exigir o prévio esgotamento da instância administrativa para que contra um ato administrativo se admita a interposição do Mandado de Segurança. É preciso lembrar que a regra é a inafastabilidade da tutela jurisdicional (art. 5º, XXXV, da CRFB/88), apenas excepcionalmente e em algumas prévias situações se exigindo o prévio exaurimento da via administrativa. É o caso, por exemplo: a) da justiça desportiva, em que o texto constitucional limita o conhecimento das ações relativas a essa matéria (art. 217, § 1º, da CRFB/88: *"O Poder Judiciário só admitirá ações relativas à disciplina e às competições desportivas após esgotarem-se as instâncias da justiça desportiva, regulada em lei"*); b) no ajuizamento de Reclamação em razão de descumprimento de súmula vinculante por entidade ou órgão da Administração Pública, também há exigência parecida, conforme o § 1º do art. 7º da Lei nº 11.417/2006: *"Contra omissão ou ato da administração pública, o uso da reclamação só será admitido após esgotamento das vias administrativas"*.

Assim, o requisito de não ser cabível recurso administrativo ao qual se atribua efeito suspensivo não se relaciona com a exigência de prévio exaurimento das instâncias processuais administrativas, mas tão somente se trata de um condicionamento à impetração específica do Mandado de Segurança, ante à exequibilidade imediata ou não do ato a ser questionado na via judicial deste *writ*. A razão de ser do dispositivo, porém, é que o ato impugnado seja exequível ou operável. Como afirmam Hely Lopes Meirelles, Arnoldo Wald e Gilmar Ferreira Mendes: "O que se exige sempre – em qualquer caso – é a exequibilidade ou a operatividade do ato a ser atacado pela segurança: a exequibilidade surge no momento em que cessam as oportunidades para os recursos suspensivos; a operatividade começa no momento em que o ato pode ser executado pela Administração, ou pelo seu beneficiário"[5].

Por fim, destaque-se que a lei federal de processo administrativo (Lei nº 9.784/99) prevê como regra geral a inexistência de efeito suspensivo aos recursos administrativos, conforme previsão de seu artigo 61: *"Salvo disposição legal em contrário, o recurso não tem efeito suspensivo"*. É possível, porém, que a autoridade administrativa confira motivadamente efeito suspensivo ao recurso administrativo, nos casos de justo receio de prejuízo de difícil ou incerta reparação, nos termos do parágrafo único do mencionado dispositivo: *"Havendo justo receio de prejuízo de difícil ou incerta reparação decorrente da execução, a autoridade recorrida ou a imediatamente superior poderá, de ofício ou a pedido, dar efeito suspensivo ao recurso"*.

▶ **STF:**

Súmula nº 430/STF: "Pedido de reconsideração na via administrativa não interrompe o prazo para o mandado de segurança."

"[...] **A oposição de sucessivos pedidos administrativos desprovidos de efeitos suspensivos não interrompe nem suspende o prazo para propositura de mandado de segurança**. [...]" (MS 27.381-AgR/DF, rel. Ministro Dias Toffoli, Segunda Turma, julgamento em 15/03/2016, DJe de 20/05/2016)

"[...] **Contra o ato praticado pelo Tribunal de Contas da União pende recurso administrativo com efeito suspensivo, razão pela qual é incabível o mandado de segurança (Lei nº 12.016/2009, art. 5º, I)**. [...]" (MS 33.840-ED/MG, rel. Ministro Roberto Barroso, Primeira Turma, julgamento em 24/11/2015, DJe de 11/12/2015)

"[...]**Recurso administrativo recebido com efeito suspensivo**. 3. Decadência. Termo inicial do prazo. Julgamento do recurso. 4. **Inadmissibilidade de mandado de segurança contra decisão administrativa impugnada por recurso recebido com efeito suspensivo e pendente de julgamento**. Precedentes do STF. [...]" (RMS 26.610-AgR/DF, rel. Ministro Gilmar Mendes, Segunda Turma, julgamento em 10/11/2015, DJe de 30/11/2015).

"[...] **Não se revela admissível mandado de segurança quando impetrado contra ato ou deliberação estatal de que caiba recurso administrativo revestido de efeito suspensivo,**

---

5. MEIRELLES, Hely Lopes; WALD, Arnoldo; MENDES, Gilmar Ferreira. **Mandado de segurança e ações constitucionais.** São Paulo: Editora Malheiros, 2013, p. 43.

independentemente de caução, pois, em tal hipótese, o ato impugnado não terá aptidão para produzir efeitos lesivos que afetem o direito vindicado pelo autor do 'writ' constitucional, que se reputará – ante a ausência de interesse de agir – carecedor da ação de mandado de segurança. - Inviável, desse modo, a utilização simultânea, contra o mesmo ato ou deliberação estatal, de mandado de segurança e de recurso administrativo, com efeito suspensivo, cuja interposição independa da prestação de garantia, sob pena de carência do 'writ' mandamental. Doutrina. Precedentes." (MS 32.334-AgR/DF, rel. Ministro Celso de Mello, Segunda Turma, julgamento em 05/08/2014, DJe de 30/10/2014)

▶ **STJ:**

Súmula nº 460: "É incabível o Mandado de Segurança para convalidar a compensação tributária realizada pelo contribuinte."

"[...] **o manejo de pedido de reconsideração ou de recurso administrativo sem efeito suspensivo não tem o condão de suspender ou interromper o prazo para impetração da ação mandamental, consoante inteligência da Súmula 430/STF, *in verbis*: 'Pedido de reconsideração na via administrativa não interrompe o prazo para o mandado de segurança'**. [...]" (AgInt no RMS 51.319/SP, rel. Ministra Regina Helena Costa, Primeira Turma, julgamento em 25/10/2016, DJe de 10/11/2016)

→ Aplicação em concurso:

- **Auditor de Controle Externo – TCM/BA (2018) – FCC – adaptada**

  "É possível a utilização de mandado de segurança para impugnar [...] ato sujeito a recurso administrativo com efeito suspensivo que não exija caução."

  A afirmativa está errada.

- **Auditor de Controle Externo – TCM/BA (2018) – FCC - adaptada**

  "É possível a utilização de mandado de segurança para impugnar [...] qualquer decisão judicial liminar, desde que demonstrada a urgência do impetrante."

  A afirmativa está errada.

- **Procurador do Estado – PGE/TO (2018) – FCC**

  "Não se concederá mandado de segurança quando se tratar de ato do qual caiba recurso administrativo com efeito suspensivo, independentemente de caução; também não se concederá mandado de segurança de decisão judicial da qual caiba recurso com efeito devolutivo."

  A afirmativa está errada.

- **Analista Judiciário – Área Judiciária – STM (2018) – CESPE**

  "Situação hipotética: Determinado juiz indeferiu mandado de segurança por verificar que o pedido visava impugnar ato praticado pelo presidente do STM, estando tal ato sujeito a recurso administrativo com efeito suspensivo. Assertiva: Nessa situação, agiu corretamente o juiz."

  A afirmativa está correta.

- **Procurador do Estado do Amazonas (2016) – CESPE**

  "Conforme o entendimento do STJ, é cabível mandado de segurança para convalidar a compensação tributária realizada, por conta própria, por um contribuinte."

  A afirmativa está errada.

- **Procurador do Município de Uberaba (2016) – FUNDEP**

  "A respeito da ação de mandado de segurança, disciplinado pela Lei Nº 12.016/2009, analise as seguintes afirmativas:

  O mandado de segurança é instrumento adequado à convalidação da compensação realizada por iniciativa do contribuinte, de tributos indevidamente pagos."

  A afirmativa está errada.

- **Procurador do Estado Substituto - PGE/PI (2014) – CESPE**

  "Com relação a mandado de segurança individual e coletivo, assinale a opção correta de acordo com a doutrina, a legislação de regência e a jurisprudência dos tribunais superiores.

  É cabível mandado de segurança quando o objetivo do impetrante é conseguir declaração do direito à compensação tributária."

  A afirmativa está correta. O MS é cabível para que se obtenha a declaração do direito à compensação, mas não para que seja convalidada compensação já realizada pelo próprio contribuinte.

- **Procurador do Estado – PGE/AC (2014) – FMP**

  "O mandado de segurança é instrumento cabível para declaração de direito à compensação tributária, mas não para convalidação de compensação da mesma natureza realizada unilateralmente pelo contribuinte."

  A afirmativa está correta.

- **Advogado – Câmara de Maria Helena/PR (2017) – FAUEL**

  "A respeito das disposições do Código de Processo Civil em vigor (Lei nº 13.105/2015) e as disposições da Lei do Mandado de Segurança (Lei nº

12.016/2009), julgue a Verdade (V) ou Falsidade (F) dos itens a seguir, e assinale a alternativa com a sequência correta:

Não se concederá mandado de segurança quando se tratar de ato do qual caiba recurso administrativo com efeito suspensivo, independentemente de caução."

A afirmativa está correta.

- **Analista Técnico - DPU (2016) – CESPE**

  "É cabível a impetração de mandado de segurança enquanto pendente recurso administrativo dotado de efeito suspensivo contra ato qualificado como ilegal."

  A afirmativa está errada.

- **Analista Judiciário – Analista Judicial – TJ/PI (2015) – FGV**

  "José impetrou mandado de segurança em face do diretor de uma sociedade empresarial privada concessionária de serviço público. Considerando essa hipótese e o disposto na Lei nº 12.016/2009, é correto afirmar que:

  Caso seja cabível recurso administrativo sem efeito suspensivo em face do ato atacado, o mandado de segurança deverá ser liminarmente extinto, por não ser cabível o *writ*."

  A afirmativa está errada.

- **Técnico Judiciário Auxiliar – TJ-SC (2015) – FGV**

  "É cabível o mandado de segurança contra ato [...] do qual caiba recurso administrativo com efeito suspensivo, independentemente de caução."

  A afirmativa está errada.

- **Promotor de Justiça – MPE/PE (2014) – FCC**

  "Em relação ao mandado de segurança, de acordo com a lei que o rege, [...] não será ele concedido quando se tratar de ato do qual caiba recurso administrativo com efeito suspensivo, independentemente de caução."

  A afirmativa está correta.

- **Procurador do Estado – PGE/AC (2014) – FMP**

  "A existência de recurso administrativo com efeito suspensivo gera a suspensão do prazo para impetração do mandado de segurança."

  A afirmativa está errada.

3. Ato de conteúdo jurisdicional

As outras situações ressalvadas expressamente pelo art. 5º da Lei são as decisões judiciais em face das quais seja cabível recurso com efeito suspensivo ou as decisões já transitadas em julgado. Em relação aos atos de conteúdos jurisdicionais em geral, isto é, aqueles que correspondem ao exercício da função típica do Poder Judiciário, a interposição de Mandado de Segurança é estritamente excepcional, apenas se revelando possível em casos de teratologia ou manifesta ilegalidade ou abuso de poder. Isso porque, em regra, as decisões judiciais já possuem seus meios próprios de impugnação judicial no curso do processo, tais como os recursos. Em relação às decisões judiciais transitadas em julgados, igualmente, já há instrumento processual destinado à sua desconstituição, nos casos em que legalmente se prevê essa possibilidade: a ação rescisória ou, no âmbito penal, a revisão criminal. Assim, desde já se assenta a impossibilidade de impetração de Mandado de Segurança como substituto do recurso próprio ou da ação rescisória, nos casos em que cabível.

Excepcionalmente, quando a decisão judicial se mostre teratológica, abusiva ou manifestamente ilegal e contra ela não haja recurso próprio ou outro meio específico de impugnação, admite-se a interpretação do *mandamus*. Em outra aplicação possível, nos termos em que o inciso II do art. 5º parece indicar, é possível a impetração de Mandado de Segurança para que se atribua efeito suspensivo a recurso ao qual, em regra, se atribua apenas efeito devolutivo.

Entretanto, esse segundo uso parece ser mitigado pela regra geral do CPC/2015 pela qual se permite ao relator ou ao Tribunal ao qual se destine o recurso a atribuição *ope judicis* de efeito suspensivo a recursos aos quais tal efeito já não seja atribuído legalmente (*ope legis*). Nesse sentido é o art. 995 do CPC/2015, que prevê que "*Os recursos não impedem a eficácia da decisão, salvo disposição legal ou decisão judicial em sentido diverso*". Seu parágrafo único, porém, mitiga essa regra ao dispor que "*A eficácia da decisão recorrida poderá ser suspensa por decisão do relator, se da imediata produção de seus efeitos houver risco de dano grave, de difícil ou impossível reparação, e ficar demonstrada a probabilidade de provimento do recurso*".

Em todo caso, a pacífica jurisprudência do STF e também do STJ coloca-se no sentido da absoluta excepcionalidade da impetração de Mandado de Segurança em situações nas quais o ato coator seja uma decisão judicial, um ato de conteúdo jurisdicional.

Por fim, há que se atentar para o fato de que nem todo ato do Poder Judiciário é ato jurisdicional, de modo que no âmbito de sua atuação administrativa será cabível a impetração de Mandado de Segurança. São exemplos dessa situação os atos do Presidente dos Tribunais que versem sobre o processamento e o pagamento de precatórios, atos que não se revestem de conteúdo jurisdicional (Súmula nº 311/STJ) e que, portanto, podem ser impugnados na via mandamental.

▶ **STF:**

Súmula nº 267: "Não cabe mandado de segurança contra ato judicial passível de recurso ou correição."

"[...] 1. **É inadmissível a impetração de mandado de segurança contra ato jurisdicional, exceto nos casos de flagrante ilegalidade ou teratologia da decisão questionada**. Precedentes: RMS 33.814 AgR, Rel. Min. Roberto Barroso, Primeira Turma, DJe 10/12/2015; RMS 33.487 AgR, Rel. Min. Dias Toffoli, Segunda Turma, DJe 29/05/2015, MS 32.772 AgR, Rel. Min. Rosa Weber, Tribunal Pleno, DJe 25/03/2015." (RMS 34.253/BA, rel. Ministro Luiz Fux, Primeira Turma, julgamento em 24/02/2017, DJe de 13/03/2017)

"1. Proferida decisão monocrática por meio da qual **não se conheceu da impetração, diante da ausência de teratologia nos atos jurisdicionais impugnados, o impetrante, ao invés de interpor agravo, apresentou nova petição de 'mandado de segurança em mandado de segurança', com o objetivo de impugnar a decisão monocrática proferida**. 2. A interposição de outra inicial de mandado de segurança nos mesmos autos é erro grosseiro, que impede a aplicação do princípio da fungibilidade (MS nº 28.857 QO/GO, Pleno, Relator Ministro Celso de Mello, DJe de 20.3.2013), exatamente porque este pressupõe dúvida fundada quanto à escolha de recursos, não podendo justificar equívoco manifesto na utilização de ação autônoma de impugnação em substituição a recurso cujo cabimento é claro e pacífico (MS nº 25.365 AgR/DF, Pleno, Relator Ministro Cezar Peluso, DJ de 02.02.2007; MS nº 23.605 AgR-ED/MG, Pleno, Relator Ministro Eros Grau, DJ de 14.10.2005). 3. Agravo regimental conhecido e não provido." (MS 32.940-AgR/GO, rel. Ministra Rosa Weber, Tribunal Pleno, julgamento em 24/02/2017, DJe de 14/03/2017)

"[...] 1. **A jurisprudência da Suprema Corte é firme no sentido de ser inadmissível a impetração de mandado de segurança contra**

ato revestido de conteúdo jurisdicional. Incide, na espécie, a Súmula STF nº 267. 2. **O mandado de segurança somente se revelaria cabível se, no ato judicial, houvesse teratologia, ilegalidade ou abuso flagrante, o que não se verifica na espécie**. 3. Agravo regimental não provido." (MS 34.471-AgR, rel. Ministro Dias Toffoli, Segunda Turma, julgamento em 16/12/2016, DJe de 22/02/2017)

▶ **STJ:**

Súmula nº 202: "A impetração de segurança por terceiro, contra ato judicial, não se condiciona a interposição de recurso".

Súmula nº 604: "Mandado de segurança não se presta para atribuir efeito suspensivo a recurso criminal interposto pelo Ministério Público."

"[...] 1. **Mandado de segurança contra ato judicial é medida excepcional, admissível somente nas hipóteses em que se verifica de plano decisão teratológica, ilegal ou abusiva, contra a qual não caiba recurso, circunstâncias não verificadas na espécie**. 2. Agravo interno não provido. (AgInt no RMS 52.270/PR, rel. Ministra Nancy Andrighi, Terceira Turma, julgamento em 02/05/2017, DJe de 08/05/2017)

"[...] 3. **Em face do art. 5º, II, da Lei 12.016/2009, é pacífico o entendimento doutrinário e jurisprudencial no sentido de que a impetração de mandado de segurança contra ato judicial somente é admitida em hipóteses excepcionais, tais como decisões de natureza teratológica, de manifesta ilegalidade ou abuso de poder, e capazes de produzir danos irreparáveis ou de difícil reparação à parte impetrante**. [...]" (AgInt nos EDcl no RMS 29.098/MG, rel. Ministro Mauro Campbell Marques, Segunda Turma, julgamento em 20/04/2017, DJe de 02/05/2017)

"1. **É incabível o mandado de segurança quando impetrado contra decisão judicial sujeita a recurso específico ou transitada em julgado, mormente porque tal remédio constitucional não representa panaceia para toda e qualquer situação, nem é sucedâneo do recurso específico ou da ação rescisória. Inteligência da Súmula 267/STF**." (AgInt no RMS 51.888/RS, rel. Ministro Luís Felipe Salomão, Quarta Turma, julgamento em 23/05/2017, DJe de 26/05/2017)

"É firme a jurisprudência desta Corte de que cabe a impetração de Mandado de Segurança contra ato da Presidência de Tribunal, porquanto os atos do Presidente que disponham sobre o processamento dos precatórios possuem caráter administrativo.

Aplicação da Súmula 311/STJ." (AgRg no REsp 1.288.572, rel. Ministro Napoleão Nunes Maia Filho, Primeira Turma, julgamento em 18/10/2016)

"Não cabe mandado de segurança com o escopo de dar efeito suspensivo ao agravo em execução [penal]." (AgRg no HC 380.419, rel. Ministro Felix Fischer, Quinta Turma, julgamento em 28/03/2017)

→ Aplicação em concurso:

- **Auditor de Controle Externo – TCM/BA (2018) – FCC - adaptada**

  "É possível a utilização de mandado de segurança para impugnar [...] sentença transitada em julgado que tenha sido prolatada por juiz impedido."

  A afirmativa está errada.

- **Defensor Público – DPE/AM (2018) – FCC – adaptada**

  "A respeito das disposições legais e da jurisprudência dos Tribunais Superiores sobre o mandado de segurança: [...] É cabível mandado de segurança contra decisão judicial da qual caiba recurso com efeito suspensivo, desde que exista violação a direito líquido e certo."

  A afirmativa está errada.

- **Defensor Público – DPE /PR (2017) – FCC**

  "A impetração de Mandado de Segurança por terceiro, contra ato judicial, não se condiciona a interposição de recurso, ainda que o impetrante tenha ciência da decisão que lhe prejudicou e não tenha utilizado o recurso cabível."

  A afirmativa está correta.

- **Procurador do Estado do Mato Grosso (2016) – FCC**

  "De acordo com a jurisprudência dominante nos Tribunais Superiores a respeito do mandado de segurança e de ações coletivas, [...] a impetração de segurança por terceiro, contra ato judicial, é condicionada a interposição de recurso."

  A afirmativa está errada.

- **Procurador do Município de Uberaba (2016) – FUNDEP**

  "A respeito da ação de mandado de segurança, disciplinado pela Lei Nº 12.016/2009, analise as seguintes afirmativas:

  A impetração de mandado de segurança contra ato judicial condiciona-se, sempre, à interposição de recurso."

  A afirmativa está errada.

- **Técnico Judiciário - Área Administrativa – TRT 20ª Região (2016) - FCC**

  "Cabe mandado de segurança [...] contra decisão judicial contra a qual caiba recurso com efeito suspensivo."

  Afirmativa errada.

- **Procurador da Procuradoria Especial – TCM/RJ (2015) – FCC**

  "Quanto ao mandado de segurança, tem-se que:

  não se concederá a segurança de decisão judicial transitada em julgado, salvo se ultrapassado o prazo para ajuizamento de ação rescisória."

  A afirmativa está errada.

- **Procurador da Procuradoria Especial – TCM/RJ (2015) – FCC**

  "Quanto ao mandado de segurança, tem-se que:

  não será concedido quando se tratar de decisão judicial da qual caiba recurso com efeito suspensivo."

  A afirmativa está correta.

- **Técnico Judiciário Auxiliar – TJ-SC (2015) – FGV**

  "É cabível o mandado de segurança contra ato [...] de decisão judicial da qual caiba recurso com efeito suspensivo."

  A afirmativa está errada.

- **Técnico Judiciário Auxiliar – TJ-SC (2015) – FGV**

  "É cabível o mandado de segurança contra ato [...] de decisão judicial transitada em julgado."

  A afirmativa está errada.

- **Promotor de Justiça – MPE/PE (2014) – FCC**

  "Em relação ao mandado de segurança, de acordo com a lei que o rege, [...] não será ele concedido quando se tratar de decisão judicial da qual caiba recurso próprio, com ou sem efeito suspensivo."

  A afirmativa está errada.

- **Juiz de Direito Substituto – TJ/PA (2014) – VUNESP**

  "A impetração de mandado de segurança por terceiro, contra ato judicial, condiciona-se à interposição de recurso."

  A afirmativa está errada.

- **Procurador do Estado do Maranhão (2016) – FCC**

  "O Mandado de Segurança [...] poderá ser impetrado contra decisão judicial transitada em julgado, para defesa de direito líquido e certo, se não houver fundamento para a ação rescisória."

A afirmativa está errada.

- **Procurador do Estado do Maranhão (2016) – FCC**

  "O Mandado de Segurança [...] poderá ser impetrado contra decisão judicial transitada em julgado, para defesa de direito líquido e certo, se não houver fundamento para a ação rescisória."

  A afirmativa está errada.

- **Promotor de Justiça – MP/SC (2016) – Banca própria**

  "É pacífico o entendimento firmado pelo Supremo Tribunal Federal de que é inadmissível a impetração de mandado de segurança contra ato revestido de conteúdo jurisdicional, salvo em hipóteses excepcionais em que se verifique ilegalidade ou teratologia, sendo incabível mandado de segurança contra decisão que determina a aplicação da sistemática de repercussão geral."

  Alternativa correta.

- **Analista do Ministério Público – MP/RJ (2016) – FGV (adaptada)**

  "No que se refere ao mandado de segurança, é correto afirmar que:

  É via inadequada para fins de impugnação de decisão judicial já transitada em julgado, ainda que esta tenha sido proferida em flagrante violação aos princípios constitucionais que regem a Administração Pública."

  A afirmativa está correta.

- **Procurador do Município de Uberaba (2016) – FUNDEP**

  "A respeito da ação de mandado de segurança, disciplinado pela Lei Nº 12.016/2009, analise as seguintes afirmativas:

  Em casos excepcionais, o Superior Tribunal de Justiça admite o cabimento de mandado de segurança contra decisão com trânsito em julgado."

  A afirmativa está correta.

- **Auditor Substituto – TCE/RJ (2015) – FGV**

  "O mandado de segurança [...] não é admissível contra decisão judicial."

  A afirmativa está errada.

- **Analista da Defensoria Pública – DPE/RO (2015) – FGV**

  "No que se refere ao mandado de segurança, é correto afirmar que:

  É via adequada para fins de impugnação de decisão judicial já transitada em julgado, desde que esta tenha sido proferida em flagrante violação à lei."

  A afirmativa está errada.

- **Procurador do Município de Niterói (2014) – FGV (adaptada)**

  "Em relação ao mandado de segurança, é correto afirmar que:

  É via incabível para fins de impugnação de decisão judicial já transitada em julgado."

  A afirmativa está correta.

4. Peculiaridades do Mandado de Segurança em matéria penal

Quando se mostrar cabível a impetração de Mandado de Segurança em face de decisão jurisdicional, há dois desdobramentos relevantes no âmbito do processo penal: a necessidade de citação do réu como litisconsorte passivo no *writ* impetrado pelo Ministério Público contra decisão proferida em processo penal; e a impossibilidade de impetração de Mandado de Segurança pelo Ministério Público para atribuir efeito suspensivo a recurso em sentido estrito.

► **STF:**

Súmula nº 701/STF: "No mandado de segurança impetrado pelo Ministério Público contra decisão proferida em processo penal, é obrigatória a citação do réu como litisconsorte passivo."

► **STJ:**

"RECURSO ORDINÁRIO EM HABEAS CORPUS. LESÕES CORPORAIS LEVES. TRANSAÇÃO PENAL. REQUERIMENTO DE DESIGNAÇÃO DE AUDIÊNCIA PELO MINISTÉRIO PÚBLICO. ARQUIVAMENTO PROVISÓRIO DOS AUTOS PELO MAGISTRADO. **IMPETRAÇÃO DE MANDADO DE SEGURANÇA PELO ÓRGÃO ACUSATÓRIO. POSSIBILIDADE. COMPETÊNCIA DA TURMA RECURSAL. AUSÊNCIA DE PREVISÃO RECURSAL. EXISTÊNCIA DE DIREITO LÍQUIDO E CERTO. CONSTRANGIMENTO ILEGAL NÃO CARACTERIZADO**. DESPROVIMENTO DO RECLAMO. 1**. No processo penal inexistem óbices à utilização da ação mandamental pelo Ministério Público, ainda que em desfavor do réu**. 2. **O próprio enunciado 701 da Súmula do Supremo Tribunal Federal antevê tal possibilidade ao determinar que 'no mandado de segurança impetrado pelo Ministério Público contra decisão proferida em processo penal, é obrigatória a citação do réu como litisconsorte passivo'.** [...]" (RHC 30.946/MG, rel. Ministro Jorge Mussi, Quinta Turma, julgado em 10/12/2013, DJe de 03/02/2014)

"[...] 1. **Não há óbice ao manejo de mandado de segurança pelo Ministério Público, no processo penal, ainda que em desfavor do réu. O próprio verbete nº 701 do STF, ao determinar a citação do réu como litisconsorte passivo, legitima a utilização do referido**

remédio constitucional pelo parquet, na seara criminal." (RHC 30.945/MG, rel. Ministro Marco Aurélio Bellizze, Quinta Turma, Julgado em 16/04/2013, DJe de 23/04/2013)

"[...] **Concedida liberdade provisória, não se admite a impetração de mandado de segurança pelo Ministério Público para fins de atribuição de efeito suspensivo a recurso em sentido estrito, que não o detém**. Precedentes. 2. Agravo regimental a que se nega provimento." (AgRg no HC 377.712/SP, rel. Ministro Jorge Mussi, Quinta Turma, julgamento em 02/05/2017, DJe de 09/05/2017)

"[...] 2. **A jurisprudência do Superior Tribunal de Justiça é firme no sentido do descabimento de mandado de segurança para conferir efeito suspensivo a recurso em sentido estrito interposto a decisão que concede liberdade provisória, por ausência de amparo legal e por tal manejo refugir ao escopo precípuo da ação mandamental**. 3. Assim, o manejo do mandado de segurança como sucedâneo recursal, notadamente com o fito de obter medida não prevista em lei, revela-se de todo inviável, sendo, ademais, impossível falar em direito líquido e certo na ação mandamental quando a pretensão carece de amparo legal. [...]" (HC 368.906/SP, rel. Ministro Joel Ilan Paciornik, Quinta Turma, julgamento em 18/04/2017, DJe de 28/04/2017)

→ Aplicação em concurso:

- **Titular de Serviços de Notas e de Registros - Remoção – TJ/MG (2017) – CONSULPLAN**

  "É obrigatória a citação do réu, como litisconsorte passivo, nos mandados de segurança interpostos pelo Ministério Público"
  A afirmativa está correta.

- **Promotor de Justiça Substituto – MP/GO (2016) – Banca própria**

  "O Ministério Público impetrou Mandado de Segurança contra decisão de Juiz de primeiro grau, proferida em Processo Penal. O Tribunal deverá garantir, nos termos do entendimento sumulado pelo Supremo Tribunal Federal:

A) A intimação do advogado de defesa pelo Diário Oficial da Justiça.

B) A intimação pessoal do advogado de defesa.

C) A intimação pessoal do réu.

D) A citação do réu como litisconsorte passivo."

Afirmativa correta: letra "D".

- **Defensor Público – DPE/PR (2017) – FCC**

  "Segundo jurisprudência do Supremo Tribunal Federal, no Mandado de Segurança impetrado pelo Ministério Público contra decisão proferida em processo penal, é obrigatória a citação do réu como litisconsorte passivo."

  A afirmativa está correta.

5. Veto ao parágrafo único

Ainda sobre o art. 5º, a lei previa um parágrafo único ao dispositivo, que previa que "O mandado de segurança poderá ser impetrado, independentemente de recurso hierárquico, contra omissões da autoridade, no prazo de 120 (cento e vinte) dias, após sua notificação judicial ou extrajudicial". Entretanto, o dispositivo foi objeto de veto presidencial conforme as seguintes razões: "A exigência de notificação prévia como condição para a propositura do Mandado de Segurança pode gerar questionamentos quanto ao início da contagem do prazo de 120 dias em vista da ausência de período razoável para a prática do ato pela autoridade e, em especial, pela possibilidade da autoridade notificada não ser competente para suprir a omissão".

Art. 6º A **petição inicial**, que deverá preencher os **requisitos estabelecidos pela lei processual**, será apresentada em 2 (duas) vias com os **documentos** que instruírem a primeira reproduzidos na segunda e indicará, além da **autoridade coatora**, a **pessoa jurídica que esta integra, à qual se acha vinculada ou da qual exerce atribuições.**

§ 1º No caso em que o **documento necessário à prova do alegado se ache em repartição ou estabelecimento público ou em poder de autoridade** que se recuse a fornecê-lo por certidão ou de terceiro, o juiz ordenará, preliminarmente, por ofício, a **exibição** desse documento em original ou em cópia autêntica e marcará, para o cumprimento da ordem, o prazo de 10 (dez) dias. O escrivão extrairá cópias do documento para juntá-las à segunda via da petição.

§ 2º Se a autoridade que tiver procedido dessa maneira for a própria coatora, a ordem far-se-á **no próprio instrumento da notificação.**

§ 3º Considera-se **autoridade coatora** aquela que tenha praticado o ato impugnado ou da qual emane a ordem para a sua prática.

§ 4º (VETADO)

§ 5º **Denega-se o mandado de segurança** nos casos previstos pelo art. 267 da Lei no 5.869, de 11 de janeiro de 1973 - Código de Processo Civil.

§ 6º O pedido de mandado de segurança poderá ser **renovado dentro do prazo decadencial, se a decisão denegatória não lhe houver apreciado o mérito.**

1. Petição Inicial

Como qualquer outro processo, o Mandado de Segurança apenas se inaugura após a provocação pela parte autora interessada, o que se dá por meio da petição inicial. Inicialmente, se apresentam os mesmos requisitos existentes no Código de Processo Civil para a petição, o que, no CPC/2015, consta de seu art. 319:

> Art. 319. A petição inicial indicará:
>
> I - o juízo a que é dirigida;
>
> II - os nomes, os prenomes, o estado civil, a existência de união estável, a profissão, o número de inscrição no Cadastro de Pessoas Físicas ou no Cadastro Nacional da Pessoa Jurídica, o endereço eletrônico, o domicílio e a residência do autor e do réu;
>
> III - o fato e os fundamentos jurídicos do pedido;
>
> IV - o pedido com as suas especificações;
>
> V - o valor da causa;
>
> VI - as provas com que o autor pretende demonstrar a verdade dos fatos alegados;
>
> VII - a opção do autor pela realização ou não de audiência de conciliação ou de mediação.
>
> § 1º Caso não disponha das informações previstas no inciso II, poderá o autor, na petição inicial, requerer ao juiz diligências necessárias a sua obtenção.
>
> § 2º A petição inicial não será indeferida se, a despeito da falta de informações a que se refere o inciso II, for possível a citação do réu.
>
> § 3º A petição inicial não será indeferida pelo não atendimento ao disposto no inciso II deste artigo se a obtenção de tais informações tornar impossível ou excessivamente oneroso o acesso à justiça.

Além desses requisitos, há algumas peculiaridades a serem observadas no procedimento do *writ* estudado. O item de maior destaque é a necessidade de que a petição inicial já venha acompanhada dos documentos que evidenciem, como prova pré-constituída, o direito líquido e certo que invoca o impetrante. É certo que o CPC/2015 já exige de forma genérica que a petição inicial seja instruída com os documentos indispensáveis à propositura da ação (art. 320), mas no que se refere ao *mandamus* tais documentos devem ser mais robustos, em razão da exigência de que exista prova pré-constituída.

Ademais, deve-se indicar de forma expressa a autoridade coatora, que é aquela que praticou o ato impugnado ou da qual possa emanar o ato ainda a ser praticado (nos casos de impetração preventiva), bem como a Pessoa Jurídica à qual se ache vinculada e como membro ou (re)presentante da qual atuou.

→ **Aplicação em concurso:**

- **Titular de Serviços de Notas e de Registros – TJ-PR (2014) – IBFC**

  "No mandado de segurança, a petição inicial deverá indicar precisamente a autoridade coatora, não havendo necessidade de menção à pessoa jurídica que a mesma integra, se acha vinculada ou exerce atribuições."

  A afirmativa está errada.

Por fim, a exigência de apresentação de duas vias da petição inicial se coloca em razão de se levar a conhecimento da autoridade coatora o conteúdo do que alegado pelo impetrante. Desse modo, havendo mais de uma autoridade coatora ou outras situações de litisconsórcio passivo, mais vias da petição inicial deverão ser apresentadas. A previsão passa a perder parte de seu sentido com a proliferação do processo judicial eletrônico.

2. Documento necessário em poder de autoridade pública

No caso em que a impetração dependa de documento necessário à prova do direito líquido e certo alegado e que esteja em poder de terceiro, o juiz poderá determinar à autoridade pública, à repartição ou ao estabelecimento público que detenha sua posse que o apresente, em original ou em cópia autêntica, no prazo de 10 (dez) dias. Se a autoridade detentora do documento for também a própria autoridade coatora, a determinação judicial de exibição poderá contar já do próprio instrumento de sua notificação. Nesse sentido são as disposições dos §§ 1º e 2º do art. 6º.

► **STJ:**

"[...] 1. **O art. 6º da Lei n. 12.016/2009 disponibiliza ao impetrante meio de inversão do ônus probatório, por ordem judicial,**

na hipótese em que 'o documento necessário à prova do alegado se ache em repartição ou estabelecimento público ou em poder de autoridade que se recuse a fornecê-lo por certidão ou de terceiro'. [...]" (RMS 48.080/DF, rel. Ministro Sérgio Kukina, Primeira Turma, julgamento em 16/06/2015, DJe de 29/06/2015)

→ Aplicação em concurso:

- **Procurador da ALERJ (2017) – FGV**

"No que se refere ao mandado de segurança, é correto afirmar que: O procedimento do 'writ'", diante de seu status constitucional, admite a inspeção judicial, desde que imprescindível à comprovação das alegações autorais."

A afirmativa está errada.

- **Julgador Administrativo Tributário do Tesouro Estadual – SEFAZ/PE (2015) – FCC**

"Impetrado mandado de segurança, se o documento necessário à prova do direito alegado estiver em poder da autoridade coatora, que se recusa a fornecê-lo, o juiz deverá

A) encaminhar ofício à autoridade tida como coatora, ordenando a exibição do documento, no prazo de 10 dias, para posterior expedição do instrumento de notificação.

B) extinguir o processo sem resolução de mérito, pois o mandado de segurança deve ser instruído com prova pré-constituída do direito alegado.

C) encaminhar ofício à autoridade tida como coatora, solicitando a exibição do documento, no prazo de 10 dias, para posterior expedição do instrumento de notificação.

D) suspender o processo até que o impetrante obtenha o documento pelas vias adequadas, respeitado o prazo decadencial de 120 dias.

E) ordenar, no próprio instrumento da notificação, a exibição do documento, marcando, para cumprimento da ordem, o prazo de 10 dias."

Alternativa correta: letra "E".

- **Procurador do Estado de Terceira Classe – PGE/RN (2014) – FCC**

"Julgando ter tido direito líquido e certo ofendido por ato de autoridade, Tício impetrou mandado de segurança. Contudo, afirmou, na petição inicial, que a prova do fato dependeria da obtenção de documento e que a autoridade coatora estaria se recusando a fornecê-lo. Ao receber a inicial, o Juiz deverá

A) indeferir liminar, se pleiteada, e determinar que a autoridade coatora preste informações, trazendo cópia do ato impugnado, no prazo de 15 dias.

B) ordenar, preliminarmente, por ofício, que a autoridade imediatamente superior à coatora ordene a exibição do documento, em original ou por cópia autenticada, marcando o prazo de 10 dias para cumprimento da ordem.

C) indeferir a petição inicial, porque o mandado de segurança depende de prova pré-constituída de direito líquido e certo.

D) mandar, preliminarmente, emendar a inicial, determinando a juntada de documento comprobatório da negativa, por parte da autoridade coatora.

E) ordenar, preliminarmente, no próprio instrumento de notificação, a exibição do documento, em origina original ou por cópia autenticada, marcando o prazo de 10 dias para cumprimento da ordem."

Alternativa correta: letra "E".

3. Indicação da autoridade coatora

Já desde a petição inicial deve-se indicar a autoridade coatora, isto é, aquela que tenha praticado o ato impugnado ou da qual emane a ordem para a sua prática; ou aquela que poderá praticar eventual ato que preventivamente se questiona. Além de suas consequências óbvias para a própria análise do mérito do *mandamus*, a indicação da autoridade coatora é fundamental para a definição do órgão jurisdicional competente para sua análise, conforme acima já analisado.

Entretanto, a indicação errônea da autoridade coatora não deverá ensejar a rejeição liminar do Mandado de Segurança, oportunizando-se a possibilidade de emenda à inicial para que se corrija eventual vício ou falha nesse ponto, sempre que possível a correção. A possibilidade dessa providência é afirmada pela jurisprudência do Superior Tribunal de Justiça – STJ, mas não se revelará presente nas hipóteses em que a correção da autoridade coatora implique: (i) a alteração do órgão judiciário competente; ou se (ii) a autoridade erroneamente indicada pertencer pessoa jurídica diversa da autoridade de fato coatora. Assente-se que essa possibilidade de emenda à inicial coloca-se em consonância com os princípios da instrumentalidade das formas e da primazia da decisão de mérito, aos quais o Novo CPC atribuiu especial relevância.

► **STJ:**

"[...] 3. **O Superior Tribunal de Justiça admite a emenda à petição inicial de mandado de segurança para a correção de equívoco na indicação da autoridade coatora, desde que a retificação do polo passivo não implique, diversamente do que ocorreu no caso, alterar a competência judiciária e desde que a autoridade erroneamente indicada pertença à mesma pessoa jurídica da autoridade de fato coatora**. [...]" (AgInt no REsp 1.505.709/SC, rel. Ministro Gurgel de Faria, Primeira Turma, julgamento em 23/06/2016, DJe de 19/08/2016)

"[...] 2. **O Superior Tribunal de Justiça tem entendimento de que 'considerando a finalidade precípua do mandado de segurança que é a proteção de direito líquido e certo, que se mostre configurado de plano, bem como da garantia individual perante o Estado, sua finalidade assume vital importância, o que significa dizer que as questões de forma não devem, em princípio, inviabilizar a questão de fundo gravitante sobre ato abusivo da autoridade. Conseqüentemente, o Juiz, ao deparar-se, em sede de mandado de segurança, com a errônea indicação da autoridade coatora, deve determinar a emenda da inicial ou, na hipótese de erro escusável, corrigi-lo de ofício, e não extinguir o processo sem julgamento do mérito'** (REsp 865.391/BA, Rel. Ministro Luiz Fux, Primeira Turma, DJe 7/8/2008. 3. Recurso Ordinário parcialmente provido. (RMS 51.524/MG, rel. Ministro Herman Benjamin, Segunda Turma, julgamento em 13/09/2016, DJe de 17/10/2016)

→ **Aplicação em concurso:**

- **Juiz Substituto – TJ/MS (2015) – VUNESP**

"Considerando-se o procedimento do mandado de segurança e a indicação equivocada pelo impetrante da autoridade impetrada, assinale a alternativa correta.

A) Poderá ser concedida a segurança, pois o polo passivo é composto pela pessoa jurídica de direito público a que pertence a autoridade que praticou o ato.

B) Será negada a segurança, pela impossibilidade de correção do ato pela autoridade que não o praticou.

C) Poderá ser determinada a notificação, para prestar informações, da autoridade adequada, desde que seja possível identificá-la sem a emenda da inicial.

D) A ação deverá sempre ser julgada extinta, sem julgamento de seu mérito.

E) Será negada a segurança, pela indicação equivocada do polo passivo."

Afirmativa correta: letra "c".

- **Procurador do Município de Goiânia (2015) – CSUFG**

  "A Lei nº 12.016/2009 disciplina o mandado de segurança individual e coletivo. De acordo com tal disposição normativa e com os precedentes dos Tribunais Superiores, [...] a indicação errônea da autoridade coatora pode ser suprida mediante remessa dos autos ao juízo competente, nos termos da disposição contida no art. 113, § 2°, do CPC."

  A afirmativa está errada.

- **Defensor Público – DPE/MG (2014) – FUNDEP**

  "Sobre mandado de segurança, analise as proposições a seguir:

  A errônea indicação da autoridade coatora pelo impetrante permite que o juiz, de ofício, venha a substituí-la, independentemente de alteração da competência, aplicando-se, nesta hipótese, a teoria da encampação."

  A afirmativa está errada.

4. Erro na indicação da autoridade coatora

Nessa mesma linha, como desdobramento do que se acaba de assentar, destaca-se o entendimento também do STJ de que o mero erro na indicação da autoridade coatora em mandado de segurança não implica necessariamente em decisão que reconheça ilegitimidade passiva, nos casos em que o equívoco seja facilmente perceptível e que a autoridade erroneamente indicada pertença à mesma pessoa jurídica de direito público que a de fato coatora. Ademais, conforme esse entendimento, essas correções podem se dar até mesmo mediante iniciativa do próprio magistrado, *ex officio*.

▶ **STJ:**

> "[...] 1. **A errônea indicação da autoridade coatora não implica ilegitimidade *ad causam* passiva se aquela pertence à mesma pessoa jurídica de direito público; porquanto, nesse caso não se altera a polarização processual, o que preserva a condição da ação** (REsp. 806.467/PR, Rel. Min. LUIZ FUX, DJ 20.09.2007) [...]" (AgRg no AREsp 188.414/BA, rel. Ministro Napoleão Nunes Maia Filho, Primeira Turma, julgamento em 17/03/2015, DJe de 31/03/2015)
>
> "RECURSO ORDINÁRIO EM MANDADO DE SEGURANÇA. **INDICAÇÃO EQUIVOCADA DA AUTORIDADE IMPETRADA. IDENTIFICAÇÃO**

CORRETA, PELO JULGADOR (LEI 12.016/2009, ART. 6º, § 3º). POSSIBILIDADE. RECURSO PROVIDO. 1. **O art. 6º, § 3º, da Lei 12.016/2009 permite ao julgador, pela análise do ato impugnado na exordial, identificar corretamente o impetrado no mandado se segurança, não ficando restrito à eventual literalidade de equivocada indicação. Desde que, pela leitura da inicial e exame da documentação anexada, seja viável a identificação correta da autoridade responsável pelo ato impugnado no *writ*, nada obsta que o julgador determine que a notificação seja adequadamente direcionada ou que possibilite ao impetrante oportunidade para emendar a inicial, sanando a falha, corrigindo-se, nessas hipóteses, equívoco facilmente perceptível**. [...]" (RMS 45.495/SP, rel. Ministro Raul Araújo, Quarta Turma, julgamento em 26/08/2014, DJe de 20/10/2014)

"[...] 2. '[...] **dada a essência constitucional do Mandado de Segurança, admite-se que o Julgador, em respeito aos princípios da economia processual e efetividade do processo, diante de indicação errônea da autoridade impetrada, permita sua correção através de emenda à inicial ou, proceda a pequenas correções *ex officio*, a fim de que o writ efetivamente cumpra seu escopo maior de proteção de direito líquido e certo**.' (RMS 24.217/PA, 5.ª Turma, Rel. Min. NAPOLEÃO NUNES MAIA FILHO, DJe de 10/11/2008.) 3. Recurso especial conhecido e parcialmente provido." (REsp 1.001.910/SC, rel. Ministra Laurita Vaz, Quinta Turma, julgamento em 26/05/2009, DJe de 29/06/2009)

Por oportuno, veja-se, ainda, destacada opinião doutrinária que sustenta a aplicabilidade do art. 339 do Código de Processo Civil ao procedimento do Mandado de Segurança. Esse é o entendimento afirmado pelo Enunciado nº 123 da II Jornada de Direito Processual Civil promovida pelo Conselho da Justiça Federal: "Aplica-se o art. 339 do CPC à autoridade coatora indicada na inicial do mandado de segurança e à pessoa jurídica que compõe o polo passivo".

5. Competência nos casos de delegação administrativa

Ainda sobre a indicação da autoridade coatora, nos casos de delegação de competência administrativa, o Mandado de Segurança será cabível ante à autoridade que de fato praticou o ato e não contra a autoridade delegante. Nesse sentido é a Súmula 510/STF e também a jurisprudência do STJ.

► **STF:**

Súmula 510/STF: "Praticado o ato por autoridade, no exercício de competência delegada, contra ela cabe o mandado de segurança ou a medida judicial".

► **STJ:**

"[...] 2. '**Praticado o ato por autoridade, no exercício de competência delegada, contra ela cabe o mandado de segurança ou a medida judicial.**' (Súmula do STF, Enunciado nº 510). 3. Agravo regimental improvido." (AgRg no MS 15.997/DF, rel. Ministro Hamilton Carvalhido, Primeira Seção, julgamento em 27/04/2011, DJe de 09/05/2011)

→ **Aplicação em concurso:**

- **Auditor Fiscal de Controle Externo – TCDF (2014) – CESPE**

  "Na hipótese de mandado de segurança impetrado contra ato praticado no exercício de competência delegada, a autoridade a ser indicada como coatora será aquela que recebeu a delegação."

  A afirmativa está correta.

6. Teoria da encampação

Nesses casos de correção do polo passivo e da autoridade coatora inicialmente indicada é que se fala na aplicação da **teoria da encampação**, que permite justamente o ingresso da autoridade coatora correta ou da pessoa jurídica a que ela pertença no feito, sanando o vício inicial e permitindo, em consequência, a apreciação e o julgamento do Mandado de Segurança. Note que a teoria nada tem a ver com o instituto da encampação administrativa, que tem lugar no âmbito das concessões de serviço público, quando este é retomado pelo ente concedente.

Como já observado a partir do que acima assentado e agora mais detalhadamente explicado, para que mais propriamente se fale na aplicação da teoria da encampação, faz-se necessária a verificação da presença de três requisitos principais: (i) a existência de vínculo hierárquico entre a autoridade encampante (isto é, a verdadeira autoridade coatora) e a encampada (a autoridade errônea e inicialmente apontada na petição inicial); (ii) que a assunção da posição de autoridade coatora pela encampante não enseje a modificação de competência para o processamento e julgamento do Mandado de Segurança; e (iii) que as informações prestadas pela autoridade encampada (quando já tenham sido apresentadas) tenham enfrentado o mérito da impetração, isto é, não pode a autoridade inicialmente apontada ter se limitado a tão somente alegar a sua ilegitimidade passiva.

Observe-se, por fim, que a teoria e os requisitos de sua aplicação foram cristalizados pela Primeira Seção do Superior Tribunal de Justiça na Súmula nº 628, aprovada em 12 de dezembro de 2018.

▶ **STJ:**

Súmula nº 628: "A teoria da encampação é aplicada no mandado de segurança quando presentes, cumulativamente, os seguintes requisitos: a) existência de vínculo hierárquico entre a autoridade que prestou informações e a que ordenou a prática do ato impugnado; b) manifestação a respeito do mérito nas informações prestadas; e c) ausência de modificação de competência estabelecida na Constituição Federal".

"[...] II - A jurisprudência desta Corte firmou entendimento segundo o qual, **a aplicação da teoria da encampação, que mitiga a indicação errônea da autoridade coatora em mandado de segurança, tem lugar quando presentes os seguintes requisitos: (i) vínculo hierárquico entre a autoridade que prestou as informações e aquela que determinou a prática do ato; (ii) manifestação sobre o mérito nas informações prestadas, e; (iii) ausência de modificação na competência constitucionalmente estabelecida**. [...]" (RMS 39.158/MG, rel. Ministra Regina Helena Costa, Primeira Turma, julgamento em 04/05/2017, DJe de 11/05/2017)

"[...] 2. Este Superior Tribunal de Justiça firmou entendimento no sentido de que **aplicável a teoria da encampação quando a autoridade apontada como coatora, ao prestar as informações, não se limita a alegar a sua ilegitimidade, mas defende a prática do ato impugnado**. [...]" (MS 15.114/DF, rel. Ministro Nefi Cordeiro, Terceira Seção, julgamento em 26/08/2015, DJe 08/09/2015)

"[...] 3. **A autoridade impetrada, ao apresentar as suas informações, além de aduzir sua ilegitimidade para figurar no pólo passivo do Mandado de Segurança, defendeu o mérito do ato impugnado, conforme assentado na Corte de origem, o que atrai a incidência da teoria da encampação; essa teoria tem por objetivo maior, viabilizar a solução rápida do pleito mandamental, porquanto se tem como medida de urgência afastar, o mais rapidamente possível, a ofensa, por ato de autoridade, a direito subjetivo líquido e certo**. [...]" (AgRg no AREsp 477.852/TO, rel.

Ministro Napoleão Nunes Maia Filho, Primeira Turma, julgamento em 25/11/2014, DJe de 03/12/2014)

"[...]1. **Deve ser aplicada a Teoria da Encampação quando a autoridade apontada como coatora no mandado de segurança - hierarquicamente superior à autoridade efetivamente legítima para figurar no pólo passivo -, mesmo aduzindo sua ilegitimidade, defende o mérito do ato impugnado, desde que não haja modificação da competência**. 2. No concernente ao **requisito da subordinação hierárquica**, há que se ter em mente o seguinte desdobramento: para verificação da referida teoria, a submissão deve ser aquela que permite à 'autoridade superior' rever o ato do seu subordinado. Se não existe tal competência, não se pode falar em encampação. [...]" (AgRg no REsp 1.270.307/MG, rel. Ministro Benedito Gonçalves, Primeira Turma, julgamento em 27/03/2014, DJe de 07/04/2014)

→ Aplicação em concurso:

- **Defensor Público – DPE /PR (2017) – FCC**

  "Segundo a jurisprudência do Superior Tribunal de Justiça, a teoria da encampação no Mandado de Segurança tem aplicabilidade nas hipóteses em que atendidos os seguintes pressupostos: subordinação hierárquica entre a autoridade efetivamente coatora e a apontada na petição inicial, discussão do mérito nas informações e ausência de modificação da competência."

  A afirmativa está correta.

- **Procurador do Município de Goiânia (2015) – CSUFG**

  "A Lei nº 12.016/2009 disciplina o mandado de segurança individual e coletivo. De acordo com tal disposição normativa e com os precedentes dos Tribunais Superiores, [...] a teoria da encampação reclama, entre outros critérios, a existência de vínculo hierárquico entre a autoridade que presta informações e a que ordenou a prática do ato impugnado."

  A afirmativa está correta.

- **Procurador do Município de Nossa Senhora do Socorro/SE (2014) – FUNDEP**

  "A Teoria da Encampação consiste em reconhecer a legitimidade passiva da autoridade hierarquicamente superior àquela que deveria ser apontada coatora, quando, nas informações, ela não se limitar a alegar sua ilegitimidade, vindo a encampar o ato atacado, mediante defesa a respeito do mérito da impetração."

  A afirmativa está correta.

7. Veto ao §4º

Ainda sobre o art. 6º, a lei previa em seu §4º a possibilidade expressa de apresentação de emenda à petição inicial, quando se suscitasse a ilegitimidade da autoridade inicialmente indicada, desde que se observasse o prazo decadencial de 120 (cento e vinte) dias durante os quais é possível a impetração do Mandado de Segurança. O dispositivo continha a seguinte redação: "Suscitada a ilegitimidade pela autoridade coatora, o impetrante poderá emendar a inicial no prazo de 10 (dez) dias, observado o prazo decadencial".

Entretanto, o dispositivo foi vetado justamente por essa parte final em que se fazia menção ao prazo decadencial, sob a seguinte justificativa presidencial: "A redação conferida ao dispositivo durante o trâmite legislativo permite a interpretação de que devem ser efetuadas no correr do prazo decadencial de 120 dias eventuais emendas à petição inicial com vistas a corrigir a autoridade impetrada. Tal entendimento prejudica a utilização do remédio constitucional, em especial, ao se considerar que a autoridade responsável pelo ato ou omissão impugnados nem sempre é evidente ao cidadão comum". Entendeu-se que a limitação da possibilidade de emenda à inicial apenas durante o prazo decadencial de 120 (cento e vinte dias) representaria restrição irrazoável à amplitude e ao alcance do *writ* ora estudado, pelo que o dispositivo foi objeto de veto presidencial.

8. Denegação nos casos sem mérito e possibilidade de renovação da impetração

Por fim, em relação aos § 5º, assegura-se a possibilidade de extinção do Mandado de Segurança sem resolução de mérito, em referência que se fazia ao art. 267 do CPC/1973. O dispositivo correspondente no Novo CPC é o art. 485, que elenca as hipóteses em que o juiz não resolverá o mérito, quando: I - indeferir a petição inicial; II - o processo ficar parado durante mais de 1 (um) ano por negligência das partes; III - por não promover os atos e as diligências que lhe incumbir, o autor abandonar a causa por mais de 30 (trinta) dias; IV - verificar a ausência de pressupostos de constituição e de desenvolvimento válido e regular do processo; V - reconhecer a existência de perempção, de litispendência ou de coisa julgada; VI - verificar ausência de legitimidade ou de interesse processual; VII - acolher a alegação de existência de convenção de arbitragem ou quando o juízo arbitral reconhecer sua competência; VIII - homologar a desistência da ação;

IX - em caso de morte da parte, a ação for considerada intransmissível por disposição legal; e X - nos demais casos prescritos no CPC/2015.

Destaca-se que o §6º do artigo ora em comento assegura a possibilidade de nova impetração, se respeitado o prazo decadencial de 120 (cento e vinte dias), desde que a denegação do Mandado de Segurança anteriormente impetrado e que verse a mesma matéria tenha se dado sem a apreciação de seu mérito. É que sem que se decida sobre o seu mérito, não se forma coisa julgada material, mas apenas formal ou endoprocessual. Assim, não se impede nova impetração dentro do indicado prazo (desde que corrigidos os vícios que levaram à extinção, sem resolução de mérito, do primeiro) ou mesmo a busca das vias judiciais ordinárias (nesse sentido é o art. 13 da Lei do ora comentada). Essas disposições se aplicam tanto ao Mandado de Segurança individual, como ao coletivo.

→ Aplicação em concurso:

- **Defensor Público – DPE/AM (2018) – FCC – adaptada**

  "A respeito das disposições legais e da jurisprudência dos Tribunais Superiores sobre o mandado de segurança: [...] Denegada a ordem pleiteada no mandado de segurança sem resolução do mérito, é possível a repropositura de pedido idêntico dentro do prazo decadencial."

  A afirmativa está correta.

- **Procurador do Estado do Maranhão (2016) – FCC**

  "O Mandado de Segurança [...] não poderá ser renovado, ainda que dentro do prazo decadencial, se houver decisão denegatória anterior, apreciando lhe ou não mérito."

  A afirmativa está errada.

- **Procurador do Município de São Luís/MA (2016) – FCC**

  "João impetrou, em primeiro grau de jurisdição, mandado de segurança no âmbito do qual requereu a produção de prova testemunhal, deixando de anexar, à petição inicial, prova documental de direito líquido e certo. O Juiz indeferiu a petição inicial, por entender não estarem presentes os requisitos legais, julgando extinto o processo sem resolução de mérito. Contra referido ato, João interpôs agravo de instrumento, o qual não foi conhecido, por entender o Tribunal não se tratar do recurso adequado. Ainda dentro do prazo decadencial, João impetrou novo mandado de segurança, com o mesmo objeto, desta vez suprindo as falhas que levaram ao indeferimento do mandado de segurança anterior. Entendendo haver urgência, além de estarem presentes os requisitos legais, o Juiz deferiu liminar em favor de João. Contra referida decisão, interpôs-se agravo de instrumento, ao qual não foi atribuído efeito suspensivo. De acordo com a Lei nº 12.016/2009, que regulamenta o mandado de segurança, é correto afirmar que:

João não poderia ter impetrado novo mandado de segurança, com o mesmo objeto, ainda que dentro do prazo decadencial."

A afirmativa está errada.

- **Conselheiro Substituto (Auditor) – TCE/CE (2015) – FCC**

  "A sentença ou acórdão que denegar a ordem no mandado de segurança:

  Em nenhuma hipótese produz coisa julgada material."

  A afirmativa está errada.

- **Conselheiro Substituto (Auditor) – TCE/CE (2015) – FCC**

  "A sentença ou acórdão que denegar a ordem no mandado de segurança:

  Com ou sem apreciação do mérito, não impede que se busque em ação de procedimento comum a satisfação do direito."

  A afirmativa está errada.

- **Conselheiro Substituto (Auditor) – TCE/CE (2015) – FCC**

  "A sentença ou acórdão que denegar a ordem no mandado de segurança:

  Impede a renovação do pedido, ainda que dentro do prazo decadencial, tenha ou não a decisão denegatória apreciado o mérito."

  A afirmativa está errada.

- **Promotor de Justiça – MP/SC (2014) – Banca própria**

  "Analise o enunciado da questão abaixo e assinale se ele é Certo ou Errado.

  Caso o mandado de segurança coletivo tenha sido denegado por ausência de prova pré-constituída do direito líquido e certo, poderá o mesmo ser renovado, desde que dentro do prazo decadencial".

  A afirmativa está correta.

- **Advogado – DESENVOLVESP (2014) – VUNESP**

  "É possível renovar o pedido de mandado de segurança dentro do prazo decadencial, se a decisão denegatória não tiver apreciado o mérito."

  A afirmativa está correta

- **Defensor Público de Entrância Inicial – DPE/CE (2014) – FCC**

  "Em relação ao mandado de segurança, é correto afirmar:

  A sentença ou o acórdão que denegar mandado de segurança, decidindo ou não o mérito da impetração, não impedirá que o requerente, por via autônoma, pleiteie os seus direitos e os respectivos efeitos patrimoniais."

  A afirmativa está errada.

Art. 7º Ao **despachar a inicial**, o juiz ordenará:

I - que se **notifique o coator do conteúdo da petição inicial**, enviando-lhe a segunda via apresentada com as cópias dos documentos, a fim de que, **no prazo de 10 (dez) dias, preste as informações**;

II - que se dê **ciência do feito ao órgão de representação judicial da pessoa jurídica interessada**, enviando-lhe cópia da inicial sem documentos, **para que, querendo, ingresse no feito**;

III - que se **suspenda o ato que deu motivo ao pedido**, quando houver fundamento relevante e do ato impugnado puder resultar a ineficácia da medida, caso seja finalmente deferida, **sendo facultado exigir do impetrante caução, fiança ou depósito**, com o objetivo de assegurar o ressarcimento à pessoa jurídica.

§ 1º Da decisão do juiz de primeiro grau que conceder ou denegar a liminar **caberá agravo de instrumento**, observado o disposto na Lei no 5.869, de 11 de janeiro de 1973 - Código de Processo Civil.

§ 2º **Não será concedida medida liminar** que tenha por objeto a compensação de créditos tributários, a entrega de mercadorias e bens provenientes do exterior, a reclassificação ou equiparação de servidores públicos e a concessão de aumento ou a extensão de vantagens ou pagamento de qualquer natureza.

§ 3º Os **efeitos da medida liminar**, salvo se revogada ou cassada, persistirão **até a prolação da sentença**.

§ 4º Deferida a medida liminar, o processo terá **prioridade para julgamento**.

§ 5º As vedações relacionadas com a concessão de liminares previstas neste artigo **se estendem à tutela antecipada** a que se referem os arts. 273 e 461 da Lei no 5.869, de 11 janeiro de 1973 - Código de Processo Civil.

1. Providências iniciais

O artigo 7º trata das providências iniciais que devem ou podem ser adotadas pelo juiz já no momento em que recebe e despacha a petição inicial.

Inicialmente, cabe ao juiz determinar que se notifique a autoridade coatora quanto ao conteúdo da petição inicial, enviando-lhe cópia dessa, para que apresente suas informações no prazo de 10 (dez) dias. Note que a lei não fala em citação, tampouco em apresentação de contestação, em razão das peculiaridades do procedimento e da razão de ser do Mandado de Segurança. Pela redação literal da lei, a forma de integração do polo passivo pela autoridade coatora se dá por meio de sua notificação, após o que se lhe coloca a faculdade processual de apresentação de suas informações sobre o ato coator impugnado, bem como sobre as alegações de mérito aduzidas pelo impetrante na petição inicial.

A lei determina, ainda, que se dê ciência do feito ao órgão de representação judicial da pessoa jurídica interessada (ex: Advocacia-Geral da União nos casos em que se tratar de órgão federal; Procuradoria do Estado, quando se tratar de órgão estadual) enviando-lhe também cópia da inicial sem documentos, para que, querendo, possa Integrar a lide, manifestando-se também sobre o ato coator impugnado. Aponta-se que a razão de ser dessa disposição é que a decisão final a ser proferida no *mandamus* pode representar efeitos econômicos e patrimoniais a serem arcados pela pessoa jurídica à qual a autoridade coatora pertença.

▶ **STJ:**

> "[...] 3. **No mandado de segurança, deve-se intimar a pessoa jurídica de direito público à qual se vincula a autoridade apontada como coatora para, querendo, ingressar no feito (art. 3º, da Lei 4.348/1964 e art. 7º, II, da Lei 12.016/2009), sob pena de nulidade**. 4. A via do mandado de segurança exige prova pré-constituída do direito alegado, não se admitindo dilação probatória. [...]" (AgRg nos EDcl nos EDcl no REsp 1.436.118/SP, rel. Ministro Humberto Martins, Segunda Turma, julgamento em 01/03/2016, DJe de 08/03/2016)

> "[...] 1. **É necessária a intimação da pessoa jurídica a qual se vincula a autoridade apontada como coatora no mandado de segurança (art. 7º, II, da Lei nº 12.016/2009), sob pena de nulidade**. Precedentes. [...]" (AgRg nos EDcl no REsp 1.541.920/MS, rel.

Ministro Mauro Campbell Marques, Segunda Turma, julgamento em 15/10/2015, DJe de 22/10/2015)

→ **Aplicação em concurso:**

- **Advogado – Câmara de Maria Helena/PR (2017) – FAUEL**

  "A respeito das disposições do Código de Processo Civil em vigor (Lei nº 13.105/2015) e as disposições da Lei do Mandado de Segurança (Lei nº 12.016/2009), julgue a Verdade (V) ou Falsidade (F) dos itens a seguir, e assinale a alternativa com a sequência correta:

  O juiz, ao despachar a inicial, determinará que o coator preste informações no prazo de 15 (quinze) dias."

  A afirmativa está errada.

- **Advogado – Prefeitura de Patos/PB (2014) – Instituto Pró-Município**

  "No mandado de segurança, o prazo previsto para a autoridade coatora prestar informações é de 10 dias. Neste caso, entende-se que é cabível aplicação do art. 188 do CPC (computar-se-á em quádruplo o prazo para contestar e em dobro para recorrer quando a parte for a Fazenda Pública);

  A afirmativa está errada.

2. Medida liminar em Mandado de Segurança

Ainda sobre as providências possíveis a serem adotadas pelo juiz, o inciso III dispõe sobre a possibilidade de que o juiz profira decisão liminar antes mesmo de que se proceda à oitiva da autoridade coatora, isto é, *inaudita altera pars.* Prevê o dispositivo que pode o juiz, ao despachar a inicial, suspender o ato coator impugnado quando: (i) houver fundamento jurídico relevante, ou seja, elementos que evidenciem a probabilidade do direito alegado; e (ii) do ato impugnado puder resultar a ineficácia da medida, caso seja finalmente deferida, isto é, o perigo de dano ou o risco ao resultado útil do processo.

► **STJ:**

> "[...] 1. **A concessão de liminar em mandado de segurança é condicionada à integral e cumulativa satisfação dos dois requisitos previstos no art. 7º, inciso III, da Lei n. 12.016/2009, quais sejam, a existência de fundamento relevante e a possibilidade concreta de que a eficácia da medida reste comprometida, se deferida tão somente ao cabo da demanda**. 2. Ausente, na hipótese, o risco de ineficácia da ordem, se deferida apenas ao final da demanda, porque o suposto direito perseguido (a nomeação e posse em cargo público efetivo mediante decisão judicial), uma

vez assegurado na via mandamental, será fielmente executado pela Administração, sob pena de desobediência. [...]" (AgRg no MS 19.998/DF, rel. Ministro Sérgio Kukina, Primeira Seção, julgamento em 27/05/2015, DJe de 01/06/2015).

"LIMINAR EM MANDADO DE SEGURANÇA. SERVIDORES FEDERAIS. PROCESSO DISCIPLINAR. DEMISSÃO. PEDIDO DE IMEDIATA REINTEGRAÇÃO AO SERVIÇO PÚBLICO FEDERAL. AUSÊNCIA DOS REQUISITOS LEGAIS AUTORIZADORES DA MEDIDA. IMPOSSIBILIDADE DE CONCESSÃO DA LIMINAR. AGRAVO NÃO PROVIDO. 1. **A concessão de liminar em mandado de segurança, quando possível, é condicionada à satisfação, cumulativa e simultânea, dos requisitos previstos no art. 7º, inciso III, da Lei n. 12.016, de 7 de agosto de 2009, quais sejam, a existência de fundamento relevante e a possibilidade de que do ato impugnado possa resultar a ineficácia da medida, caso seja deferida apenas ao final do procedimento.** [...]" (AgRg no MS 20.963/DF, rel. Ministro Sérgio Kukina, Primeira Seção, julgamento em 22/04/2015, DJe de 27/04/2015)

Em tais situações, a lei consigna expressamente que podem ser definidas medidas de contracautela pelo juiz, tais como a exigência de caução, fiança ou depósito, a serem estabelecidas com o objetivo de assegurar eventual necessidade de ressarcimento à pessoa jurídica afetada. Note-se que também no regramento geral do CPC há norma processual semelhante, qual seja: o art. 300, §1º, que assenta que "Para a concessão da tutela de urgência, o juiz pode, conforme o caso, exigir caução real ou fidejussória idônea para ressarcir os danos que a outra parte possa vir a sofrer, podendo a caução ser dispensada se a parte economicamente hipossuficiente não puder oferecê-la".

Apesar de a Lei do Mandado de Segurança trazer tratamento específico à matéria, entende-se ser aplicável também a tal procedimento especial as disposições trazidas pelo CPC/2015 relativas ao regime geral das tutelas provisórias, gênero do qual são espécies as tutelas de urgência e as tutelas de evidência; realizadas as devidas adequações. A matéria recebe tratamento próprio a partir do artigo 294 do Novo CPC.

→ Aplicação em concurso:

- **Analista de projetos – Área jurídica – BRDE (2015) – FUNDATEC**

  "Em relação ao mandado de segurança, é correto afirmar que:

  É vedada a concessão de liminar em relação à Fazenda Pública."

  A afirmativa está errada.

- **Juiz de Direito Substituto – TJ/PA (2014) – VUNESP**

  "A liminar para concessão de aumento a servidores públicos depende, além do fundamento relevante, da demonstração da urgência da medida e da prestação de caução idônea."

  A afirmativa está errada.

3. Agravo de instrumento contra a decisão liminar

O §1º dispõe caber o recurso de agravo de instrumento contra a decisão do juiz de primeiro grau que conceder ou denegar a liminar. A referência à Lei nº 5.869, de 11 de janeiro de 1973, o antigo Código de Processo Civil, deve ser readequada ao Novo CPC, nos termos de seu art. 1.046, § 4º ("As remissões a disposições do Código de Processo Civil revogado, existentes em outras leis, passam a referir-se às que lhes são correspondentes neste Código").

Assim, o regime jurídico do agravo de instrumento a ser interposto deverá se guiar pelo art. 1.015 do CPC/2015, que dentre a previsão de seu rol taxativo das hipóteses de cabimento do recurso prevê as decisões interlocutórias que versarem sobre as tutelas provisórias (art. 1.015, I). Quando se tratar de medida liminar deferida ou indeferida por Desembargador ou Ministro relator (o art. 932, II, do CPC/2015 assegura incumbir ao relator a apreciação do pedido de tutela provisória nos recursos e nos processos de competência originária do tribunal), o recurso cabível será o de agravo interno, nos termos do art. 1.021 do CPC/2015.

→ Aplicação em concurso:

- **Procurador da ALERJ (2017) – FGV**

  "No que se refere ao mandado de segurança, é correto afirmar que:

  A decisão concessiva da medida liminar, na primeira instância, é impugnável pelo recurso de agravo de instrumento, não o sendo, todavia, a decisão que a indefere."

  A afirmativa está errada.

- **Procurador do Município de São Luís/MA (2016) – FCC**

  "João impetrou, em primeiro grau de jurisdição, mandado de segurança no âmbito do qual requereu a produção de prova testemunhal, deixando de anexar, à petição inicial, prova documental de direito líquido e certo. O Juiz indeferiu a petição inicial, por entender não estarem presentes os requisitos legais, julgando extinto o processo sem resolução de mérito. Contra referido ato, João interpôs agravo de instrumento, o qual não foi conhecido, por entender o Tribunal não se tratar do recurso adequado. Ainda dentro do prazo decadencial, João impetrou novo mandado de segurança, com o mesmo objeto, desta vez suprindo as falhas que levaram ao indeferimento do mandado de segurança anterior. Entendendo haver urgência, além de estarem presentes os requisitos legais, o Juiz deferiu liminar em favor de João. Contra referida decisão, interpôs-se agravo de instrumento, ao qual não foi atribuído efeito suspensivo. De acordo com a Lei nº 12.016/2009, que regulamenta o mandado de segurança, é correto afirmar que:

Não cabe recurso contra a liminar deferida em favor de João, mas, sim, novo mandado de segurança."

A afirmativa está errada.

- **Promotor de Justiça – MPE/PR (2014) – Banca própria**

  "Da decisão do juiz de primeiro grau que conceder ou denegar a liminar caberá agravo de instrumento."

  A afirmativa está correta.

4. Duração temporal dos efeitos da decisão liminar

Importante destacar que os efeitos da medida liminar persistirão até que seja a decisão revogada, cassada ou não confirmada por sentença. Nesse ponto, a lei consagrou entendimento jurisprudencial já anteriormente predominante, no sentido de que a medida de urgência deixa de existir juridicamente quando revogada no curso do processo.

▶ **STJ:**

> "[...] 3. **Deve ser provido o recurso, uma vez que o Tribunal de origem firmou a manutenção dos efeitos de liminar apesar de cassar os seus efeitos por meio da denegação da ordem. Com a extinção do feito e a denegação da segurança não é possível manter a eficácia jurídica do provimento precário, a teor do art. 7º, § 3º, da Lei n. 12.016/2009**. Deve ser aplicada a Súmula 405/STF. Precedente: RMS 32.408/DF, Rel. Ministro Benedito Gonçalves, Primeira Turma, DJe 10.11.2010. Recurso ordinário provido." (RMS 45.736, rel. Ministro Humberto Martins, Segunda Turma, julgamento em 16/09/2014, DJe de 29/09/2014)

→ **Aplicação em concurso:**

- **Procurador do Município de São Luís/MA (2016) – FCC**

  "João impetrou, em primeiro grau de jurisdição, mandado de segurança no âmbito do qual requereu a produção de prova testemunhal, deixando de anexar, à petição inicial, prova documental de direito líquido e certo. O Juiz indeferiu a petição inicial, por entender não estarem presentes os requisitos legais, julgando extinto o processo sem resolução de mérito. Contra referido ato, João interpôs agravo de instrumento, o qual não foi conhecido, por entender o Tribunal não se tratar do recurso adequado. Ainda dentro do prazo decadencial, João impetrou novo mandado de segurança, com o mesmo objeto, desta vez suprindo as falhas que levaram ao indeferimento do mandado de segurança anterior. Entendendo haver urgência, além de estarem presentes os requisitos legais, o Juiz deferiu liminar em favor de João. Contra referida decisão, interpôs-se agravo de instrumento, ao qual não foi atribuído efeito suspensivo. De acordo com a Lei nº 12.016/2009, que regulamenta o mandado de segurança, é correto afirmar que:

Os efeitos da liminar, salvo se revogada ou cassada, persistirão até a prolação da sentença, devendo ser dada prioridade para julgamento do processo."

A afirmativa está correta.

- **Promotor de Justiça Substituto – MP-MS (2015) – FAPEC**

  "Quanto ao mandado de segurança, é correto afirmar que:
  Os efeitos da medida liminar, salvo se revogada ou cassada, persistirão até o trânsito em julgado da sentença ou do acórdão que o decidirem."
  A afirmativa está errada.

- **Promotor de Justiça – MPE/PR (2014) – Banca própria**

  "Denegado o mandado de segurança pela sentença, ou no julgamento do agravo, dela interposto, fica sem efeito a liminar concedida, retroagindo os efeitos da decisão contrária."

  A afirmativa está correta.

Nesse ponto, surge uma questão interessante. Imagine uma situação de um Mandado de Segurança em que, junto ao juízo de primeiro grau, foi deferida a medida liminar. Impugnada essa decisão via agravo de instrumento, exsurge manifestação do Tribunal respectivo revogando a medida liminar (ou, inversamente, concedendo-a, se inicialmente rejeitado o pedido liminar). Cessam os efeitos da medida de urgência, quanto a isso não há dúvidas. Entretanto, continuado o processo, chega-se à fase de decisão de mérito, em que o juízo de primeiro grau profere sentença concedendo a segurança e, uma vez mais, antecipando seus efeitos desde já via a concessão de nova medida de urgência. Qual decisão deve prevalecer? A do Tribunal, proferida por órgão hierarquicamente superior em momento processual inicial ou a do juiz de primeiro grau, proferida mediante cognição completa da demanda?

Não há uma resposta pacificamente exata para a questão, mas note-se que ela envolve dois critérios a serem simultaneamente considerados: (i) o critério da hierarquia; e (ii) o critério da cognição. Nos Tribunais Superiores brasileiros, parece prevalecer o entendimento que privilegia a cognição completa sobre a hierarquia, havendo julgados em que são considerados prejudicados recursos que se voltavam contra decisão liminar, quando proferida, no âmbito do processo-base, sentença que resolva a questão.

► **STF:**

Súmula 405: "Denegado o mandado de segurança pela sentença, ou no julgamento do agravo dela interposto, fica sem efeito a liminar concedida, retroagindo os efeitos da decisão contrária."

► **STJ:**

"[...] 1. **Não desrespeita a autoridade de decisão do Tribunal *ad quem* a sentença que, com base em novos fundamentos, restabelece tutela antecipada cassada em agravo de instrumento**. [...]" (REsp 1.419.262, rel. Ministra Nancy Andrighi, Terceira Turma, julgamento em 19/03/2015, DJe de 17/04/2015)

"PROCESSO CIVIL – RECLAMAÇÃO – TUTELA ANTECIPADA – POSTERIOR SENTENÇA DE MÉRITO – PREVALÊNCIA. 1. **O juízo provisório outorgado por liminar ou tutela antecipada, oriundo de Tribunal ou por ele chancelado, não perde a natureza jurídica de precariedade, sendo substituído inteiramente pela sentença de mérito, após cognição exauriente**. 2. **Teoria da hierarquia que ofende a lógica do sistema e aprofunda a hierarquização objetiva no âmbito do Poder Judiciário, aspecto que a nova tendência do processo pretende atenuar**. 3. Embargos de declaração prejudicados. Reclamação improcedente." (Rcl 1.444, rel. Ministra Eliana Calmon, Primeira Seção, julgamento em 23/11/2005, DJ de 19/12/2005)

"PROCESSUAL CIVIL. RECURSO ESPECIAL. RECURSO SOBRE MEDIDA ANTECIPATÓRIA DE TUTELA. SUPERVENIÊNCIA DE SENTENÇA JULGANDO A CAUSA. PERDA DE OBJETO. 1. **Perde objeto o recurso relativo à antecipação da tutela quando a sentença superveniente (a) revoga, expressa ou implicitamente, a liminar antecipatória (o que pode ocorrer com juízo de improcedência ou de extinção do processo sem julgamento de mérito), ou, (b) sendo de procedência (integral ou parcial), tem aptidão para, por si só,**

irradiar os mesmos efeitos da medida antecipatória. Em qualquer dessas situações, o provimento do recurso relativo à liminar não teria o condão de impedir o cumprimento da sentença superveniente [...]" (REsp 726.884, rel. Ministro Teori Albino Zavascki, Primeira Turma, julgamento em 18/8/2005, DJ de 05/09/2005)

"[...] 2. **A questão soluciona-se pela aplicação de dois critérios: a) o da hierarquia, segundo o qual a sentença não tem força para revogar a decisão do tribunal, razão por que o agravo não perde o objeto, devendo ser julgado; b) o da cognição, pelo qual a cognição exauriente da sentença absorve a cognição sumária da interlocutória**. Neste caso, o agravo perderia o objeto e não poderia ser julgado. 3. **Se não houver alteração do quadro, mantendo-se os mesmos elementos de fato e de prova existentes quando da concessão da liminar pelo tribunal, a sentença não atinge o agravo, mantendo-se a liminar. Nesse caso, prevalece o critério da hierarquia. Se, entretanto, a sentença está fundada em elementos que não existiam ou em situação que afasta o quadro inicial levado em consideração pelo tribunal, então a sentença atinge o agravo, desfazendo-se a liminar**. 4. Trata-se de medida cautelar no curso da qual não houve alteração do quadro probatório, nem qualquer fato novo, entre a concessão da liminar pelo tribunal e o julgamento de improcedência do pedido do autor. Prevalência do critério da hierarquia. Agravo de instrumento não prejudicado. 5. Ausência de julgamento ultra petita. 6. Recurso especial improvido." (REsp 742.512, rel. Ministro Castro Meira, Segunda Turma, julgamento em 11/10/2005, DJ de 25/11/2005)

5. Prioridade do processo após a concessão de medida liminar

Ainda, a lei prevê que o deferimento da liminar implica a prioridade para o julgamento do processo, o que na prática não representa maiores efeitos concretos.

→ Aplicação em concurso:

- **Titular de Serviços de Notas e de Registros – TJ-PR (2014) – IBFC**

  "Uma vez analisada e deferida a medida liminar em mandado de segurança, o processo perde prioridade para julgamento."

  A afirmativa está errada.

- **Procurador do Município de São Luís/MA (2016) – FCC**

  "João impetrou, em primeiro grau de jurisdição, mandado de segurança no âmbito do qual requereu a produção de prova testemunhal, deixando de anexar, à petição inicial, prova documental de direito líquido e certo. O Juiz indeferiu a petição inicial, por entender não estarem presentes os requisitos legais, julgando extinto o processo sem resolução de mérito. Contra referido ato, João interpôs agravo de instrumento, o qual não foi conhecido, por entender o Tribunal não se tratar do recurso adequado. Ainda dentro do prazo decadencial, João impetrou novo mandado de segurança, com o mesmo objeto, desta vez suprindo as falhas que levaram ao indeferimento do mandado de segurança anterior. Entendendo haver urgência, além de estarem presentes os requisitos legais, o Juiz deferiu liminar em favor de João. Contra referida decisão, interpôs-se agravo de instrumento, ao qual não foi atribuído efeito suspensivo. De acordo com a Lei nº 12.016/2009, que regulamenta o mandado de segurança, é correto afirmar que:

Os efeitos da liminar, salvo se revogada ou cassada, persistirão até a prolação da sentença, devendo ser dada prioridade para julgamento do processo."

A afirmativa está correta.

6. Hipóteses em que não se admite a concessão de medida liminar

No § 2º, há situações legalmente estipuladas em que se veda, abstratamente, a concessão de medida liminar no Mandado de Segurança:

a) Compensação de créditos tributários;
b) Entrega de mercadorias e bens provenientes do exterior;
c) Reclassificação ou equiparação de servidores públicos; e
d) Concessão de aumento ou a extensão de vantagens ou pagamento de qualquer natureza.

Essa previsão promovida pela Lei representa a consolidação de alguns entendimentos jurisprudenciais que já existiam, bem como de previsões legais esparsas sobre o assunto. Nesse sentido é que a Lei nº 4.348/1964 já previa a impossibilidade de concessão de medida liminar em Mandados de Segurança impetrados visando à reclassificação ou equiparação de servidores públicos, ou à concessão de aumento ou extensão de vantagens. No mesmo sentido, a Lei nº 2.410/1955 já afirmava a impossibilidade de concessão de medida liminar em mandados de segurança impetrados para a obtenção do "desembaraço de bens de qualquer ordem vindos a qualquer título do estrangeiro sem licença prévia ou com licença considerada falsa" (art. 3º). Ademais, disposição semelhante já era disposta na Súmula nº 212/STJ.

► **STJ:**

Súmula 212: "A compensação de créditos tributários não pode ser deferida em ação cautelar ou por medida liminar cautelar ou antecipatória'

Conforme disposição do § 5º, as referidas restrições são também aplicáveis a medidas liminares às quais se atribua outros nomes ou características. O dispositivo faz menção expressa aos artigos 273 e 461 do CPC/1973, que, respectivamente, tratavam da antecipação dos efeitos da tutela e da concessão de tutela específica nos casos de cumprimento de obrigação de fazer ou de não fazer.

Como se sabe, esses dispositivos indicados foram revogados pelo CPC/2015, mas entende-se que a *ratio essendi* do §5º do art. 7º da Lei nº 12.016/2009 permanece válida, de modo que as restrições mencionadas no *caput* deste artigo serão aplicáveis às tutelas provisórias em geral, objeto de tratamento específico do Novo CPC, por exemplo. Igualmente, também serão aplicáveis as indicadas limitações às situações do art. 497 do CPC/2015 ("Art. 497. Na ação que tenha por objeto a prestação de fazer ou de não fazer, o juiz, se procedente o pedido, concederá a tutela específica ou determinará providências que assegurem a obtenção de tutela pelo resultado prático equivalente"), que é o dispositivo equivalente ao art. 461 do CPC/1973.

Como destaca o Ministro Luiz Fux em obra doutrinária sobre o tema, o dispositivo "significa dizer que o que não é lícito deferir-se a título de liminar no Mandado de Segurança não se transforma em permissível com a mudança da natureza da demanda como ocorre com a propositura substitutiva de ação de cognição com pedido liminar de antecipação de tutela"[6].

Em sentido semelhante, cumpre citar as disposições do art. 1º da Lei nº 9.494/97, que disciplina a aplicação da tutela antecipada contra a Fazenda Pública. Tal dispositivo estendia aos arts. 273 e 461 do CPC/1973 (que, respectivamente, tratam da antecipação dos efeitos da tutela e da concessão de tutela específica nos casos de cumprimento de obrigação de fazer ou de não fazer) as restrições então vigentes previstas nos arts. 1º e § 4º da Lei nº 5.021, de 9 de junho de 1966 (que dispunha sobre o pagamento de vencimentos e vantagens pecuniárias asseguradas, em sentença concessiva de mandado de segurança, a servidor público civil), e nos arts. 1º, 3º e 4º da Lei nº 8.437, de 30 de junho de 1992 (que dispõe sobre a concessão de medidas cautelares contra atos do Poder Público). Vale a leitura e a citação expressa do dispositivo:

6. FUX, Luiz. **Mandado de segurança.** Rio de Janeiro: Forense, 2010, p. 74.

Art. 1º Aplica-se à tutela antecipada prevista nos arts. 273 e 461 do Código de Processo Civil o disposto nos arts. 5º e seu parágrafo único e 7º da Lei nº 4.348, de 26 de junho de 1964, no art. 1º e seu § 4º da Lei nº 5.021, de 9 de junho de 1966, e nos arts. 1º, 3º e 4º da Lei nº 8.437, de 30 de junho de 1992.

▶ **STF:**

Súmula nº 729: "A decisão na Ação Direta de Constitucionalidade 4 não se aplica à antecipação de tutela em causa de natureza previdenciária."

"1. SERVIDOR PÚBLICO. Vencimentos. Acréscimo de vantagem pessoal. Tutela antecipada. Execução provisória. Inadmissibilidade. Extensão dos efeitos de suspensão de segurança deferida. **Aplicação do § 2º do art. 7º c/c o § 3º do art. 14 da Lei nº 12.016/2009. Agravo improvido. Não se admite, antes do trânsito em julgado, execução de decisões concessivas de segurança que impliquem reclassificação, equiparação, concessão de aumento, extensão de vantagens ou pagamento de qualquer natureza a servidor público**. 2. ANTECIPAÇÃO DE TUTELA CONTRA A FAZENDA PÚBLICA. Decisão da ADC nº 4/MC. Exceção não caracterizada. Existência de uma única decisão monocrática. Inadmissibilidade. Agravo regimental improvido. Não caracteriza jurisprudência assente, apta a admitir exceção ao acórdão da ADC nº 4/MC, a existência de uma única decisão monocrática sobre tema excepcional." (SS 4.140-Extn-AgR, rel. Ministro Cezar Peluso (Presidente), Tribunal Pleno, julgamento em 02/03/2011, DJe de 15/04/2011)

"AÇÃO DECLARATÓRIA DE CONSTITUCIONALIDADE – [...] **INOCORRÊNCIA DE QUALQUER OFENSA, POR PARTE DA LEI Nº 9.494/97 (ART. 1º), AOS POSTULADOS DA PROPORCIONALIDADE E DA RAZOABILIDADE – LEGITIMIDADE DAS RESTRIÇÕES ESTABELECIDAS EM REFERIDA NORMA LEGAL E JUSTIFICADAS POR RAZÕES DE INTERESSE PÚBLICO – AUSÊNCIA DE VULNERAÇÃO À PLENITUDE DA JURISDIÇÃO E À CLÁUSULA DE PROTEÇÃO JUDICIAL EFETIVA – GARANTIA DE PLENO ACESSO À JURISDIÇÃO DO ESTADO NÃO COMPROMETIDA PELA CLÁUSULA RESTRITIVA INSCRITA NO PRECEITO LEGAL DISCIPLINADOR DA TUTELA ANTECIPATÓRIA EM PROCESSOS CONTRA A FAZENDA PÚBLICA – OUTORGA DE DEFINITIVIDADE AO PROVIMENTO CAUTELAR QUE SE DEFERIU, LIMINARMENTE, NA PRESENTE CAUSA – AÇÃO DECLARATÓRIA DE CONSTITUCIONALIDADE JULGADA PROCEDENTE PARA CONFIRMAR, COM EFEITO VINCULANTE E EFICÁCIA GERAL E 'EX TUNC', A INTEIRA VALIDADE JURÍDICO-CONSTITUCIONAL DO ART. 1º DA LEI 9.494, DE 10/09/1997, QUE 'DISCIPLINA A APLICAÇÃO DA**

TUTELA ANTECIPADA CONTRA A FAZENDA PÚBLICA'." (ADC 4, rel. para o acórdão Ministro Celso de Mello, Tribunal Pleno, julgamento em 01/10/2008, DJe de 30/10/2014)

▶ **STJ:**

"[...] 1. **Ainda que o artigo 7º, § 2°, da Lei n° 12.016/2009 vede expressamente a 'extensão de vantagens ou pagamento de qualquer natureza' por meio de medida liminar, a natureza previdenciária do direito ora pleiteado excepciona a presente hipótese e torna possível tal concessão, de acordo com entendimento sedimentado pelo Excelso Pretório, através do enunciado da Súmula n° 729 ('A decisão na ADC-4 não se aplica à antecipação de tutela em causa de natureza previdenciária')**. 2. Agravo regimental não provido." (AgRg no AREsp 541.983/RN, rel. Ministro Mauro Campbell Marques, Segunda Turma, julgamento em 18/11/2014, DJ de 24/11/2014)

"[...] 4. A Reclamação é manifestamente improcedente, pois, além de não haver ordem direta para imediato cumprimento, **impossível a execução de comando mandamental não transitado em julgado que determinada o pagamento ou inclusão de verbas salariais em folha de pagamento, que somente pode ser concretizada após o trânsito em julgado da respectiva ação mandamental, sob pena de ofensa ao § 3º do art. 14 combinado com o § 2º do art. 7º, ambos da Lei nº 12.016/2009, e do previsto no art. 2º-B da Lei nº 9.494/1997**. A propósito: AgRg na SS 1.870/RN, Rel. Ministro Cesar Asfor Rocha, Corte Especial, DJe 5.2.2009; AgRg no REsp 1.106.594/MS, Rel. Ministro Marco Aurélio Bellizze, Quinta Turma, DJe 17.12.2012; EREsp 1.136.652/RN, Rel. Ministro Arnaldo Esteves Lima, DJe 27.6.2012; AgRg no MS nº 12.215/DF, Rel. Ministra Maria Thereza de Assis Moura, DJe 6.9.2011; Rcl 1.353/DF, Rel. Ministro Paulo Gallotti, Terceira Seção, DJ 6.3.2006. [...]" (AgRg na Rcl 9.476/RO, rel. Ministro Herman Benjamin, Primeira Seção, julgamento em 13/08/2014, DJe de 16/10/2014)

"[...] 2. **O disposto no art. 7º, § 2º, da Lei 12.016/2009 expressamente disciplina, no Mandado de Segurança, norma de semelhante conteúdo aplicável às demais ações, isto é, o art. 1º da Lei 9.494/1997. Em síntese, veda a concessão de liminar para 'a reclassificação ou equiparação de servidores públicos e a concessão de aumento ou a extensão de vantagens ou pagamento de qualquer natureza'**. 3. **Não há razão para deixar de aplicar, por analogia, o entendimento do STJ segundo o qual a lei deve ser interpretada restritivamente, de forma que inexiste vedação à antecipação dos efeitos da tutela, nas ações contra a Fazenda**

Pública, quando a questão litigiosa tem por objeto restabelecimento de vantagem pecuniária suprimida da folha de pagamento do servidor público. [...]" (AgRg no REsp 1.352.935/ES, rel. Ministro Herman Benjamin, Segunda Turma, julgamento em 07/08/2014, DJe de 25/09/2014 – observação: a referência ao CPC se dá em relação ao Código de 1973).

Art. 8º Será decretada **a perempção ou caducidade da medida liminar** *ex officio* ou a requerimento do Ministério Público quando, concedida a medida, o impetrante criar obstáculo ao normal andamento do processo ou deixar de promover, por mais de 3 (três) dias úteis, os atos e as diligências que lhe cumprirem.

1. Perempção ou caducidade da medida liminar

Além dos casos de revogação ou cassação, o art. 8º traz outra hipótese em que cessarão os efeitos da medida liminar inicialmente concedida. Trata-se da perempção ou caducidade, nomenclatura atribuída pela própria lei estudada, que ocorrerá quando aquele a quem a decisão beneficiar (o impetrante) impedir ou criar empecilhos ao andamento ordinário do processo ou deixar de promover, por mais de três dias úteis, eventuais atos a serem por ele praticados.

A finalidade do dispositivo é impedir que, possuindo um provimento judicial liminar favorável, o impetrante postergue o andamento e a duração do processo, a fim de que por mais tempo perdure a vigência da decisão que lhe interessa. As condutas que autorizam a declaração da perempção ou caducidade da medida liminar revelam comportamentos contrários à boa-fé processual, ao dever de colaboração, lealdade e cooperação entre as partes, bem como a razoável duração do processo (art. 5º, LXXVIII, da CRFB/88), postulados tão evidenciados pelo CPC/2015 (arts. 4º, 5º e 6º, por exemplo).

Nesses casos, como exsurge expresso do dispositivo comentado, a caducidade ou perempção da decisão poderá ser declarada a pedido do Ministério Público ou mesmo de ofício pelo juiz. Apesar de não haver referência expressa, entende-se que a formulação do pedido desta providência é possível também à parte impetrada.

Além da cessação dos feitos da medida liminar em si, é possível que sejam aplicadas as disposições do CPC relativas à litigância de má-fé. Com efeito, o art. 80 do CPC/2015 consigna que se considera litigante de má-fé aquele que opuser resistência injustificada ao andamento do processo (inciso IV) e proceder de modo temerário em qualquer incidente ou ato do processo (inciso V), por exemplo.

→ **Aplicação em concurso:**

- **Promotor de Justiça – MP/SC (2014) – Banca própria**

  "Segundo dispõe a Lei n. 12.016/2009, que disciplina o mandado de segurança individual e coletivo e dá outras providências, será decretada a perempção ou caducidade da medida liminar *ex officio* ou a requerimento do Ministério Público quando, concedida a medida, o impetrante criar obstáculo ao normal andamento do processo ou deixar de promover, por mais de três dias úteis, os atos e as diligências que lhe cumprirem."

  A afirmativa está correta.

- **Juiz de Direito Substituto – TJ/PA (2014) – VUNESP**

  "Caduca a medida liminar se o impetrante favorecido deixa de promover, por mais de 3 (três) dias úteis, os atos que lhe cumprem."

  A afirmativa está correta.

Art. 9º As **autoridades administrativas**, no prazo de 48 (quarenta e oito) horas da notificação da medida liminar, **remeterão ao Ministério ou órgão a que se acham subordinadas e ao Advogado-Geral da União ou a quem tiver a representação judicial** da União, do Estado, do Município ou da entidade apontada como coatora cópia autenticada do mandado notificatório, assim como indicações e elementos outros necessários às providências a serem tomadas para a **eventual suspensão da medida e defesa do ato apontado como ilegal ou abusivo de poder**.

1. Comunicação do órgão administrativo superior e do órgão de representação judicial

Além da disposição constante do já estudado art. 7º, II, em que se determina a cientificação do órgão de representação judicial da pessoa jurídica interessada a fim de que essa, querendo, possa ingressar no feito; o art. 9º trata da necessidade de que esses mesmos órgãos de representação sejam também notificados quando houver deferimento de medida liminar nos autos de Mandado de Segurança. Diferentemente daquela outra disposição, em que se objetiva oportunizar a possibilidade de que se integre o feito como parte, o comando legal ora estudado possui a finalidade precípua de que se possa empreender as medidas necessárias à eventual suspensão da medida liminar, além de se reforçar a possibilidade de defesa do ato coator impugnado. Os casos e as situações que possibilitam a suspensão de medidas liminares serão objeto de tratamento mais específico nos comentários ao art. 15 da presente Lei, mas desde já se destaca a finalidade principal da previsão do art. 9º.

Note-se que essa cientificação deve se dar não pelo juiz ou seus órgãos auxiliares, mas pelas próprias autoridades administrativas notificadas da medida liminar. Essa se dará mediante a comunicação ao Ministério ou órgão a que aquelas se acham subordinadas, bem como ao Advogado-Geral da União ou a quem tiver a representação judicial da União, do Estado, do Município ou da entidade apontada, no prazo de 48 (quarenta e oito) horas da notificação da medida liminar. A comunicação deve estar acompanhada da cópia autenticada do mandado notificatório, além das indicações e outros elementos necessários às providências a serem tomadas para a eventual suspensão da medida e defesa do ato apontado como ilegal ou abusivo de poder.

Em resumo: o art. 9º estabelece a necessidade de que, no prazo de 48 (quarenta e oito) horas da notificação do deferimento da medida liminar, as autoridades administrativas procedam à comunicação do órgão administrativo a que vinculados, bem como ao respectivo órgão de representação judicial. A finalidade da previsão é garantir, em um prazo célere, o cumprimento da decisão judicial pelos órgãos administrativos, assim como oportunizar às entidades ou aos órgãos públicos a possibilidade de promoção do meio judicial cabível de impugnação da decisão, visando-se à suspensão de seus efeitos, se contrários ao interesse da unidade administrativa representada.

Art. 10. A **inicial será desde logo indeferida**, por decisão motivada, quando **não for o caso de mandado de segurança ou lhe faltar algum dos requisitos legais ou quando decorrido o prazo legal para a impetração**.

§ 1º Do indeferimento da inicial pelo juiz de primeiro grau **caberá apelação** e, quando a competência para o julgamento do mandado de segurança couber originariamente a um dos tribunais, **do ato do relator caberá agravo** para o órgão competente do tribunal que integre.

§ 2º O **ingresso de litisconsorte ativo não será admitido após o despacho da petição inicial**.

1. Indeferimento liminar da petição inicial

Conforme já analisado quando da análise dos requisitos específicos da peça inaugural do Mandado de Segurança, além de seus requisitos formais e materiais próprios (ver comentários aos arts. 5º e 6º, principalmente), a petição inicial pode ser liminarmente indeferida, mediante decisão devidamente fundamentada (art. 93, IX, da CRFB/88), quando lhe faltar algum requisito legal essencial, quando decorrido o prazo decadencial de 120 (cento e vinte) dias para sua impetração ou quando não for o caso dessa ação (hipóteses em que não se vislumbre qualquer direito líquido e certo demonstrado mediante prova pré-constituída, por exemplo).

A partir dessa previsão da legislação específica, não se vislumbra, a princípio, qualquer óbice abstrato que impeça a aplicação ao Mandado de Segurança das técnicas de aceleração da resolução do processo previstas pelo CPC. É o caso, por exemplo, das hipóteses do indeferimento da petição inicial (art. 330 do CPC/2015) e da improcedência liminar do pedido (art. 332 do CPC/2015).

→ Aplicação em concurso:

- **Advogado – UFAL (2014) – IDECAN**

  "A inicial será desde logo indeferida, por decisão motivada, quando não for o caso de mandado de segurança ou lhe faltar algum dos requisitos legais ou quando decorrido o prazo legal para a impetração."

  A afirmativa está correta.

- **Procurador do Município de São Luís/MA (2016) – FCC**

  "João impetrou, em primeiro grau de jurisdição, mandado de segurança no âmbito do qual requereu a produção de prova testemunhal, deixando de anexar, à petição inicial, prova documental de direito líquido e certo. O Juiz indeferiu a petição inicial, por entender não estarem presentes os requisitos legais, julgando extinto o processo sem resolução de mérito. Contra referido ato, João interpôs agravo de instrumento, o qual não foi conhecido, por entender o Tribunal não se tratar do recurso adequado. Ainda dentro do prazo decadencial, João impetrou novo mandado de segurança, com o mesmo objeto, desta vez suprindo as falhas que levaram ao indeferimento do mandado de segurança anterior. Entendendo haver urgência, além de estarem presentes os requisitos legais, o Juiz deferiu liminar em favor de João. Contra referida decisão, interpôs-se agravo de instrumento, ao qual não foi atribuído efeito suspensivo. De acordo com a Lei nº 12.016/2009, que regulamenta o mandado de segurança, é correto afirmar que:

Seriam cabíveis embargos infringentes, e não agravo, contra a decisão que indeferiu a petição inicial, se o mandado de segurança houvesse sido impetrado perante um dos Tribunais.

Contra o ato que indefere a petição inicial do mandado de segurança é cabível recurso de agravo de instrumento, o qual deveria ter sido conhecido pelo Tribunal."

As afirmativas estão erradas.

2. Cabimento de apelação

Contra a decisão judicial que inferir liminarmente a petição inicial do Mandado de Segurança, prevê-se o cabimento do recurso de apelação, quando a decisão recorrida seja proferida por decisão de primeiro grau. No ponto, destaca-se que o CPC/2015, quando trata das hipóteses de indeferimento da petição inicial também prevê o cabimento do recurso apelação, com a peculiaridade de que lá se prevê a possibilidade do efeito regressivo, isto é, a retratação pelo juiz no prazo de 5 (cinco) dias (art. 331 do CPC/2015). Aqui, no procedimento específico do *writ* sob análise, não há previsão dessa possibilidade.

Nas situações em que o Mandado de Segurança for de processamento e julgamento originários de Tribunal e quando a rejeição inicial se der por meio de decisão monocrática do relator, será cabível o recurso de agravo interno (art. 1.021 do CPC/2015), na linha do que determina o § 1º do art. 10 da Lei do MS. Destaca-se, quanto a esse recurso, a peculiaridade de que o Novo CPC prevê a possibilidade de sustentação oral nesse recurso voltado contra a decisão do relator que extinga o *mandamus* (art. 937, § 3º, do CPC/2015), particularidade também aplicável às ações rescisórias e à reclamação.

→ Aplicação em concurso:

- **Defensor Público – DPE/AM (2018) – FCC – adaptada**

  "A respeito das disposições legais e da jurisprudência dos Tribunais Superiores sobre o mandado de segurança: [...] A decisão denegatória da ordem pleiteada em única instância em Tribunal de Justiça desafia recurso de apelação."

  A afirmativa está errada.

- **Procurador Municipal – Prefeitura de Balneário Camboriú (2015) – FEPESE**

  "É correto afirmar sobre o mandado de segurança:

Da sentença, denegando ou concedendo o mandado, cabe recurso ordinário."

A afirmativa está errada.

- **Procurador da Procuradoria Especial – TCM/RJ (2015) – FCC**

"Quanto ao mandado de segurança, tem-se que:

Da sentença que o denega cabe apelação, pelo término do processo; da sentença que o concede cabe agravo, pelo prosseguimento do feito."

A afirmativa está errada.

- **Procurador Jurídico – SAAE/SP (2014) – VUNESP**

"Com relação ao mandado de segurança, individual ou coletivo, é correto afirmar que [...] contra a sentença que denegar a segurança, nos mandados de competência originária do primeiro grau, cabe recurso ordinário constitucional."

A afirmativa está errada.

3. Limitação do litisconsórcio ativo

A possibilidade de litisconsórcio ativo e passivo no Mandado de Segurança é pacífica e decorre, aliás, de expressa disposição legal. Isso porque o art. 24 de sua Lei dispõe que se aplicam ao mandado de segurança os arts. 46 a 49 do CPC/1973 (Lei nº 5.869/1973), os quais dispunham sobre o litisconsórcio. Apesar de tal Código ter sido revogado, a disposição não deixa de viger, devendo-se apenas fazer as adaptações interpretativas aos dispositivos correspondentes do CPC/2015 (arts. 113 a 118), na linha do que afirma seu art. 1.046, § 4º ("As remissões a disposições do Código de Processo Civil revogado, existentes em outras leis, passam a referir-se às que lhes são correspondentes neste Código").

Apesar de essa possibilidade, a Lei do Mandado de Segurança estabelece restrições próprias e específicas relativas a esse diploma, notadamente com a finalidade precípua de impossibilitar qualquer tentativa de burla ao princípio do juiz natural ou da livre distribuição. Assim é que o § 2º do art. 10 afirma a impossibilidade de ingresso de litisconsorte ativo após o despacho da petição inicial. É que, na linha do que determina o art. 7º, é desde o despacho da inicial que já se oportuniza ao juiz natural da causa, determinado mediante regras de livre distribuição, o deferimento da medida liminar ou, nos termos legais, a suspensão do "ato que deu motivo ao pedido, quando houver fundamento relevante e do ato impugnado puder resultar a ineficácia da medida, caso seja finalmente deferida, sendo facultado exigir do impetrante caução, fiança ou depósito, com o objetivo de assegurar o ressarcimento à pessoa jurídica" (art. 7º, III).

Rememora-se que a garantia do juízo natural tem previsão constitui-ção expressa e status de direito fundamental, conforme estabelecido no art. 5º, XXXVII ("não haverá juízo ou tribunal de exceção") e LIII ("ninguém será processado nem sentenciado senão pela autoridade competente"), da CRFB/88. Dessa forma, a limitação surge como meio de reafirmação dessa garantia, vedando-se o litisconsórcio ativo facultativo ulterior, isto é, formado supervenientemente ao ajuizamento da ação e ao despacho da petição inicial pelo juiz natural da causa.

▶ **STF:**

"[...] 2. **O litisconsórcio ulterior, sob a modalidade de assistência qualificada, após o deferimento da medida liminar, fere os princípios do Juiz Natural e da livre distribuição, insculpidos nos incisos XXXVII, LII do art. 5º da Constituição da República**. Precedentes do Plenário: MS 24.569 AgR, Rel. Min. Sepúlveda Pertence, DJ 26.082005; MS 24.414, Rel. Min. Cezar Peluso, DJ 21.11.2003. [...]" (MS 26.860, rel. Ministro Luiz Fux, Tribunal Pleno, julgamento em 02/04/2014, DJe de 23/09/2014)

"**Mandado de segurança: litisconsórcio ativo: indeferimento, dada a extemporaneidade do pedido, formulado após o deferimento da medida liminar, da prestação de informações pela autoridade coatora e do parecer do Ministério Público Federal**: não aplicação ao caso do art. 47 do C.Pr.Civil, que regula exclusivamente a hipótese de litisconsórcio passivo necessário" (MS 24.569-AgR, rel. Ministro Sepúlveda Pertence, Tribunal Pleno, julgamento em 03/08/2005, DJ de 26/08/2005)

▶ **STJ:**

"[...] 1. **A jurisprudência desta Corte firmou entendimento de que não se admite o ingresso de litisconsorte ativo em mandado de segurança após o despacho da inicial, por expressa vedação legal, nos termos do art. 10, § 2º, da Lei 12.016/2009**, segundo o qual o ingresso de litisconsorte ativo não será admitido após o despacho da petição inicial e que opera-se a decadência em relação à parte que postula seu ingresso como litisconsorte ativo na relação processual após o decurso do prazo de 120 dias da intimação. 2. Agravo interno não provido." (AgInt no REsp 1.335.594/RJ, rel. Ministro Benedito Gonçalves, Primeira Turma, julgamento em 18/05/2017, DJe de 24/05/2017)

"[...] 1. **O recurso ordinário interposto por terceiros na qualidade de assistentes litisconsorciais somente é admissível em mandado de segurança antes do despacho da petição inicial, nos termos da nova lei que regula o mandado de segurança (Lei n. 12.016, de 17.8.2009), ante a vedação expressa prevista em seu art. 10, § 2º,** que determina: 'o ingresso de litisconsorte ativo não será admitido após o despacho da petição inicial.' 2. No presente caso, **o recurso ordinário com pedido de assistência litisconsorcial foi interposto antes da vigência da nova lei do mandado de segurança, razão pela qual aplica-se a interpretação jurisprudencial do Superior Tribunal de Justiça que admitia a intervenção de terceiros no *mandamus* 'àquele que, desde o início do processo, poderia ter sido litisconsorte facultativo-unitário da parte assistida'.** Precedente: REsp 616.485/DF, Rel. Min. Eliana Calmon, Segunda Turma, julgado em 11.4.2006, DJ 22.5.2006. 3. Inexiste ilegalidade no Provimento 140, de 18.2.2008, da Corregedoria Geral de Justiça do Estado do Paraná, que trata da estrutura e funcionamento das varas e estabelece normas relativas ao recolhimento de custas e despesas processuais. [...] Recursos ordinários em mandado de segurança improvidos." (RMS 30.982/PR, rel. Ministro Humberto Martins, Segunda Turma, julgamento em 26/08/2010, DJe de 20/09/2010)

→ Aplicação em concurso:

- **Analista Judiciário – Área Judiciária – TJ/AL (2018) – FGV – adaptada**

  "Quanto ao procedimento do mandado de segurança, é correto afirmar que: [...] é admissível o ingresso de litisconsorte ativo, depois de o juiz deferir a liminar."

  A afirmativa está errada.

- **Procurador Jurídico – Prefeitura de Várzea Paulista (2016) – VUNESP**

  "No procedimento especial do mandado de segurança individual, como ação visando coibir a lesão a direito líquido e certo da pessoa [...], o ingresso de litisconsorte ativo será admitido após a citação da autoridade coatora."

  A afirmativa está errada.

- **Procurador Municipal – Prefeitura de Balneário Camboriú (2015) – FEPESE**

  "O ingresso de litisconsorte ativo poderá ocorrer a qualquer tempo, desde que antes de proferida a sentença."

  A afirmativa está errada.

- **Advogado – DESENVOLVESP (2014) – VUNESP**

  "É possível o ingresso de litisconsorte ativo após a vinda das informações da autoridade coatora."

  A afirmativa está errada.

- **Procurador Jurídico – Município de Poá/SP (2014) – VUNESP**

  "No Mandado de Segurança, o ingresso de litisconsorte ativo voluntário:

A) não é admitido após o despacho da petição inicial.

B) é expressamente vedado, porquanto ofende ao princípio do juiz natural.

C) é admitido até a citação, após o que ocorre a estabilização objetiva da lide.

D) é admitido até a sentença, desde que haja concordância do impetrante.

E) depende da anuência da parte contrária.

Alternativa correta: letra "A".

Art. 11. Feitas as notificações, o serventuário em cujo cartório corra o feito **juntará aos autos cópia autêntica dos ofícios endereçados ao coator e ao órgão de representação judicial** da pessoa jurídica interessada, bem como a prova da entrega a estes ou da sua recusa em aceitá-los ou dar recibo e, no caso do art. 4º desta Lei, a comprovação da remessa.

Art. 12. Findo o prazo a que se refere o inciso I do caput do art. 7º desta Lei, **o juiz ouvirá o representante do Ministério Público, que opinará, dentro do prazo improrrogável de 10 (dez) dias.**

Parágrafo único. **Com ou sem o parecer do Ministério Público**, os autos serão conclusos ao juiz, para a **decisão**, a qual deverá ser necessariamente proferida em **30 (trinta) dias.**

Art. 13. Concedido o mandado, o juiz transmitirá em ofício, por intermédio do oficial do juízo, ou pelo correio, mediante correspondência com aviso de recebimento, **o inteiro teor da sentença à autoridade coatora e à pessoa jurídica interessada.**

Parágrafo único. Em caso de **urgência**, poderá o juiz observar o disposto no art. 4º desta Lei.

1. Outras providências e notificações

Os artigos 11 e 13 da Lei fixam outras providências cartorárias e procedimentais a serem observadas durante o trâmite do mandado de Segurança. Inicialmente, o art. 11 estabelece a necessidade de que se faça juntar aos autos do processo as cópias dos ofícios enviados à autoridade coatora e ao órgão de representação judicial da pessoa jurídica interessada, além da comprovação da entrega ou da sua recusa em aceitá-los ou dar recibo. Caso as notificações tenham sido feitas na forma do art. 4º desta Lei (nos casos de urgência e por telegrama, radiograma ou outro meio eletrônico de autenticidade comprovada) deve-se juntar a comprovação da remessa.

Paralelamente, o art. 13 fixa que, após a concessão da segurança por sentença judicial, o inteiro teor dessa decisão judicial deverá também ser comunicado à autoridade coatora e à pessoa jurídica interessada (o que se entende possa ser feito via o seu respectivo órgão de representação judicial). As finalidades são várias: possibilitar seu cumprimento, oportunizar a possibilidade de interposição de recurso ou de promoção de formas de suspensão da segurança concedida. Em caso de urgência, a comunicação referida poderá ser realizada na forma do art. 4º da Lei do Mandado de Segurança, isto é: por telegrama, radiograma ou outro meio eletrônico de autenticidade comprovada.

2. Intervenção do Ministério Público

A oportunidade de intervenção do Ministério Público no procedimento do Mandado de Segurança é obrigatória, na forma e nos prazos estabelecidos pelo art. 12 da Lei estudada. Destaque-se que ao *parquet* caberá atuar como fiscal da ordem jurídica (*custos iuris*), nos casos em não tiver sido o impetrante, atuando de forma independente e funcionalmente autônoma, cumprindo-lhe manifestar sobre o cabimento ou descabimento da ação, a procedência ou não do pedido formulado, sobre a regularidade ou irregularidade do processo, bem como sobre outras questões que julgue relevantes a partir dos interesses que lhe cabe defender. Não se obriga, portanto, ao Ministério Público a necessidade de defesa do ato coator impugnado ou das pessoas jurídicas de direito público envolvidas, até mesmo porque já desde a Constituição de 1988 veda-se a tal instituição "a representação judicial e a consultoria jurídica de entidades públicas" (art. 129, IX, da CRFB/88).

Diz-se que é obrigatória a necessidade de se oportunizar ao Ministério Público a possibilidade de se manifestar no feito porque não parece restar ao juiz a opção de decidir intimar ou não o membro do *parquet*. Entretanto, desde que devidamente realizada sua intimação, é possível que o processo de Mandado de Segurança prossiga sem a efetiva manifestação do Ministério Público, nas hipóteses em que este não apresentar seu parecer no prazo de 10 (dez) dias, que o *caput* do art. 12 diz ser improrrogável. Assim é que o parágrafo único do dispositivo possibilita que o processo siga para a fase de sentença "com ou sem o parecer". Por isso é que se afirmou que é obrigatória a oportunidade de intervenção do Ministério Público e não a manifestação em si. A não manifestação do órgão dentro do período legal não pode ser causa ao não prosseguimento do *writ*, para o qual a celeridade e a garantia constitucional de razoável duração dos processos possuem especial relevância.

Note que essa mesma ideia é agora também adotada, ainda que com menos rigor, pelo CPC/2015 para o procedimento comum. Nesse sentido, o art. 180, § 1º, daquele diploma legal dispõe que "Findo o prazo para manifestação do Ministério Público sem o oferecimento de parecer, o juiz requisitará os autos e dará andamento ao processo".

Apesar de sua obrigatoriedade, eventual descumprimento do dever de intimação do *parquet* é caso de nulidade relativa, em que se requer a demonstração da existência de prejuízo para que seja ela configurada. Trata-se de aplicação da máxima *"pas de nullité sans grief"*, isto é, de que não há nulidade sem prejuízo. Além disso, há casos jurisprudenciais em que se reconheceu que a intervenção do Ministério Público em instância superior sana a ausência de sua intimação para manifestação no feito em primeira instância.

► **STJ:**

> "AGRAVO REGIMENTAL. RECURSO ESPECIAL. **MANDADO SEGURANÇA**. ADMINISTRATIVO E PROCESSUAL. CONCURSO PÚBLICO. **INTERVENÇÃO DO MINISTÉRIO PÚBLICO. CUSTOS LEGIS. MANIFESTAÇÃO SOMENTE INSTÂNCIA ORDINÁRIA. AUSÊNCIA DE DEMOSTRAÇÃO DE PREJUÍZO. *PAS DE NULLITÉ SANS GRIEF***. 1. O Superior Tribunal de Justiça consolidou que **a ausência de intimação do Ministério Público como fiscal da lei só gera nulidade diante da presença de prejuízo**. 2. **Havendo manifestação do *parquet* na instância ordinária e ausência de demonstração de prejuízo ante a falta de intimação do *custos legis* (fiscal da lei) na instância superior, aplica-se o princípio *pas de nullité sans grief* (não há nulidade sem prejuízo)**. 3. Agravo regimental improvido." (AgRg na Pet no REsp 1.066.996/DF, rel. Ministro Nefi Cordeiro, Sexta Turma, julgamento em 28/04/2015, DJe de 11/05/2015)

> "[...] 2. **Tendo o Ministério Público Estadual atuado no mandado de segurança em ambos os graus de jurisdição, na via ordinária, e diante da ausência de prejuízo ao agravante, bem como por se tratar de agravo de instrumento em que se discute matéria exclusivamente processual, ou seja, requisitos de admissibilidade do**

recurso especial, afigura-se desnecessária nova intervenção do Órgão Ministerial. [...]" (AgRg no Ag 1.048.766/RJ, rel. Ministro Og Fernandes, Sexta Turma, julgamento em 16/02/2012, DJe de 05/03/2012)

"[...] 2. **Não há falar em nulidade por ausência de intimação do Ministério Público de todos os atos do processo, principalmente porque não foi comprovada no caso a existência de prejuízo. Inclusive, eventual nulidade estaria sanada em face da intervenção do representante ministerial em segundo grau de jurisdição. Ofensa aos arts. 82, III e 246 do CPC não configurada**. 3. A jurisprudência desta Corte já assentou entendimento no sentido de que **a ausência de intimação do Ministério Público, por si só, não enseja a decretação de nulidade do julgado, a não ser que se demonstre o efetivo prejuízo para as partes ou para a apuração da verdade substancial da controvérsia jurídica, à luz do princípio *pas de nullités sans grief*. Até mesmo nas hipóteses em que a intervenção do Parquet é obrigatória seria necessária a demonstração de prejuízo para que se reconheça a nulidade processual**. (Precedentes: REsp 1.010.521/PE, Rel. Min. Sidnei Beneti, Terceira Turma, julgado em 26.10.2010, DJe 9.11.2010; REsp 814.479/RS, Rel. Min. Mauro Campbell Marques, Segunda Turma, julgado em 2.12.2010, DJe 14.12.2010). [...] 8. Recurso especial conhecido e não provido." (REsp 1.199.244/PI, rel. Ministro Mauro Campbell Marques, Segunda Turma, julgamento em 27/09/2011, DJe de 03/10/2011)

→ Aplicação em concurso:

- **Analista Técnico - DPU (2016) – CESPE**

  "O Ministério Público atuará, obrigatoriamente, como fiscal da lei nas ações civis públicas em que não for parte e, em se tratando de mandados de segurança, deverá ser intimado pelo juízo para exarar parecer."

  A afirmativa está correta.

- **Procurador do Estado do Paraná (2015) – PUC/PR**

  "Por não ter personalidade jurídica própria, o Ministério Público não tem legitimidade ativa para impetrar mandado de segurança."

  A afirmativa está errada.

- **Assistente Jurídico - Advocacia – UEAP (2014) – Instituto CS-UFG**

  "O mandado de segurança constitui-se em ação constitucional de natureza civil, prevista como garantia na Constituição Federal, cujo disciplinamento encontra-se amparado na Lei n. 12.016/ 2009, segundo o qual [...] a legitimidade ativa para impetrar o *mandamus* recai em

> qualquer pessoa física que sofrer violação ou justo receio de sofrer por ato de autoridade, seja em que categoria for, e sejam as funções que exerça, deixando de se estender à pessoa jurídica."
>
> *A afirmativa está errada.*

Sobre o assunto, pela conexão e coincidência parcial, aproveita-se o ensejo para rememorar as disposições do CPC/2015 em relação à nulidade advinda da não intervenção do Ministério Público nos casos em que essa for obrigatória:

> Art. 279. É nulo o processo quando o membro do Ministério Público não for intimado a acompanhar o feito em que deva intervir.
>
> § 1º Se o processo tiver tramitado sem conhecimento do membro do Ministério Público, o juiz invalidará os atos praticados a partir do momento em que ele deveria ter sido intimado.
>
> § 2º A nulidade só pode ser decretada após a intimação do Ministério Público, que se manifestará sobre a existência ou a inexistência de prejuízo.

Atuando como fiscal da ordem jurídica, assegura-se ao Ministério Público os poderes de ter vista dos autos depois das partes, de intimação de todos os atos do processo e de recorrer. Feitas as devidas adequações (como a inaplicabilidade do poder de produzir provas, já que está é incompatível com o procedimento do *mandamus* e a necessidade de existência de direito líquido e certo demonstrado pela existência de prova pré-constituída), é de se aplicar o art. 179 do CPC/2015, que assim dispõe:

> Art. 179. Nos casos de intervenção como fiscal da ordem jurídica, o Ministério Público:
>
> I - terá vista dos autos depois das partes, sendo intimado de todos os atos do processo;
>
> II - poderá produzir provas, requerer as medidas processuais pertinentes e recorrer.

Art. 14. Da **sentença**, denegando ou concedendo o mandado, **cabe apelação**.

§ 1º **Concedida a segurança**, a sentença estará sujeita obrigatoriamente ao **duplo grau de jurisdição**.

§ 2º Estende-se **à autoridade coatora o direito de recorrer**.

§ 3º A sentença que conceder o mandado de segurança pode ser **executada provisoriamente, salvo nos casos em que for vedada a concessão da medida liminar.**

§ 4º O **pagamento de vencimentos e vantagens pecuniárias** assegurados em sentença concessiva de mandado de segurança a servidor público da administração direta ou autárquica federal, estadual e municipal **somente será efetuado relativamente às prestações que se vencerem a contar da data do ajuizamento da inicial.**

1. Sentença no Mandado de Segurança

Após o prazo para manifestação do Ministério Público, o processo segue para a fase de Sentença. Não custa lembrar que não há, no procedimento especial do Mandado de Segurança, qualquer fase de instrução probatória ou de realização de audiência de instrução e julgamento, por exemplo. Isso porque são providências incompatíveis com o procedimento do *mandamus* e com a necessidade de existência de direito líquido e certo demonstrado pela existência de prova pré-constituída.

O parágrafo único do art. 12 fixa o prazo de 30 (trinta) dias para que seja proferida a sentença, contados a partir de sua conclusão ao juiz, com ou sem parecer do Ministério Público. Note-se que é o mesmo prazo adotado pelo Novo CPC para que o juiz profira sentença, nos termos de seu art. 226, III ("O juiz proferirá: [...] III - as sentenças no prazo de 30 (trinta) dias"). Entretanto, trata-se de prazo impróprio, isto é, seu descumprimento não gera maiores efeitos processuais (não se pode falar na preclusão da oportunidade de o juiz proferir decisão, por exemplo).

2. Natureza personalíssima do Mandado de Segurança

Doutrina e jurisprudência afirmam a natureza personalíssima do Mandado de Segurança, em razão do vínculo estritamente pessoal entre o impetrante e o direito líquido e certo a que se visa proteger. Assim é que a jurisprudência do STF e do STJ se consolidou no sentido de que a morte do impetrante, no mandado de segurança, induz à necessária extinção do processo sem o julgamento de mérito, sendo inadmissível a habilitação de eventuais herdeiros, sem que seja possível a sucessão processual na via do *mandamus*.

Entretanto, se o processo já estiver em fase de execução, há precedentes que admitem a habilitação de herdeiros, eis que aqui já se teria trânsito em julgado sobre a pretensão personalíssima deduzida no mandado de segurança.

▶ **STF:**

"[...] 1. **O falecimento da agravante, que buscava seu ingresso no feito na qualidade de litisconsorte passiva necessária, impõe o reconhecimento da perda superveniente de interesse na análise da pretensão, mormente pela natureza mandamental do writ e do caráter personalíssimo do direito nele postulado**. 2. Agravo regimental PREJUDICADO." (MS 27.279-AgR/DF, rel. Ministro Luiz Fux, Primeira Turma, julgamento em 06/02/2017, DJe de 17/02/2017)

"[...] 1. **O óbito do impetrante importa extinção do processo sem julgamento do mérito do mandado de segurança, ainda que já tenha sido nele proferida decisão**. 2. **A jurisprudência do Supremo Tribunal Federal é assente no sentido de que o direito postulado no mandado de segurança é de natureza personalíssima e, por isso, não admite a habilitação de eventuais herdeiros**. [...]" (RE 221.452 ED-ED-EDv-AgR-AgR-ED/DF, rel. Ministro Edson Fachin, Tribunal Pleno, julgamento em 01/07/2016, DJe de 10/08/2016)

▶ **STJ:**

"[...] 1. **O Superior Tribunal de Justiça tem-se posicionado no sentido de que, ante o caráter mandamental e a natureza personalíssima do Mandado de Segurança, não é cabível a sucessão de partes, ficando ressalvada aos herdeiros a possibilidade de acesso às vias ordinárias**. [...] " (EDcl no AgRg no RE nos EDcl no MS 16.597/DF, rel. Ministro Humberto Martins, Corte Especial, julgamento em 07/12/2016, DJe de 16/12/2016)

"[...] 1. O Superior Tribunal de Justiça firmou o entendimento de que, **ante o caráter mandamental e a natureza personalíssima da ação, não é possível a sucessão de partes no mandado de segurança, ficando ressalvada aos herdeiros a possibilidade de acesso às vias ordinárias**. 2. Embargos de declaração acolhidos, com efeitos infringentes, para denegar a segurança sem resolução do mérito." (EDcl no MS 11.5181-DF, rel. Ministro Og Fernandes, Terceira Seção, julgamento em 26/03/2013, DJe de 01/08/2013)

"PROCESSUAL CIVIL. AGRAVO REGIMENTAL EM RECURSO ESPECIAL. MANDADO DE SEGURANÇA. FALECIMENTO DO IMPETRANTE. HABILITAÇÃO DE HERDEIRA. POSSIBILIDADE. AUSÊNCIA DE DIREITO PERSONALÍSSIMO E FEITO EM FASE DE EXECUÇÃO. 1. No caso de falecimento do impetrante durante o processamento do mandado de segurança, a jurisprudência do Superior Tribunal de Justiça é firme no sentido de que não é cabível a sucessão de partes, ante o caráter mandamental e a natureza personalíssima da demanda. Precedentes: EDcl no MS 11.581/DF, Rel. Ministro OG FERNANDES, TERCEIRA SEÇÃO, julgado em 26/6/2013, DJe 1º/8/2013; MS 17.372/DF, Relator Ministro HERMAN BENJAMIN, PRIMEIRA SEÇÃO, julgado em 26/10/2011, DJe 8/11/2011. 2. **Todavia, na hipótese de o mandado de segurança encontrar-se em fase de execução, é cabível a habilitação de herdeiros,** conforme determinou a Corte de origem. Agravo regimental improvido." (AgRg no AgRg no REsp 1.415.781/PR, rel. Ministro Humberto Martins, Segunda Turma, julgamento em 22/05/2014, DJe de 28/05/2014)

"[...] 2. No julgamento do AgRg na ExeMS 115/DF, da relatoria do Ministro Luiz Fux, a Primeira Seção assentou que **a morte do autor da ação mandamental, em data anterior ao término do processo de conhecimento, conduz à habilitação dos seus herdeiros na fase de execução, e não à extinção do processo satisfativo.** 3. No caso dos autos, não se trata de sucessão de partes no Mandado de Segurança, mas de mera habilitação dos herdeiros na fase de execução mandamental, como consignou o Tribunal de origem." (AgRg no REsp 1.422.568/CE, rel. Ministro Herman Benjamin, Segunda Turma, julgamento em 10/06/2014, DJe de 14/08/2014)

→ Aplicação em concurso:

- **Titular de Serviços de Notas e de Registros – TJ-SE (2014) – IESES**

  "À luz da jurisprudência do STJ, assinale a opção correta relativamente ao mandado de segurança.

  Admitir-se-á a sucessão de partes nos autos de mandado de segurança."

  A afirmativa está errada.

- **Defensor Público – DPE/PR (2014) – NC-UFPR**

  "Não é possível a sucessão de partes em processo de mandado de segurança."

  A afirmativa está correta.

3. Desistência no Mandado de Segurança

Pelo regramento geral do Código de Processo Civil, a homologação da desistência da ação é causa de extinção do processo sem resolução do mérito (art. 485, VII, do CPC/2015). No procedimento comum do CPC, não é possível que o autor, depois de oferecida a contestação, desista da ação sem o consentimento do réu, sendo que a desistência da ação somente pode ser apresentada até a sentença (art. 485, §§ 4º e 5º, do CPC/2015).

Entretanto, essa regra não se aplica ao mandado de segurança, admitindo-se sua desistência unilateral a qualquer tempo, isto é, independentemente da concordância da autoridade impetrada e mesmo que depois de proferida a sentença. É que "não se confundindo com as outras ações em que há direitos das partes em confronto, o impetrante pode desistir da impetração ou porque se convenceu da legitimidade do ato impugnado, ou por qualquer conveniência pessoal, que não precisa ser indicada nem depende de aquiescência do impetrado"[7].

O tema já foi, inclusive, apreciado pelo Supremo Tribunal Federal sob a sistemática da repercussão geral (Tema 530: "Desistência em mandado de segurança, sem aquiescência da parte contrária, após prolação de sentença de mérito, ainda que favorável ao impetrante"), em que se assentou a seguinte tese: "É lícito ao impetrante desistir da ação de mandado de segurança, independentemente de aquiescência da autoridade apontada como coatora ou da entidade estatal interessada ou, ainda, quando for o caso, dos litisconsortes passivos necessários, a qualquer momento antes do término do julgamento, mesmo após eventual sentença concessiva do 'writ' constitucional, não se aplicando, em tal hipótese, a norma inscrita no art. 267, § 4º, do CPC/1973". Feitas as adaptações ao CPC/2015, ora vigente, a parte final corresponderia à inaplicabilidade de seu art. 485, § 4º.

▶ **STF:**

> "[...] **'É lícito ao impetrante desistir da ação de mandado de segurança, independentemente de aquiescência da autoridade apontada como coatora ou da entidade estatal interessada ou, ainda, quando for o caso, dos litisconsortes passivos necessários'** (MS 26.890-AgR/DF, Pleno, Ministro Celso de Mello, DJe de 23.10.2009), **'a qualquer momento antes do término do julgamento'** (MS 24.584-AgR/DF, Pleno, Ministro Ricardo Lewandowski, DJe de 20.6.2008), **'mesmo após eventual sentença concessiva do 'writ' constitucional,** (...) **não se aplicando, em tal hipótese, a norma inscrita no art. 267, § 4º, do CPC'** (RE 255.837-AgR/PR, 2ª Turma, Ministro Celso de Mello, DJe de 27.11.2009). Jurisprudência

7. MEIRELLES, Hely Lopes; WALD, Arnoldo; MENDES, Gilmar Ferreira. **Mandado de segurança e ações constitucionais.** São Paulo: Editora Malheiros, 2013, p. 144.

desta Suprema Corte reiterada em repercussão geral (Tema 530 - Desistência em mandado de segurança, sem aquiescência da parte contrária, após prolação de sentença de mérito, ainda que favorável ao impetrante). Recurso extraordinário provido." (RE 669.367/RJ, rel. Ministro Luiz Fux, redatora do acórdão Ministra Rosa Weber, Tribunal Pleno, julgamento em 02/05/2013, DJe de 30/10/2014)

► **STJ:**

"[...] II - **Na ação mandamental, é lícito ao Impetrante desistir da ação de mandado de segurança, independentemente de aquiescência da autoridade apontada como coatora e a qualquer tempo, mesmo após sentença de mérito, ainda que desfavorável**, matéria com repercussão geral reconhecida perante o Supremo Tribunal Federal, no Recurso Extraordinário n. 669.367, da Relatoria do Ministro Luiz Fux, em 02.05.2013. III - Observadas as formalidades legais, com outorga de poderes específicos, conforme instrumentos de procuração constantes dos autos, deve ser homologada a desistência de parte da ação mandamental, relativamente à incidência da contribuição previdenciária sobre os auxílios doença e acidente de trabalho, bem como sobre o terço constitucional de férias e o aviso prévio indenizado e seus reflexos, extinguindo-se o processo sem resolução de mérito, nos termos do art. 485, VIII, do Código de Processo Civil de 2015. [...]" (AgInt no REsp 1.475.948/SC, rel. Ministra Regina Helena Costa, Primeira Turma, julgamento em 02/08/2016, DJe de 17/08/2016)

"[...] 1. **A Corte Especial do STJ já definiu que é possível o impetrante desistir da ação de Mandado de Segurança a qualquer tempo, mesmo após a prolação de sentença de mérito**. Precedente: AgRg nos EDcl nos EDcl na DESIS no RE nos EDcl no AgRg no RESP 999.447/DF, Rel. Min. LAURITA VAZ, DJe 15.6.2015. Ressalva do ponto de vista do Relator. 2. Agravo Regimental da FAZENDA NACIONAL a que se nega provimento.' (AgRg no REsp 1.212.141, rel. Ministro Napoleão Nunes Maia Filho, Primeira Turma, julgamento em 16/02/2016, DJe de 26/02/2016)

"[...] 1. Conforme orientação jurisprudencial do Supremo Tribunal Federal, **o Impetrante pode desistir da ação de mandado de segurança a qualquer tempo, mesmo após a prolação de sentença de mérito** (RE 669.367/RJ, Rel. Min. Luiz Fux, Relator(a) p/ Acórdão: Min. Rosa Weber, Tribunal Pleno, DJe de 30/10/2014). 2. **A desistência da ação não implica renúncia ao direito discutido, sendo incidente a regra processual que determina a extinção do processo sem julgamento de mérito**. 3. Agravo regimental desprovido." (AgRg nos EDcl nos EDcl na DESIS no RE nos EDcl no AgRg no REsp 999.447/DF, rel. Ministra Laurita Vaz, Corte Especial, julgamento em 03/06/2015, DJe de 15/06/2015)

→ Aplicação em concurso:

- **Defensor Público – DPE/AM (2018) – FCC – adaptada**
- "A respeito das disposições legais e da jurisprudência dos Tribunais Superiores sobre o mandado de segurança: [...] Após a prestação das informações pela Autoridade Coatora, a desistência do mandado de segurança pelo impetrante depende do consentimento da outra parte."

  A afirmativa está errada.

- **Procurador do Estado do Paraná (2015) – PUC/PR**

  "Após a prolação da sentença de mérito, o impetrante não pode desistir de mandado de segurança sem a anuência do impetrado."

  A afirmativa está errada.

- **Defensor Público – DPE/MG (2014) – FUNDEP**

  "Sobre mandado de segurança, analise as proposições a seguir:

  O impetrante pode desistir de mandado de segurança a qualquer tempo, ainda que proferida decisão de mérito a ele favorável independentemente da anuência da autoridade impetrada ou da pessoa jurídica de direito público."

  A afirmativa está correta.

- **Defensor Público – DPE/PR (2014) – NC-UFPR**

  "Após a prolação da sentença de mérito, o impetrante não pode desistir de mandado de segurança sem a anuência do impetrado."

  A afirmativa está errada.

- **Advogado – Prefeitura de Patos/PB (2014) – Instituto Pró-Município**

  "Para que haja a desistência do mandado de segurança, depois de decorrido o prazo para a autoridade prestar informações, é necessária a concordância da parte adversa (art. 267, § 4º, do CPC)."

  A afirmativa está errada.

- **Titular de Serviços de Notas e de Registros – TJ-SE (2014) – IESES**

  "À luz da jurisprudência do STJ, assinale a opção correta relativamente ao mandado de segurança.

  O impetrante poderá desistir de mandado de segurança sem a anuência do impetrado mesmo após a prolação da sentença de mérito."

A afirmativa está correta.

- **Procurador do Estado Substituto - PGE/PI (2014) – CESPE**

  "Com relação a mandado de segurança individual e coletivo, assinale a opção correta de acordo com a doutrina, a legislação de regência e a jurisprudência dos tribunais superiores.

  Depois de notificada a autoridade coatora e prestadas as informações, o impetrante só pode desistir do *writ* se houver concordância do impetrado."

  A afirmativa está errada.

- **Promotor de Justiça – MP/SC (2014) – Banca própria**

  "Na esteira de precedente do Supremo Tribunal Federal é lícito ao impetrante desistir da ação de mandado de segurança, independentemente de aquiescência da autoridade apontada como coatora ou da entidade estatal interessada ou, ainda, quando for o caso, dos litisconsortes passivos necessários, mesmo que já prestadas as informações ou produzido o parecer do Ministério Público."

  Alternativa correta.

- **Analista Judiciário – Execução de Mandados – TJ/CE (2014) – CESPE**

  "O impetrante poderá desistir de mandado de segurança sem a anuência do impetrado, mesmo após a prolação da sentença de mérito."

  Alternativa correta.

4. Recurso contra a sentença

Proferida a sentença, seja no caso de concessão ou de denegação da segurança, será cabível o recurso de apelação. É a afirmação expressa do *caput* do art. 14, acompanhando a regra padrão da Teoria Geral dos Recursos (nesse sentido, veja-se o art. 1.009 do CPC/2015: "Da sentença cabe apelação"), devendo seguir-se as regras gerais previstas para o recurso pelo CPC.

Destaca-se a peculiaridade de que, nos casos em que for positiva a sentença, isto é, quando se conceder a segurança, a decisão estrará sujeita ao duplo grau de jurisdição obrigatório (§ 1º do art. 14). É que, em sua grande maioria, os casos de Mandado de Segurança voltam-se contra atos do poder público proferidos por pessoas jurídicas de direito público. A conclusão já poderia ser quase integralmente obtida a partir das regras gerais do próprio CPC, que ao dispor sobre a remessa necessária afirma a sujeição necessária ao duplo grau de jurisdição a sentença proferida contra a União, os Estados, o Distrito Federal, os

Municípios e suas respectivas autarquias e fundações de direito público (art. 496, I, do CPC/2015); casos em que a sentença não produzirá efeitos senão depois de sua confirmação pelo Tribunal. Assim, na falta de disposição específica, aplicam-se ao Mandado de Segurança as regras procedimentais previstas pelo CPC para a remessa necessária (art. 496), procedidas as devidas adaptações (não são aplicáveis à remessa necessária do Mandado de Segurança, por exemplo, as limitações de valor constantes do § 3º do art. 496 do CPC/2015).

A afirmação parece clarividente, mas não custa reafirmar que o recurso de apelação só será cabível quando se tratar de sentença, proferida por juiz de primeiro grau. Quando se tratar de decisão monocrática proferida por relator em Tribunal originariamente competente para processar e julgar o *mandamus*, o recurso cabível será o agravo interno, conforme disposição expressa do parágrafo único do art. 16 da Lei do MS, bem como do art. 1.021 do CPC/2015. Ademais, quando se tratar de decisão colegiada de Tribunal, poderá ser o caso de cabimento de recurso ordinário constitucional, nos termos em que já estudado na parte em que tratamos da competência.

→ Aplicação em concurso:

- **Procurador da ALERJ (2017) – FGV**

  "No que se refere ao mandado de segurança, é correto afirmar que:

  a sentença concessiva da ordem está sujeita ao duplo grau de jurisdição obrigatório, podendo ser impugnada por recurso de apelação, interponível, inclusive, pela autoridade impetrada."

  A afirmativa está correta.

- **Advogado – Câmara de Maria Helena/PR (2017) – FAUEL**

  "A respeito das disposições do Código de Processo Civil em vigor (Lei nº 13.105/2015) e as disposições da Lei do Mandado de Segurança (Lei nº 12.016/2009), julgue a Verdade (V) ou Falsidade (F) dos itens a seguir, e assinale a alternativa com a sequência correta:

  Não está sujeita ao duplo grau de jurisdição a sentença proferida contra Município que não constitua capital do Estado e cujo proveito econômico obtido na causa for de valor certo e líquido inferior a 500 (quinhentos) salários-mínimos."

  A afirmativa está errada

- **Procurador Jurídico – Prefeitura de Várzea Paulista (2016) - VUNESP**

  No procedimento especial do mandado de segurança individual, como ação visando coibir a lesão a direito líquido e certo da pessoa:

Negada a segurança, a sentença estará sujeita obrigatoriamente ao duplo grau de jurisdição."

A afirmativa está errada.

- **Promotor de Justiça – MP/SC (2014) – Banca própria**

  "Nos termos da Lei n.12.016/09 (Mandado de Segurança), o reexame necessário é indispensável no mandado de segurança e a sentença que concede o mandado produzirá efeitos apenas depois de confirmada pelo tribunal."

  Alternativa errada.

- **Analista do Ministério Público – MP/RJ (2016) – FGV (adaptada)**

  "No que se refere ao mandado de segurança, é correto afirmar que:

  A sentença que acolhe o pedido, além de sujeita ao duplo grau de jurisdição obrigatório, é impugnável por meio de recurso de apelação, interponível pela pessoa jurídica de direito público ou pela própria autoridade impetrada."

  A afirmativa está correta.

- **Procurador da Procuradoria Especial – TCM/RJ (2015) – FCC**

  "Quanto ao mandado de segurança, tem-se que:

  se a segurança for concedida, está sujeita apenas a recurso voluntário da autoridade apontada como coatora."

  A afirmativa está errada.

- **Analista da Defensoria Pública – DPE/RO (2015) – FGV**

  "No que se refere ao mandado de segurança, é correto afirmar que:

  A sentença que acolhe o pedido, além de sujeita ao duplo grau de jurisdição obrigatório, é impugnável por meio de recurso de apelação, que pode ser interposto apenas pela pessoa jurídica de direito público em cujos quadros figure a autoridade impetrada."

  A afirmativa está errada.

- **Procurador da Assembleia Legislativa de Goiás (2015) – CSUFG**

  "É sabido que o mandado de segurança é espécie de ação constitucional, de natureza cognitiva, destinada a tutelar direito líquido e certo não amparado por habeas corpus ou habeas data. No mandado de segurança, [...] a sentença que concede a segurança não estará sujeita ao duplo grau de jurisdição obrigatório, em consonância com o princípio da celeridade e efetividade da tutela jurisdicional em favor do cidadão."

  A afirmativa está errada.

- **Procurador do Município de Niterói (2014) – FGV (adaptada)**

  "Em relação ao mandado de segurança, é correto afirmar que:

  A sentença que acolhe o pedido, além de sujeita ao duplo grau de jurisdição obrigatório, é impugnável por meio de recurso de apelação, o qual pode ser interposto pela pessoa jurídica ou pela autoridade impetrada."

  A afirmativa está correta.

- **Advogado – Prefeitura de Patos/PB (2014) – Instituto Pró-Município**

  "No mandado de segurança, somente é aplicável a regra do art. 475 do CPC (duplo grau de jurisdição obrigatório), quando a condenação, ou o direito controvertido, for de valor certo excedente a 60 (sessenta) salários mínimos."

  A afirmativa está errada.

- **Procurador Jurídico – SAAE/SP (2014) – VUNESP**

  "Com relação ao mandado de segurança, individual ou coletivo, é correto afirmar que [...] a sentença que conceder o mandado fica sujeita ao duplo grau de jurisdição, não podendo, entretanto, ser executada provisoriamente."

  A afirmativa está errada.

- **Advogado – DESENVOLVESP (2014) – VUNESP**

  "Nos termos da Lei do Mandado de Segurança, da sentença concessiva da ordem, não se exige o reexame necessário se o valor da causa for inferior a 60 salários-mínimos."

  A afirmativa está errada.

- **Advogado – UFC (2014) – Instituto AOCP**

  "De acordo com a Lei do Mandado de Segurança, analise as assertivas e assinale a alternativa que aponta as corretas.

  Denegada ou concedida a segurança, a sentença estará sujeita obrigatoriamente ao duplo grau de jurisdição."

  A afirmativa está errada.

Por fim, é plenamente possível que o direito de recorrer seja exercido pela autoridade coatora, conforme disposição do § 2º.

→ Aplicação em concurso:

- **Analista Judiciário – Área Judiciária – TJ/AL (2018) – FGV – adaptada**

"Quanto ao procedimento do mandado de segurança, é correto afirmar que: [...] a autoridade impetrada tem legitimidade para interpor recursos."

A afirmativa está correta.

- **Auditor Fiscal de Controle Externo – UFC (2014) – Instituto AOCP**

  "O recurso contra decisão em mandado de segurança que anule demissão de servidor público poderá ser interposto pela autoridade coatora."

  A afirmativa está correta.

- **Analista do Ministério Público – MP/RJ (2016) – FGV (adaptada)**

  "No que se refere ao mandado de segurança, é correto afirmar que:

  A sentença que acolhe o pedido, além de sujeita ao duplo grau de jurisdição obrigatório, é impugnável por meio de recurso de apelação, interponível pela pessoa jurídica de direito público ou pela própria autoridade impetrada."

  A afirmativa está correta.

- **Analista da Defensoria Pública – DPE/RO (2015) – FGV**

  "No que se refere ao mandado de segurança, é correto afirmar que:

  A sentença que acolhe o pedido, além de sujeita ao duplo grau de jurisdição obrigatório, é impugnável por meio de recurso de apelação, que pode ser interposto apenas pela pessoa jurídica de direito público em cujos quadros figure a autoridade impetrada."

  A afirmativa está errada.

- **Analista de Gestão Administrativa – Direito – UEG (2015) – FUNIVERSA**

  "Acerca da competência, da lei do mandado de segurança e dos pressupostos recursais, assinale a alternativa correta.

  A lei não estende expressamente, à autoridade coatora, a legitimidade para recorrer de sentença proferida em mandado de segurança."

  A afirmativa está errada.

- **Procurador da Assembleia Legislativa de Goiás (2015) – CSUFG**

  "É sabido que o mandado de segurança é espécie de ação constitucional, de natureza cognitiva, destinada a tutelar direito líquido e certo não amparado por habeas corpus ou habeas data. No mandado de segurança, [...] o papel da autoridade coatora restringe-se à prestação de informações no prazo legal, não possuindo legitimidade para recorrer, uma vez que não sofrerá os efeitos de eventual condenação."

  A afirmativa está errada.

- **Procurador do Município de Niterói (2014) – FGV (adaptada)**

  "Em relação ao mandado de segurança, é correto afirmar que:

  A sentença que acolhe o pedido, além de sujeita ao duplo grau de jurisdição obrigatório, é impugnável por meio de recurso de apelação, o qual pode ser interposto pela pessoa jurídica ou pela autoridade impetrada."

  A afirmativa está correta.

- **Assessor Jurídico – Câmara Municipal do Recife/PE (2014) – FGV**

  "Sociedade empresária ajuizou mandado de segurança para impugnar ato administrativo que a inabilitara em procedimento licitatório de que participava. Concluindo pela ilegalidade do ato estatal questionado, o juiz acolheu o pleito autoral, concedendo a ordem vindicada. Inconformada, a autoridade impetrada, em seu próprio nome, interpôs recurso de apelação, embora a própria pessoa jurídica a cuja estrutura pertence não tenha tomado tal iniciativa. Sobre o apelo manejado, é correto afirmar que:

  A) foi interposto por quem não detinha legitimidade recursal, razão pela qual não pode ser conhecido;

  B) foi interposto por quem detinha legitimidade recursal;

  C) embora interposto por quem não detinha legitimidade recursal, deve ser conhecido, haja vista a indisponibilidade do interesse público subjacente à lide;

  D) não pode ser conhecido, por lhe faltar interesse recursal, ante a incidência, na espécie, do duplo grau de jurisdição obrigatório;

  E) só poderá ser conhecido caso a pessoa jurídica a que está vinculada a autoridade impetrada ratifique, em prazo a lhe ser assinado, os termos da peça recursal. A sentença que acolhe o pedido, além de sujeita ao duplo grau de jurisdição obrigatório, é impugnável por meio de recurso de apelação, o qual pode ser interposto pela pessoa jurídica ou pela autoridade impetrada."

  Alternativa correta: letra "B".

- **Advogado – DESENVOLVESP (2014) – VUNESP**

  "A participação da autoridade coatora no feito esgota-se com a apresentação das informações, eis que, por não possuir capacidade postulatória, não pode interpor recurso."

  A afirmativa está errada.

- **Advogado – UFC (2014) – Instituto AOCP**

  "De acordo com a Lei do Mandado de Segurança, analise as assertivas e assinale a alternativa que aponta as corretas.

Estende-se à autoridade coatora o direito de recorrer."

A afirmativa está correta.

- **Procurador Jurídico – Prefeitura de Várzea Paulista (2016) - VUNESP**

  "No procedimento especial do mandado de segurança individual, como ação visando coibir a lesão a direito líquido e certo da pessoa: não se estende à autoridade coatora o direito de recorrer."

  A afirmativa está errada.

5. Cumprimento da sentença

Proferida a sentença, especialmente se concedida a segurança, é importante haver meios que possibilitem e ensejem o seu cumprimento. Com efeito, dá própria natureza mandamental da sentença já decorre a peculiaridade de se ordenar a alguém, geralmente uma autoridade administrativa, que cumpra determinada providência ou que cesse determinado ato de abuso ou ilegalidade.

O § 3º do art. 14 da Lei nº 12.016/2009 afirma a possibilidade de execução provisória da sentença, isto é, antes que se opere o seu trânsito em julgado, exceto nas mesmas hipóteses em que se veda a concessão de medida liminar (isto é: compensação de créditos tributários, a entrega de mercadorias e bens provenientes do exterior, a reclassificação ou equiparação de servidores públicos e a concessão de aumento ou a extensão de vantagens ou pagamento de qualquer natureza, conforme o já analisado § 2º do art. 7º da Lei do MS). Assim, excetuadas essas situações, confere-se à sentença efeitos imediatos, não obstante a necessidade de observância do duplo grau de jurisdição necessário, além da possibilidade de que sejam interpostos recursos contra aquela decisão. Observe que a lei não faz qualquer exigência expressa à necessidade de prévio estabelecimento de medidas de cautela.

Como afirmam Hely Lopes Meirelles, Arnoldo Wald e Gilmar Ferreira Mendes, "O mandado de segurança tem o rito próprio e suas decisões são sempre de natureza mandamental, que repele o efeito suspensivo e protelatório de qualquer de seus recursos. Assim sendo, cumprem-se imediatamente tanto a liminar como a sentença ou o acórdão concessivo da segurança, diante da simples notificação pelo juiz prolator da decisão, independentemente de caução ou de carta de sentença, ainda que haja apelação ou recurso extraordinário pendente"[8]. Destaca-se, porém, haver medidas autônomas destinadas à suspensão da executoriedade dessas decisões judiciais, como disciplinado pelo art. 15 da Lei presentemente estudada.

→ Aplicação em concurso:

- **Procurador Jurídico – Prefeitura de Várzea Paulista (2016) - VUNESP**

  No procedimento especial do mandado de segurança individual, como ação visando coibir a lesão a direito líquido e certo da pessoa:

  A sentença que conceder o mandado de segurança não pode ser executada provisoriamente."

  A afirmativa está errada.

- **Promotor de Justiça – MP/SC (2014) – Banca própria**

  "Nos termos da Lei n.12.016/09 (Mandado de Segurança), o reexame necessário é indispensável no mandado de segurança e a sentença que concede o mandado produzirá efeitos apenas depois de confirmada pelo tribunal."

  Alternativa errada.

- **Advogado da União (2015) – CESPE**

  "Situação hipotética: Um indivíduo impetrou mandado de segurança visando a liberação de mercadoria proveniente do exterior retida por ordem da autoridade federal responsável pelo ato administrativo de licenciamento. Ao julgar esse caso, o juízo federal prolatou sentença em que determinou a imediata entrega do bem ao impetrante. Assertiva: Nessa situação, a apelação interposta pela União será recebida no efeito meramente devolutivo, sendo permitida a execução provisória de sentença mandamental."

  Alternativa errada.

- **Procurador da Procuradoria Especial – TCM/RJ (2015) – FCC**

  "Quanto ao mandado de segurança, tem-se que:

  a sentença que o tenha concedido pode ser executada provisoriamente em qualquer hipótese."

  A afirmativa está errada.

- **Promotor de Justiça – MPE/PE (2014) – FCC**

---

8. MEIRELLES, Hely Lopes; WALD, Arnoldo; MENDES, Gilmar Ferreira. **Mandado de segurança e ações constitucionais.** São Paulo: Editora Malheiros, 2013, p. 122.

"Em relação ao mandado de segurança, de acordo com a lei que o rege, [...] a sentença que o conceder sempre poderá ser executada provisoriamente."

A afirmativa está errada.

- **Juiz de Direito Substituto – TJ/PA (2014) – VUNESP**

  "A sentença que conceder o mandado de segurança não pode ser executada provisoriamente."

  A afirmativa está errada.

- **Procurador Jurídico – SAAE/SP (2014) – VUNESP**

  "Com relação ao mandado de segurança, individual ou coletivo, é correto afirmar que [...] a sentença que conceder o mandado fica sujeita ao duplo grau de jurisdição, não podendo, entretanto, ser executada provisoriamente."

  A afirmativa está errada.

- **Advogado – DESENVOLVESP (2014) – VUNESP**

  "A sentença concessiva da ordem em mandado de segurança somente pode ser cumprida após o trânsito em julgado."

  A afirmativa está errada

- **Advogado – UFC (2014) – Instituto AOCP**

  "De acordo com a Lei do Mandado de Segurança, analise as assertivas e assinale a alternativa que aponta as corretas.

  A sentença que conceder o mandado de segurança pode ser executada provisoriamente, salvo nos casos em que for vedada a concessão da medida liminar."

  A afirmativa está correta.

- **Assistente Jurídico - Advocacia – UEAP (2014) – Instituto CS-UFG**

  "O mandado de segurança constitui-se em ação constitucional de natureza civil, prevista como garantia na Constituição Federal, cujo disciplinamento encontra-se amparado na Lei n. 12.016/ 2009, segundo o qual [...] a sentença que conceder o mandado de segurança é proibida de ser executada provisoriamente, especialmente nas hipóteses em que for vedada a concessão de medida liminar."

  A afirmativa está errada.

6. Decisão que determina o pagamento de vantagens pecuniárias a servidores públicos

Nos casos em que a sentença mandamental se refira ao pagamento de vantagens pecuniárias e vencimentos reconhecidos a servidor público da administração direta ou autárquica federal, estadual e municipal, o § 4º traz disposições específicas para assentar que o pagamento dessas parcelas somente será efetuado relativamente às prestações que se vencerem a contar da data do ajuizamento da inicial. O dispositivo reflete entendimento já anteriormente afirmado pela Súmula 271/STF, segundo a qual "Concessão de mandado de segurança não produz efeitos patrimoniais em relação a período pretérito, os quais devem ser reclamados administrativamente ou pela via judicial própria". Em relação aos valores relativos a períodos anteriores, deve-se buscar a via judicial ou administrativa própria, sob o fundamento de que o Mandado de Segurança não pode ser usado como substitutivo de ação de cobrança. Destaca-se haver um precedente do STJ em que se afirmou o entendimento contrário (o caso é abaixo destacado), mas entende-se ser um julgado isolado, que destoa da ampla maioria que afirma a aplicação do que cristalizado nas Súmulas 269 e 271 do STF

► **STF:**

Súmula 269/STF: "O mandado de segurança não é substitutivo de ação de cobrança".

Súmula 271: "Concessão de mandado de segurança não produz efeitos patrimoniais em relação a período pretérito, os quais devem ser reclamados administrativamente ou pela via judicial própria."

"EMBARGOS DE DECLARAÇÃO EM MANDADO DE SEGURANÇA. GRATIFICAÇÃO DE ATIVIDADE DE SEGURANÇA (GAS). INADMISSIBILIDADE DE PAGAMENTO RETROATIVO. INCIDÊNCIA DAS SÚMULAS N. 269 E 271 DO STF. 1. Embora o Supremo Tribunal Federal haja reconhecido o direito líquido e certo dos impetrantes quanto à percepção da Gratificação de Atividade de Segurança (GAS), instituída pelo art. 15 da Lei nº 11.415/2006, **a ordem judicial aqui proferida não alcança pagamentos referentes a parcelas anteriores ao ajuizamento da ação, "os quais devem ser reclamados administrativamente ou pela via judicial própria" (Súmulas n. 269 e 271 do STF)**. 2. Embargos acolhidos." (MS 26.740-ED/DF, rel. Ministro Ayres Britto, Segunda Turma, julgamento em 07/02/2012, DJe de 22/02/2012)

"[...] 2. **Configurado o direito líquido e certo do Recorrente, por se tratar de cumprimento de obrigação de fazer, e não cobrança de valores anteriores à impetração da presente ação mandamental. Não incidência das Súmulas 269 e 271 do Supremo**

Tribunal Federal. 3. Demonstrada a existência de prévia dotação orçamentária, não há afronta ao princípio da legalidade da despesa pública. 4. Recurso em Mandado de Segurança provido." (RMS 27.357/DF, rel. Ministra Cármen Lúcia, Primeira Turma, julgamento em 25/05/2010, DJe de 06/08/2010)

▶ **STJ:**

"[...] 2. **Quanto aos efeitos patrimoniais da tutela mandamental, sabe-se que, nos termos das Súmula 269 e 271 do STF, caberia à parte impetrante, após o trânsito em julgado da sentença concessiva da segurança, ajuizar nova demanda de natureza condenatória para reivindicar os valores vencidos em data anterior à impetração do pedido de *writ*; essa exigência, contudo, não apresenta nenhuma utilidade prática e atenta contra os princípios da justiça, da efetividade processual, da celeridade e da razoável duração do processo, além de estimular demandas desnecessárias e que movimentam a máquina judiciária, consumindo tempo e recursos públicos, de forma completamente inútil, inclusive honorários sucumbenciais, em ação que já se sabe destinada à procedência**. 3. Esta Corte Superior, em julgado emblemático proferido pelo douto Ministro ARNALDO ESTEVES LIMA, firmou a orientação de que, nas hipóteses em que o Servidor Público deixa de auferir seus vencimentos, ou parte deles, em face de ato ilegal ou abusivo do Poder Público, os efeitos financeiros da concessão de ordem mandamental devem retroagir à data do ato impugnado, violador do direito líquido e certo do impetrante, isso porque os efeitos patrimoniais do decisum são mera consequência da anulação do ato impugnado que reduziu a pensão da Impetrante, com a justificativa de adequá-la ao sub-teto fixado pelo Decreto 24.022/2004, daquela unidade federativa. 4. Embargos de Divergência do Estado do Amazonas desprovidos." (EREsp 1.164.514/AM, rel. Ministro Napoleão Nunes Maia Filho, Corte Especial, julgamento em 16/12/2015, DJe de 16/12/2015)

"[...] não se aplicam as vedações constantes das Súmulas 269/STF e 271/STF, nem do art. 14, § 4º, da Lei 12.016/09 à **impetração contra o indeferimento do pedido de conversão de férias não gozadas em pecúnia**, pois, nesses casos, os efeitos patrimoniais pretéritos são meros consectários da anulação do ato administrativo, de modo que o mandado de segurança não se configura como substituto de ação de cobrança." (AgRg no REsp 1.248.427, rel. Ministro Ribeiro Dantas, Quinta Turma, julgamento em 15/03/2016)

→ Aplicação em concurso:

- **Analista Judiciário – Área Judiciária – TJ/AL (2018) – FGV – adaptada**

  "Quanto ao procedimento do mandado de segurança, é correto afirmar que: [...] a sentença concessiva da ordem não pode dar azo à instauração de execução por quantia certa."

  A afirmativa está errada.

- **Procurador da ALERJ (2017) – FGV**

  "No que se refere ao mandado de segurança, é correto afirmar que:

  A execução da sentença concessiva da ordem pode abarcar vantagens pecuniárias vencidas no curso da demanda, a contar da data da edição do ato impugnado."

  A afirmativa está errada.

- **Analista do Ministério Público – MP/RJ (2016) – FGV (adaptada)**

  "No que se refere ao mandado de segurança, é correto afirmar que:

  A concessão da ordem pode dar azo à instauração de execução por quantia certa, abarcando vantagens pecuniárias devidas ao impetrante e vencidas a partir da edição do ato estatal impugnado, desde que observada a prescrição quinquenal."

  A afirmativa está errada.

- **Procurador do Estado do Maranhão (2016) – FCC**

  "O Mandado de Segurança [...] pode substituir ação de cobrança se a dívida for líquida e certa."

  A afirmativa está errada.

- **Procurador da Fazenda Nacional – PGFN (2015) – ESAF**

  "Consoante o enunciado 269 da súmula da jurisprudência do STF, "o mandado de segurança não é substitutivo de ação de cobrança". Em razão deste entendimento, pode-se afirmar que:

A) não se admite a expedição de precatório ou requisição de pequeno valor (RPV) em mandado de segurança, devendo o impetrante buscar as vias ordinárias para obter os efeitos patrimoniais do seu direito.

B) nos mandados de segurança impetrados perante o juizado especial federal, admite-se a execução de parcelas pretéritas à impetração.

C) a execução contra a Fazenda Pública dos honorários de sucumbência constitui exceção ao enunciado 269 do STF, havendo expressa previsão de seu cabimento no mandado de segurança.

D) apesar do entendimento plasmado no enunciado 269, admite-se a execução contra a Fazenda Pública de valores devidos entre a impetração e o trânsito em julgado, seguindo-se a sistemática do precatório ou da requisição de pequeno valor (RPV).

E) como o mandado de segurança não é substitutivo de ação de cobrança, a sua impetração não interfere na prescrição de eventuais pretensões patrimoniais decorrentes da concessão da segurança."

Alternativa correta: letra "D".

- **Auditor Substituto – TCE/RJ (2015) – FGV**

  "O mandado de segurança [...] é admissível para cobrança de dívida líquida e certa."

  A afirmativa está errada.

- **Analista da Defensoria Pública – DPE/RO (2015) – FGV**

  "No que se refere ao mandado de segurança, é correto afirmar que:

  A concessão da ordem pode dar azo à instauração de execução por quantia certa, abrangendo vantagens pecuniárias devidas ao impetrante e vencidas desde a data do ajuizamento da petição inicial."

  A afirmativa está correta.

- **Procurador do Estado do Paraná (2015) – PUC/PR**

  "É admissível a impetração de mandado de segurança como substitutivo de ação de cobrança."

  A afirmativa está errada.

- **Procurador do Município de Niterói (2014) – FGV (adaptada)**

  "Em relação ao mandado de segurança, é correto afirmar que:

  A concessão da ordem pode dar azo à instauração de execução por quantia certa, abrangendo vantagens pecuniárias devidas ao impetrante e vencidas desde a data do cometimento do ato ilegal pela Administração Pública."

  A afirmativa está errada.

- **Advogado – UFC (2014) – Instituto AOCP**

  "O pagamento de vencimentos e vantagens pecuniárias assegurados em sentença concessiva de mandado de segurança a servidor público da administração direta ou autárquica federal, estadual e municipal somente será efetuado relativamente às prestações que se vencerem a contar da data do ajuizamento da inicial."

  A afirmativa está correta.

- **Procurador do Estado – PGE/AC (2014) – FMP**

  "A concessão de mandado de segurança não produz efeitos patrimoniais em relação a período pretérito."

  A afirmativa está correta.

7. Pagamento pela sistemática dos precatórios

Assentado esse entendimento majoritário quanto à limitação do pagamento às parcelas relativas a períodos posteriores à impetração do *mandamus*, discute-se também quanto à forma de pagamento: se este deve, ou não, ser feito mediante o regime de precatórios. Prevalece na jurisprudência, inclusive com manifestações recentes do Supremo Tribunal Federal nesse sentido, de que "os pagamentos devidos pela Fazenda Pública estão adstritos ao sistema de precatórios, nos termos do que dispõe o artigo 100 da Constituição Federal, o que abrange, inclusive, as verbas de caráter alimentar, não sendo suficiente a afastar essa sistemática o simples fato de o débito ser proveniente de sentença concessiva de mandado de segurança" (RE 889.173-RG, rel. Ministro Luiz Fux, Tribunal Pleno – meio eletrônico, julgamento em 07/08/2015, DJe de 17/08/2015).

Por fim, no âmbito da jurisprudência do STF, há um caso recente em que se afastou a necessidade de observância do regime dos precatórios, desde que observados alguns requisitos. Trata-se da situação em que restar reconhecido direito a reparação econômica a anistiado político (RE 553.710/DF, rel. Ministro Dias Toffoli, Tribunal Pleno, julgado em 17/11/2016, DJe de 31/8/2017), por entender se tratar de hipótese diversa daquelas abrangidas pelo art. 100 da CRFB/88. Neste caso, fixou-se a seguinte tese de repercussão geral: "1) - Reconhecido o direito à anistia política, a falta de cumprimento de requisição ou determinação de providências por parte da União, por intermédio do órgão competente, no prazo previsto nos arts. 12, § 4º, e 18, *caput* e parágrafo único, da Lei nº 10.599/02, caracteriza ilegalidade e violação de direito líquido e certo; 2) - **Havendo rubricas no orçamento destinadas ao pagamento das indenizações devidas aos anistiados políticos e não demonstrada a ausência de disponibilidade de caixa, a União há de promover o pagamento do valor ao anistiado no prazo de 60 dias**; 3) - Na ausência ou na insuficiência de disponibilidade orçamentária no exercício em curso, cumpre à União promover sua previsão no projeto de lei orçamentária imediatamente seguinte".

► **STF:**

"RECURSO EXTRAORDINÁRIO. CONSTITUCIONAL E PROCESSUAL. **MANDADO DE SEGURANÇA. VALORES DEVIDOS ENTRE A DATA DA IMPETRAÇÃO E A IMPLEMENTAÇÃO DA ORDEM CONCESSIVA. SUBMISSÃO AO REGIME DE PRECATÓRIOS**. REPERCUSSÃO GERAL RECONHECIDA. REAFIRMAÇÃO DE JURISPRUDÊNCIA." (RE 889.173-RG, rel. Ministro Luiz Fux, Tribunal Pleno – meio eletrônico, julgamento em 07/08/2015, DJe de 17/08/2015)

"[...] I – Conforme jurisprudência desta Corte, **é necessária a expedição de precatório para fins de pagamento de débitos da Fazenda Pública decorrente de sentença concessiva de mandado de segurança**. II – Agravo regimental a que se nega provimento." (RE 657.674-AgR, rel. Ministro Ricardo Lewandowski, Segunda Turma, julgamento em 06/05/2014, DJe de 30/05/2014)

"CONSTITUCIONAL E PROCESSUAL CIVIL. MANDADO DE SEGURANÇA. SENTENÇA CONCESSIVA. SATISFAÇÃO DO CRÉDITO. OBEDIÊNCIA AO REGIME DE PRECATÓRIO. ART. 100 DA CONSTITUIÇÃO DA REPÚBLICA. PRECEDENTES. 1. **A jurisprudência do Supremo Tribunal Federal é consolidada no sentido de que a satisfação de crédito contra a Fazenda Pública decorrente de sentença concessiva de segurança, referente a prestações devidas desde a impetração até o deferimento da ordem, deve seguir a sistemática dos precatórios**. 2. Agravo regimental a que se nega provimento." (Rcl 14.505-AgR/DF, rel. Ministro Teori Zavascki, Tribunal Pleno, julgamento em 19/06/2013, DJe de 01/07/2013)

"[...] 1. **Os pagamentos devidos pela Fazenda Pública estão adstritos ao sistema de precatórios, nos termos do que dispõe o artigo 100 da Constituição Federal, o que abrange, inclusive, as verbas de caráter alimentar, não se excluindo dessa sistemática o simples fato do débito ser proveniente de sentença concessiva de mandado de segurança**. (Precedentes: AI n. 768.479-AgR, Relator o Ministro Ellen Gracie, 2ª Turma, DJe 7.5.10; AC n. 2.193 REF-MC, Relatora a Ministra Cármen Lúcia, 1ª Turma, DJe 23.4.10; AI n. 712.216-AgR, Relator o Ministro Ricardo Lewandowski, 1ª Turma, DJe de 18.09.09; RE n. 334.279, Relator o Ministro Sepúlveda Pertence, 1ª Turma, DJ de 20.08.04, entre outros). [...]" (RE 602.184-AgR/SP, rel. Ministro Luiz Fux, Primeira Turma, julgamento em 14/02/2012, DJe de 09/03/2012).

"[...] 6. Fixada a seguinte tese de repercussão geral, dividida em três pontos: i) Reconhecido o direito à anistia política, a falta de cumprimento de requisição ou determinação de providências por parte da União, por intermédio do órgão competente, no prazo previsto nos arts. 12, § 4º, e 18, *caput* e parágrafo único, da Lei nº

10.599/02, **caracteriza ilegalidade e violação de direito líquido e certo.** ii) **Havendo rubricas no orçamento destinadas ao pagamento das indenizações devidas aos anistiados políticos e não demonstrada a ausência de disponibilidade de caixa, a União há de promover o pagamento do valor ao anistiado no prazo de 60 dias.** iii) Na ausência ou na insuficiência de disponibilidade orçamentária no exercício em curso, cumpre à União promover sua previsão no projeto de lei orçamentária imediatamente seguinte." (RE 553.710/DF, rel. Min. Dias Toffoli, julgamento em 17/11/2016, DJe de 31/8/2017)

▶ **STJ:**

"[...] 2. **O pagamento dos valores devidos entre a data da impetração e a implementação da ordem concessiva submete-se ao regime de precatórios**. 3. Aplicação do entendimento firmado pelo Supremo Tribunal Federal no Recurso Extraordinário n. 889.173 RG/MS, sob a sistemática da repercussão geral. 4. Recurso Especial provido." (REsp 1.522.973/MG, rel. Ministra Diva Malerbi, Segunda Turma, julgamento em 04/02/2016, DJe de 12/02/2016)

→ **Aplicação em concurso:**

- **Procurador do Município – Prefeitura de Fortaleza (2017) – CESPE**

  "Situação hipotética: Determinado servidor público impetrou mandado de segurança com a finalidade de majorar seu vencimento. Após o devido trâmite, foi prolatada sentença concedendo a segurança pleiteada. Assertiva: Nesse caso, as parcelas devidas em razão de diferenças salariais entre a data de impetração e a de implementação da concessão da segurança deverão ser pagas por meio de precatórios."

  A afirmativa está correta.

- **Procurador da Fazenda Nacional – PGFN (2015) – ESAF**

  "Não se admite a expedição de precatório ou requisição de pequeno valor (RPV) em mandado de segurança, devendo o impetrante buscar as vias ordinárias para obter os efeitos patrimoniais do seu direito."

  A afirmativa está errada.

Art. 15. Quando, a **requerimento de pessoa jurídica de direito público interessada ou do Ministério Público** e para evitar **grave lesão à ordem, à saúde, à segurança e à economia públicas**, o **presidente do tribunal** ao qual couber o conhecimento do respectivo recurso **suspender**, em decisão fundamentada, **a execução da liminar e da sentença**, dessa decisão **caberá agravo, sem efeito suspensivo**, no prazo de 5 (cinco) dias, que será levado a julgamento na sessão seguinte à sua interposição.

§ 1º Indeferido o pedido de suspensão ou provido o agravo a que se refere o caput deste artigo, **caberá novo pedido de suspensão ao presidente do tribunal competente para conhecer de eventual recurso especial ou extraordinário.**

§ 2º É cabível também o pedido de suspensão a que se refere o § 1º deste artigo, **quando negado provimento a agravo de instrumento interposto contra a liminar** a que se refere este artigo.

§ 3º A **interposição de agravo de instrumento** contra liminar concedida nas ações movidas contra o poder público e seus agentes **não prejudica nem condiciona o julgamento** do pedido de suspensão a que se refere este artigo.

§ 4º O presidente do tribunal poderá conferir ao pedido **efeito suspensivo liminar** se constatar, em juízo prévio, a plausibilidade do direito invocado e a urgência na concessão da medida.

§ 5º **As liminares cujo objeto seja idêntico poderão ser suspensas em uma única decisão**, podendo o presidente do tribunal **estender os efeitos da suspensão a liminares supervenientes, mediante simples aditamento do pedido original.**

1. Suspensão da liminar ou da segurança. Legitimidade ativa.

O art. 15 trata da suspensão de liminar e da suspensão de segurança, medidas autônomas de impugnação pelas quais é possível buscar a suspensão dos efeitos de decisões proferidas no âmbito de um Mandado de Segurança; seja a título liminar, seja a própria sentença de mérito concessiva da segurança. A Suspensão pode ser requerida apenas pelas pessoas jurídicas de direito público interessadas no *mandamus* ou pelo Ministério Público. Entretanto, é possível identificar casos na jurisprudência do STJ em que se admitiu a formulação do pedido de suspensão por empresas públicas e até mesmo empresas privadas, desde que prestadoras de serviços públicos (como as concessionárias de serviços públicos). Trata-se de interpretação paralela às autoridades em relação a cujos atos se admite a própria impetração do Mandado de Segurança. Entretanto, pela literalidade da lei, o pedido apenas poderia ser formulado por pessoas jurídicas de direito público interessadas ou pelo Ministério Público.

2. Causa de pedir da Suspensão

O pedido de suspensão pode ser formulado com o objetivo de evitar grave lesão à ordem, saúde, segurança ou economia públicas e será direcionado ao Presidente do Tribunal ao qual couber o conhecimento do respectivo recurso cabível contra a decisão cujos efeitos se quer suspender. Lembre-se que, em regra, as decisões proferidas neste *writ* possuem eficácia imediata, ainda que impugnáveis por recurso ou mesmo que sujeitas ao duplo grau obrigatório, pelo que deverão ser cumpridas antes mesmo do trânsito em julgado, ressalvadas as já estudadas exceções legais. Por isso é que as medidas de suspensão se revelam instrumentos tão importantes à atuação processual das autoridades públicas na via do Mandado de Segurança, tanto em relação a eventual decisão liminar, como relativamente à própria sentença concessiva da segurança.

Note que as hipóteses que autorizam a suspensão revestem-se de natureza eminentemente política e extrajurídica, diferenciando-se das causas que geralmente justificam outros meios de impugnação de decisões judiciais (tais como os recursos), quais sejam o *error in procedendo* e o *error in judicando*. Trata-se, ainda, de categorias amplamente subjetivas, que revestem conceitos jurídicos indeterminados, a serem apreciados pelo julgador perante o caso concreto. Por essa mesma razão, não é cabível pronunciar-se, na via dos pedidos de suspensão, sobre o mérito do *mandamus* em si, o que apenas terá lugar na via recursal própria.

3. Competência para análise da Suspensão

A atribuição para analisar o pedido de suspensão é do próprio Presidente do Tribunal ao qual destinado o requerimento, que o decidirá de forma monocrática. Ante tal decisão será cabível o recurso de agravo interno, ao qual o *caput* do art. 15 prevê o prazo legal específico de 5 (cinco) dias, a fim de que se leve a controvérsia à apreciação do órgão colegiado. Segundo os termos legais, o agravo deverá ser levado a julgamento na sessão seguinte à sua interposição, disposição que se justifica em razão do interesse público envolvido e da própria proteção à ordem, saúde, segurança ou economia públicas.

4. Cabimento de agravo interno

Nos termos do § 1º, o indeferimento do pedido de suspensão ou o provimento do agravo interno ajuizado em face da decisão monocrática do Presidente não impedirá o cabimento de novo pedido de suspensão ao presidente do tribunal competente para conhecer de eventual recurso especial ou extraordinário. Seria o caso, por exemplo, em que negado, por Tribunal Regional Federal, o pedido de suspensão dos efeitos de uma sentença proferida por Juiz Federal, formula-se novo pedido de suspensão direcionado ao Presidente do Supremo Tribunal Federal ou do Superior Tribunal de Justiça, tendo em vista que a esses órgãos caberá conhecer de eventual recurso extraordinário ou especial, respectivamente, conforme a natureza constitucional ou infraconstitucional da questão discutida.

Seguido o mesmo raciocínio, quando se volte contra uma decisão liminar de primeira instância, o desprovimento de agravo instrumento que impugnasse tal ato judicial não impediria a posterior formulação de novo pedido de suspensão contra a sentença, por exemplo, ou a outro Tribunal hierarquicamente superior (§ 2º). Trata-se, portanto, de um caminho paralelo ao caminho recursal já existente dentro do mesmo processo, tendo em vista que, em regra, a essa recorribilidade não se atribui efeito suspensivo. Tanto que a interposição de recursos, tais como o agravo de instrumento contra uma decisão liminar, não impede, tampouco prejudica ou interfere, o julgamento do pedido de suspensão (§ 3º).

5. Decisão liminar na Suspensão

Nos casos em que se verificar a existência simultânea da plausibilidade do direito invocado e a urgência da medida, possibilita-se ao Presidente do Tribunal respectivo a concessão de efeito suspensivo liminar, isto é, antes que decida propriamente o mérito do pedido de suspensão em si (§ 4º). Isso porque, apesar de o artigo não fazer menção expressa, decorre do próprio texto constitucional, como garantias processuais fundamentais, a necessidade de que também no âmbito do pedido de suspensão instaure-se o contraditório, ouvindo-se as partes a quem o cumprimento imediato da decisão judicial impugnada aproveitaria (art. 5º, LV, da CRFB/88).

6. Possibilidade de requerimento conjunto de Suspensão de várias decisões liminares.

Ainda, assegura-se a possibilidade de que se requeira, via pedido único, a suspensão de várias decisões liminares, quando sejam idênticos seus objetos, cujos efeitos poderão ser todos suspensos por uma só decisão judicial. É igualmente possível, a partir de um simples aditamento ao pedido original, que a autoridade julgadora estenda os efeitos da suspensão a eventuais novas decisões que venham a ser supervenientemente prolatadas.

7. Suspensão em outros atos normativos

As medidas de suspensão também já eram objeto de tratamento pela Lei nº 8.437/1992 (art. 4º e parágrafos), ainda vigente e que dispõe sobre a concessão de medidas cautelares contra atos do Poder Público, alterada pela Medida Provisória nº 2.180/2001. Apesar de ambas serem normas anteriores à Lei nº 12.016/2009, o curioso é que ali são previstas algumas especificidades procedimentais não mencionadas pela Lei do Mandado de Segurança. Na Lei da Ação Civil Pública (Lei nº 7.347/85), também já havia previsão mais simplificada a respeito (art. 12, § 1º).

No âmbito da Lei nº 8.437/92, o § 9º de seu art. 4º assegura que "A suspensão deferida pelo Presidente do Tribunal vigorará até o trânsito em julgado da decisão de mérito na ação principal". O dispositivo, incluído pela mencionada Medida Provisória nº 2.180/2001, cristalizou na lei entendimento jurisprudencial que então já predominava no Supremo Tribunal Federal, que inclusive já havia editado Súmula sobre o tema. Nesse sentido é o enunciado nº 626, segundo o qual: "A suspensão da liminar em mandado de segurança, salvo determinação em contrário da decisão que a deferir, vigorará até o trânsito em julgado da decisão definitiva de concessão da segurança ou, havendo recurso, até a sua manutenção pelo Supremo Tribunal Federal, desde que o objeto da liminar deferida coincida, total ou parcialmente, com o da impetração".

Assim é que em doutrina se defende que a decisão suspensa não poderá, salvo determinação em contrário da manifestação que a suspendeu, ser retomada, ainda que sob outro nome ou ainda que em ação ordinária, quando se refira a objeto idêntico. Nesse sentido, Hely Lopes Meirelles, Arnoldo Wald e Gilmar Ferreira Mendes afirmam que "deferida a tutela pelo Presidente do STF a suspensão da eficácia de medida liminar em mandado de segurança, a Justiça local não pode conceder tutela antecipada em ação ordinária versando sobre o mesmo objeto"[9].

Por fim, eventual cassação, anulação ou perda de eficácia da decisão que se pretende suspender acarretará a perda de objeto do pedido de suspensão.

► **STF:**

> Súmula 626: "A suspensão da liminar em mandado de segurança, salvo determinação em contrário da decisão que a deferir, vigorará até o trânsito em julgado da decisão definitiva de concessão

9. MEIRELLES, Hely Lopes; WALD, Arnoldo; MENDES, Gilmar Ferreira. **Mandado de segurança e ações constitucionais.** São Paulo: Editora Malheiros, 2013, p. 112.

da segurança ou, havendo recurso, até a sua manutenção pelo Supremo Tribunal Federal, desde que o objeto da liminar deferida coincida, total ou parcialmente, com o da impetração."

"[...] II – **Impõe-se a suspensão das decisões como forma de evitar o efeito multiplicador, que se consubstancia no aforamento, nos diversos tribunais, de processos visando ao mesmo escopo**. Precedentes. III – Agravo regimental a que se nega provimento." (STA 787-AgR, rel. Ministro Ricardo Lewandowski (Presidente), Tribunal Pleno, julgamento em 02/09/2016, DJe de 21/09/2016)

"[...] I – **Constatado o risco à segurança pública, deve ser mantida a suspensão da liminar que determinou a retirada de comunidade indígena das terras em litígio**. II – O imediato cumprimento da decisão que determinou a reintegração de posse, antes do trânsito em julgado, açulará os conflitos instaurados entre índios e não índios, determinando a retirada da comunidade indígena antes do pronunciamento do Ministro da Justiça sobre o processo demarcatório das terras indígenas, evidenciando-se o risco de grave lesão à segurança e à ordem públicas. III – **Assim, a presente medida busca mitigar os danos decorrentes do conflito instalado, evitando-se, desta forma, o risco de grave lesão ou o seu agravamento até que seja certificado o trânsito em julgado da decisão cujos efeitos foram suspensos**. IV – Agravo regimental a que se nega provimento." (SS 5.049-AgR, rel. Ministro Ricardo Lewandowski (Presidente), Tribunal Pleno, julgamento em 22/10/2015, DJe de 12/11/2015)

"[...] 3. **Suspensão de segurança. A via da suspensão de segurança não se destina à impugnação ou à reforma da cautelar, mas apenas à suspensão de seus efeitos, se verificada a lesão aos valores que a Lei 4348/64 visa resguardar. No caso, não se pode afirmar que a execução da medida liminar concorra para a efetivação de lesão à ordem jurídica e à ordem pública**. Agravo regimental a que se nega provimento." (SS 2.208-AgR, rel. Ministro Maurício Corrêa, Tribunal Pleno, julgamento em 14/04/2004, DJ de 30/04/2004)

► **STJ:**

"[...] 1. **Nos termos da legislação de regência (Lei n.º 12.016/2009), a suspensão da execução de *decisum* proferido contra o Poder Público visa à preservação do interesse público e supõe a existência de grave lesão à ordem, à saúde, à segurança ou à economia públicas, sendo, em princípio, seu respectivo cabimento alheio ao mérito da causa**. [...]" (AgInt na SS 2.864, rel. Ministra Laurita

Vaz (Presidente), Corte Especial, julgamento em 29/03/2017, DJe de 25/04/2017)

"[...] 1. **A execução de medida liminar deferida em desfavor do Poder Público pode ser suspensa pelo Presidente do Superior Tribunal de Justiça, quando a ordem tiver o potencial de causar grave lesão aos bens tutelados pelo art. 4.º da Lei n.º 8.437/1992, a saber, à ordem, à saúde, à segurança e à economia públicas.** [...]" (AgInt na SL 2.211, rel. Ministra Laurita Vaz (Presidente), Corte Especial, julgamento em 15/03/2017, DJe de 04/04/2017)

"[...] 1. **O pedido suspensivo visa garantir a supremacia do interesse público sobre o particular, cujo titular é a coletividade, e pressupõe a existência de grave lesão à ordem, à saúde, à segurança ou à economia públicas. É instituto que tem como escopo o sobrestamento de decisões precárias ou ainda reformáveis que tenham efeitos imediatos e lesivos para o Estado.** 2. **O cabimento do instituto da suspensão de segurança é, em princípio, alheio ao mérito da causa, voltando-se primordialmente à preservação do interesse público.** Os argumentos expendidos pela parte Requerente encontram-se de tal forma relacionados ao mérito da decisão antecipatória da tutela recursal, na apelação em mandado de segurança, que acabam por transmudar a medida como verdadeiro sucedâneo recursal, o que é de todo inviável. 3. **A concessão da medida suspensiva com alicerce no potencial efeito multiplicador exige, além da comprovação cabal de sua existência - sendo insuficiente alegações genéricas sobre eventual concessão de novas liminares de mesma natureza -, a demonstração da existência de grave lesão à ordem, saúde, segurança ou economia públicas, o que não se verifica na hipótese.** 4. Agravo interno desprovido." (AgInt na SS 2.867, rel. Ministra Laurita Vaz (Presidente), Corte Especial, julgamento em 15/03/2017, DJe de 04/04/2017)

→ Aplicação em concurso:

- **Procurador Jurídico – Prefeitura de Várzea Paulista (2016) - VUNESP**

  "No procedimento especial do mandado de segurança individual, como ação visando coibir a lesão a direito líquido e certo da pessoa:
  A interposição de agravo de instrumento contra liminar concedida nas ações movidas contra o poder público e seus agentes não prejudica nem condiciona o julgamento do pedido de suspensão de segurança."

  A afirmativa está correta.

- **Procurador Jurídico – Prefeitura de Suzano/SP (2015) - VUNESP**

  "Nas ações movidas contra o Poder Público, o pedido de suspensão da execução da liminar ao presidente do tribunal ao qual couber o conhecimento do respectivo recurso, com o objetivo de evitar grave lesão à ordem, à saúde, à segurança e à economia pública, é cabível:

  A) na ação civil pública e na ação popular, apenas.

  B) no mandado de segurança, na ação civil pública, na ação popular e na ação cautelar inominada.

  C) na ação civil pública, apenas.

  D) no mandado de segurança e na ação civil pública, apenas.

  E) no mandado de segurança, apenas."

  Alternativa correta: letra "B".

- **Procurador do Estado do Paraná (2015) – PUC/PR**

  "Foi concedida liminar em mandado de segurança impetrado contra ato em potencial (ainda não praticado) de autoridade administrativa. Assinale a alternativa correta.

  O procurador do Estado deve interpor agravo de instrumento com pedido de efeito suspensivo e apresentar pedido de suspensão da segurança, que serão apreciados pelo mesmo órgão do Judiciário, para evitar decisões conflitantes."

  A afirmativa está errada.

- **Procurador do Estado do Paraná (2015) – PUC/PR**

  "Foi concedida liminar em mandado de segurança impetrado contra ato em potencial (ainda não praticado) de autoridade administrativa. Assinale a alternativa correta.

  O pedido de suspensão da segurança torna prejudicado o pedido de efeito suspensivo no recurso de agravo de instrumento."

  A afirmativa está errada.

- **Promotor de Justiça - MPE/MG (2014) – Banca própria**

  "É possível, a requerimento do Ministério Público e para evitar grave lesão à ordem, à saúde, à segurança e à economia públicas, que o presidente do tribunal ao qual couber o conhecimento do respectivo recurso suspenda, em decisão fundamentada, a execução da liminar e da sentença prolatada em Mandado de Segurança."

  A afirmativa está correta.

- **Promotor de Justiça - MPE/MG (2014) – Banca própria**

  "A interposição de agravo de instrumento contra liminar concedida nos mandados de segurança movidos contra o poder público e seus agentes prejudica o julgamento do pedido de suspensão de segurança em virtude do princípio da unirrecorribilidade."

A afirmativa está errada.

- **Procurador do Município de Nossa Senhora do Socorro/SE (2014) – FUNDEP**

  "A suspensão da liminar em mandado de segurança, salvo determinação em contrário da decisão que a deferir, vigorará até o trânsito em julgado da decisão definitiva de concessão da segurança ou, havendo recurso, até a sua manutenção pelo Supremo Tribunal Federal, desde que o objeto da liminar deferida coincida, total ou parcialmente, com o da impetração."

  A afirmativa está correta.

Art. 16. Nos casos de **competência originária dos tribunais**, caberá ao **relator** a instrução do processo, sendo assegurada a **defesa oral na sessão do julgamento do mérito ou do pedido liminar**. (Redação dada pela Lei nº 13.676, de 2018).

Parágrafo único. Da decisão do relator que conceder ou denegar a medida liminar caberá **agravo ao órgão competente do tribunal** que integre.

1. Condução do processo pelo relator

Nos casos em que o processamento e o julgamento do Mandado de Segurança couberem originariamente a Tribunal, a sua condução caberá ao relator, que poderá, inclusive, decidir monocraticamente em alguns casos. Quanto aos poderes do relator, o CPC/2015 traz dispositivo específico sobre seus poderes no capítulo relativo à ordem dos processos nos tribunais.

> Art. 932. Incumbe ao relator:
>
> I - dirigir e ordenar o processo no tribunal, inclusive em relação à produção de prova, bem como, quando for o caso, homologar autocomposição das partes;
>
> II - apreciar o pedido de tutela provisória nos recursos e nos processos de competência originária do tribunal;
>
> III - não conhecer de recurso inadmissível, prejudicado ou que não tenha impugnado especificamente os fundamentos da decisão recorrida;
>
> IV - negar provimento a recurso que for contrário a:

a) súmula do Supremo Tribunal Federal, do Superior Tribunal de Justiça ou do próprio tribunal;

b) acórdão proferido pelo Supremo Tribunal Federal ou pelo Superior Tribunal de Justiça em julgamento de recursos repetitivos;

c) entendimento firmado em incidente de resolução de demandas repetitivas ou de assunção de competência;

V - depois de facultada a apresentação de contrarrazões, dar provimento ao recurso se a decisão recorrida for contrária a:

a) súmula do Supremo Tribunal Federal, do Superior Tribunal de Justiça ou do próprio tribunal;

b) acórdão proferido pelo Supremo Tribunal Federal ou pelo Superior Tribunal de Justiça em julgamento de recursos repetitivos;

c) entendimento firmado em incidente de resolução de demandas repetitivas ou de assunção de competência;

VI - decidir o incidente de desconsideração da personalidade jurídica, quando este for instaurado originariamente perante o tribunal;

VII - determinar a intimação do Ministério Público, quando for o caso;

VIII - exercer outras atribuições estabelecidas no regimento interno do tribunal.

Parágrafo único. Antes de considerar inadmissível o recurso, o relator concederá o prazo de 5 (cinco) dias ao recorrente para que seja sanado vício ou complementada a documentação exigível.

▶ **STF:**

"Agravo interno em mandado de segurança. Conselho Nacional do Ministério Público (CNMP). Vedação à promoção na carreira. Nulidade da decisão agravada. Não ocorrência. **Negativa de seguimento ao *mandamus*. Previsão em norma regimental**. Inexistência de violação do postulado da presunção de inocência. Independência das instâncias. Agravo interno do qual se conhece e ao qual se nega provimento. 1. **É competente o relator para, monocraticamente, negar seguimento a recurso manifestamente inadmissível, improcedente ou em desacordo com a jurisprudência do Tribunal. Inteligência dos arts. 205, caput, e 21, § 1º, ambos do Regimento Interno do Supremo Tribunal Federal. Precedentes**. [...]" (MS 34.420-AgR/DF, rel. Ministro Dias Toffoli, Segunda Turma, julgamento em 02/05/2017, DJe de 19/05/2017)

"[...] **PODERES PROCESSUAIS DO MINISTRO-RELATOR E PRINCÍPIO DA COLEGIALIDADE. - Assiste, ao Ministro-Relator, competência plena, para, com fundamento nos poderes processuais de que dispõe, exercer, monocraticamente, o controle de admissibilidade das ações, pedidos ou recursos dirigidos ao Supremo Tribunal Federal. Cabe-lhe, em conseqüência, poder para negar trânsito, em decisão monocrática, a ações, pedidos ou recursos, quando incabíveis, intempestivos, sem objeto ou, ainda, quando veicularem pretensão incompatível com a jurisprudência predominante na Suprema Corte. Precedentes. - O reconhecimento dessa competência monocrática, deferida ao Relator da causa, não transgride o postulado da colegialidade, pois sempre caberá, para os órgãos colegiados do Supremo Tribunal Federal (Plenário e Turmas), recurso contra as decisões singulares que venham a ser proferidas por seus Juízes.**" (MS 27.216-AgR, rel. Ministro Celso de Mello, Tribunal Pleno, julgamento em 18/06/2008, DJe de 23/10/2009)

- **STJ:**

"[...] 1. **O disposto no art. 34, XIX, do RISTJ, expressão do princípio constitucional da razoável duração do processo, confere poderes ao Relator para 'decidir o mandado de segurança, quando for manifestamente inadmissível, intempestivo, infundado, prejudicado ou improcedente, ou quando se conformar com súmula ou jurisprudência consolidada do Superior Tribunal de Justiça ou do Supremo Tribunal Federal ou as confrontar'**, como foi o caso dos autos, em que a insuficiência das provas lançou fundadas dúvidas sobre o direito que os impetrantes afirmam possuir, qual seja, o de serem incorporados ao quadro de pessoal da AGU. 2. **Descabe, neste caso, falar em inobservância do princípio da colegialidade ou da obstrução do acesso à via recursal, já que a legislação processual prevê meios idôneos para provocar o reexame da decisão, como o que agora utilizam os agravantes.** [...]" (AgRg no MS 19.025/DF, rel. Ministro Sérgio Kukina, Primeira Seção, julgamento em 14/09/2016, DJe de 21/09/2016)

"[...] I. **É pacífico o entendimento segundo o qual o julgamento monocrático do recurso ordinário com base no art. 557, caput, do CPC, não ofende os princípios da colegialidade, do contraditório e da ampla defesa, se constatada a manifesta (in)admissibilidade, (im)procedência, prejuízo ou confronto jurisprudencial com súmula ou com a jurisprudência dominante neste Superior Tribunal de Justiça'** (STJ, AgRg no RMS 22.247/RJ, Rel. Ministra MARILZA MAYNARD (Desembargadora Convocada do TJ/SE),

SEXTA TURMA, DJe de 10/04/2014). Em idêntico sentido: STJ, AgRg no RMS 23.762/MG, Rel. Ministro FRANCISCO FALCÃO, PRIMEIRA TURMA, DJU de 20/09/2007; STJ, EDcl no RMS 26.161/RJ, Rel. Ministro OG FERNANDES, SEXTA TURMA, DJe de 05/03/2012. [...]" (AgRg no MS 46.464/MG, rel. Ministra Assusete Magalhães, Segunda Turma, julgamento em 17/12/2015, DJe de 02/02/2016)

"AGRAVO REGIMENTAL NO MANDADO DE SEGURANÇA. **OFENSA AO PRINCÍPIO DA COLEGIALIDADE. NÃO OCORRÊNCIA**. IMPETRAÇÃO CONTRA ATO DE ÓRGÃO FRACIONÁRIO DE TRIBUNAL. INCOMPETÊNCIA DESTA CORTE. SÚMULA 41/STJ. INDEFERIMENTO DO PEDIDO NOS TERMOS DO ART. 212 DO RISTJ. RECURSO A QUE SE NEGA PROVIMENTO. 1. **Sendo manifesta a incompetência desta Corte para apreciar e julgar o *mandamus*, na medida em que impetrado contra acórdão proferido por Tribunal Regional, a atrair a incidência do enunciado nº 41/STJ, de rigor o indeferimento do pedido, por decisão unipessoal do Relator, nos termos do art. 212 do RISTJ, não havendo que se falar em ofensa ao princípio da colegialidade**. 2. Agravo regimental a que se nega provimento." (AgRg no MS 22.117/SP, rel. Ministra Maria Thereza de Assis Moura, Terceira Seção, julgamento em 14/10/2015, DJe de 21/10/2015)

Por fim, relembra-se que apesar de o dispositivo afirmar que cabe ao relator a "instrução" do processo, o termo deve ser entendido como sinônimo de condução do processo, não como no significado de instrução probatória, visto que essa fase inexiste no procedimento do Mandado de Segurança. Isso porque o procedimento do *mandamus* exige a necessidade de existência de direito líquido e certo, demonstrado por prova pré-constituída.

2. Sustentação oral

Quando do julgamento colegiado do mérito do Mandado de Segurança, assegura-se o direito de sustentação oral ao advogado do impetrante. É claro que quando o *mandamus* for decidido monocraticamente, como acima visto ser possível, não haverá a oportunidade de tal defesa oral. Entretanto, destaca-se que o CPC/2015 assegura expressamente a sua possibilidade nos casos de agravo interno que se volte contra decisão monocrática do relator que extinga o processo (art. 937, § 3º, do CPC/2015), particularidade também aplicável às ações rescisórias e à reclamação.

▶ Atenção! A Lei n 13.676/2018 alterou a redação do art. 16 da Lei nº 12.016/2009, para permitir a defesa oral do pedido de liminar na sessão de julgamento do Mandado de Segurança. Assim, conforme essa alteração, o direito à sustentação oral alcança não apenas as sessões em que se dê o julgamento do mérito da ação, mas também quando se julgue o **pedido liminar.**

Essa alteração legislativa contrapõe o entendimento antes sustentado pelo Supremo Tribunal Federal, que afirmava não caber sustentação oral em apreciação de liminar em mandado de segurança. (MS 34.127-MC, redator para o acórdão Min. Teori Zavascki, Tribunal Pleno, julgamento em 14/04/2016). Essa posição jurisprudencial resta agora superada.

---

3. Agravo interno

Como já assinalado em outros dispositivos, da decisão monocrática proferida por relator em Tribunal originariamente competente para processar e julgar o *mandamus*, o recurso cabível será o agravo interno, conforme disposição expressa do parágrafo único do art. 16 da Lei do MS, bem como o art. 1.021 do CPC/2015. Assim, nas situações em que o Mandado de Segurança for de processamento e julgamento originários de Tribunal e quando a rejeição inicial se der por meio de decisão monocrática do relator, será cabível o recurso de agravo interno (art. 1.021 do CPC/2015), na linha do que determina o § 1º do art. 10 da Lei do MS. Uma vez mais, destaca-se, quanto a esse recurso, a peculiaridade de que o Novo CPC prevê a possibilidade de sustentação oral nesse recurso voltado contra a decisão do relator que extinga o *mandamus* (art. 937, § 3º, do CPC/2015), particularidade também aplicável às ações rescisórias e à reclamação.

Art. 17. Nas decisões proferidas em mandado de segurança e nos respectivos recursos, quando **não publicado, no prazo de 30 (trinta) dias, contado da data do julgamento, o acórdão será substituído pelas respectivas notas taquigráficas**, independentemente de revisão.

Art. 18. Das decisões em mandado de segurança proferidas **em única instância pelos tribunais** cabe **recurso especial e extraordinário**, nos casos legalmente previstos, e **recurso ordinário**, quando a ordem for denegada.

Art. 19. A sentença ou o acórdão que denegar mandado de segurança, **sem decidir o mérito, não impedirá que o requerente, por ação própria, pleiteie os seus direitos e os respectivos efeitos patrimoniais.**

Art. 20. Os processos de mandado de segurança e os respectivos recursos terão **prioridade sobre todos os atos judiciais, salvo *habeas corpus*.**

§ 1º Na instância superior, deverão ser levados a julgamento na **primeira sessão que se seguir à data em que forem conclusos ao relator.**

§ 2º O prazo para a conclusão dos autos não **poderá exceder de 5 (cinco) dias.**

1. Publicação das notas taquigráficas

Em mais um dispositivo que reflete a preocupação do legislador com a especial celeridade que o procedimento do Mandado de Segurança reclama, o art. 17 prevê um prazo de 30 (trinta) dias, contados a partir da data do julgamento, para publicação do acórdão, que é o julgamento colegiado proferido pelos Tribunais (art. 204 do CPC/2015). Descumprido esse prazo, o dispositivo prevê uma solução alternativa como consequência: a publicação das notas taquigráficas do julgamento, independentemente de sua revisão.

→ Aplicação em concurso:

- **Advogado – UFAL (2014) – IDECAN**

  "Nas decisões proferidas em mandado de segurança e nos respectivos recursos, quando não publicado, no prazo de trinta dias contados da data do julgamento, o acórdão será substituído pelas respectivas notas taquigráficas, independentemente de revisão."

  A afirmativa está correta.

2. Recursos cabíveis

Como já abordado, quando decidido por sentença proferida por juiz de primeiro grau, caberá o recurso de apelação. Quando se tratar de decisão liminar, por exemplo, poderá ser cabível o recurso de agravo de instrumento. Quando se tratar de decisão monocrática do relator do processo em Tribunal, será cabível o agravo interno. Ademais, em qualquer dessas situações, contra qualquer decisão judicial cabe a oposição de embargos de declaração (art. 1.022 do CPC/2015).

Além desses recursos, o art. 18 reafirma a possibilidade de manejo dos recursos ordinário, extraordinário e especial; possibilidade que já decorre das próprias previsões constitucionais. As hipóteses de cabimento do recurso ordinário constitucional em Mandado de Segurança já foram estudadas quando se fez referência à competência para o seu julgamento, conforme o Tribunal recorrido, nos casos em que se trate de denegação da segurança. Afora essas situações, como em qualquer outro processo, são cabíveis os recursos extraordinários (direcionado ao STF, quando houver matéria constitucional direta) e especial (direcionado ao STJ, quando se tratar de matéria infraconstitucional), atendidos os seus requisitos gerais e específicos de admissibilidade.

→ **Aplicação em concurso:**

- **Analista Judiciário - Área Administrativa – TRE-SP (2017) – FCC**

  "Sobre o mandado de segurança, considere:

  Das decisões em mandado de segurança proferidas em única instância pelos tribunais cabe recurso especial e extraordinário, nos casos legalmente previstos, e recurso ordinário, quando a ordem for denegada."

  A afirmativa está correta.

3. Possibilidade de ajuizamento de nova ação

Nas hipóteses em que o Mandado de Segurança for negado sem que decida sobre o seu mérito, isto é, sem que haja coisa julgada material, portanto, não se impede ao impetrante que busque afirmar a sua pretensão pelas vias judiciais ordinárias, assim como os respectivos efeitos patrimoniais. Essa é a disposição do art. 19. Com efeito, se ainda respeitado o prazo decadencial de 120 (cento e vinte) dias, entende-se não haver óbice a que, nessas situações, a parte impetre novo *mandamus*, desde que corrigidos os vícios que levaram à extinção, sem resolução de mérito, do primeiro (nesse sentido é a disposição do art. 6º, §6º, da Lei ora comentada).

▶ **STJ:**

"[...] a impetração do Mandado de Segurança **interrompe a fluência do prazo prescricional no tocante à ação ordinária**, o qual somente tornará a correr após o trânsito em julgado da decisão." (REsp 1.661.583, rel. Ministro Herman Benjamin, Segunda Turma, julgamento em 09/05/2017)

→ **Aplicação em concurso:**

- **Defensor Público – DPE/AM (2018) – FCC – adaptada**

  "A respeito das disposições legais e da jurisprudência dos Tribunais Superiores sobre o mandado de segurança: [...] A decisão que denega a ordem por ausência de prova preconstituída do direito líquido e certo faz coisa julgada material e impede a postulação da pretensão por via ordinária."

  A afirmativa está errada.

4. Prioridade de julgamento

Renovando a demonstração da especial preocupação legislativa com a celeridade que o procedimento do Mandado de Segurança deve atender, o art. 20 estabelece medidas de prioridade para sua tramitação, bem como prazos para que seja agilizado o seu julgamento. Inicialmente, excetuadas as ações de *habeas corpus*, afirma-se a prioridade de tramitação do Mandado de Segurança e seus respectivos recursos sobre todos os atos judiciais.

Na sequência, estabelece-se que na instância superior o *writ* deve ser levado a julgamento na sessão seguinte à data de conclusão dos autos ao relator (§ 1º), sendo que o prazo para sua conclusão não poderá ultrapassar o período de 5 (cinco) dias (§ 2º). Na prática, porém, sabe-se que esses prazos são comumente descumpridos, o que se agrava pelo sempre alto número de processos – inclusive os com prioridade de tramitação – em trânsito no Judiciário brasileiro. Trata-se, também, de prazo impróprio, não se atribuindo consequências ou sanções à sua inobservância.

→ Aplicação em concurso:

- **Procurador Municipal – Prefeitura de Balneário Camboriú (2015) – FEPESE**

  "Devido à natureza dos direitos a serem protegidos, os processos de mandado de segurança e os respectivos recursos terão prioridade sobre todos os atos judiciais."

  A afirmativa está errada.

- **Advogado – UFAL (2014) – IDECAN**

  "Os processos de mandado de segurança e os respectivos recursos terão prioridade sobre todos os atos judiciais, salvo *habeas corpus*."

  A afirmativa está correta.

Art. 21. O **mandado de segurança coletivo** pode ser impetrado por **partido político com representação no Congresso Nacional**, na defesa de seus interesses legítimos relativos a seus integrantes ou à finalidade partidária, **ou por organização sindical, entidade de classe ou associação** legalmente constituída e em funcionamento há, pelo menos, 1 (um) ano, em defesa de direitos líquidos e certos **da totalidade, ou de parte, dos seus membros ou associados**, na forma dos seus estatutos e desde que pertinentes às suas finalidades, **dispensada, para tanto, autorização especial**.

Parágrafo único. Os direitos protegidos pelo mandado de segurança coletivo podem ser:

I - **coletivos**, assim entendidos, para efeito desta Lei, os transindividuais, de natureza indivisível, de que seja titular grupo ou categoria de pessoas ligadas entre si ou com a parte contrária por uma relação jurídica básica;

II - **individuais homogêneos**, assim entendidos, para efeito desta Lei, os decorrentes de origem comum e da atividade ou situação específica da totalidade ou de parte dos associados ou membros do impetrante.

Art. 22. No mandado de segurança coletivo, **a sentença fará coisa julgada limitadamente aos membros do grupo ou categoria substituídos pelo impetrante**.

§ 1º O mandado de segurança coletivo **não induz litispendência para as ações individuais**, mas os efeitos da coisa julgada não beneficiarão o impetrante a título individual se **não requerer a desistência de seu mandado de segurança no prazo de 30 (trinta) dias a contar da ciência** comprovada da impetraçao da segurança coletiva.

§ 2º No mandado de segurança coletivo, **a liminar só poderá ser concedida após a audiência do representante judicial da pessoa jurídica de direito público**, que deverá se pronunciar no prazo de **72 (setenta e duas) horas**.

1. Mandado de Segurança Coletivo

Por se tratar de uma das ações coletivas, os arts. 21 e 22 da Lei nº 12.016/2009 foram objeto de tratamento específico pelo Volume 28 desta coleção de "Leis Especiais para Concursos", que tratando dos Direitos Coletivos em geral aborda a questão conjuntamente com as outras leis concernentes ao microssistema do processo civil coletivo, tais como a Lei da Ação Civil Pública (7.347/1985), o Título III do Código de Defesa do Consumidor (8.078/1990), a Lei da Ação Popular (4.717/1965) e também o Mandado de Injunção Coletivo (artigos 12 e 13 da Lei nº 13.300/2016). Para o estudo específico desses assuntos, remetemos o leitor à referida obra, já que o estudo conjunto de todos esses atos normativos é essencial à mais completa compreensão da matéria.

Ainda assim, abaixo, destaca-se ao leitor alguns pontos jurisprudenciais relevantes sobre a temática:

► **STF:**

Súmula 629: "A impetração de mandado de segurança coletivo por entidade de classe em favor dos associados independe da autorização deste."

Súmula 630: "A entidade de classe tem legitimação para o mandado de segurança ainda quando a pretensão veiculada interesse apenas a uma parte da respectiva categoria."

► **STJ**

"[...] 1. Consolidou-se no STJ o entendimento segundo o qual **é possível a defesa, pela respectiva entidade de classe, de direitos de apenas parte da categoria. Nesse sentido, aliás, estabelece a Súmula 630 do Supremo Tribunal Federal que 'a entidade de classe tem legitimação para o mandado de segurança ainda quando a pretensão veiculada interesse apenas a uma parte da respectiva categoria'**. [...]" (RMS 41.395/BA, rel. Ministro Herman Benjamin, Segunda Turma, julgamento em 11/04/2013, DJe de 09/05/2013)

"[...] 2. **Nos termos da jurisprudência desta Corte, os sindicatos e associações, na qualidade de substitutos processuais, detêm legitimidade para atuar judicialmente na defesa dos interesses coletivos de toda a categoria que representam, sendo prescindível a relação nominal dos filiados e suas respectivas autorizações, nos termos da Súmula 629/STF**. (AgRg no REsp 1423791/BA, Rel. Ministro OG FERNANDES, SEGUNDA TURMA, julgado em 17/03/2015, DJe 26/03/2015). 3. Agravo regimental improvido." (AgRg no RMS 30.826/CE, rel. Ministro Nefi Cordeiro, Sexta Turma, julgamento em 06/08/2015, DJe de 11/09/2015)

→ **Aplicação em concurso:**

- **Analista Judiciário - Área Judiciária – TRE-PR (2017) – CESPE**

  "Partido político tem legitimidade para impetrar mandado de segurança coletivo, sem a necessidade de demonstrar representação no Congresso Nacional."

  A afirmativa está errada.

- **Procurador Jurídico – Prefeitura de Mogi das Cruzes (2016) – VUNESP**

  "A respeito da propositura do mandado de segurança coletivo, assinale a alternativa correta.

A) Ele seguirá o rito do mandado de segurança comum, por falta de sistematização legal.

B) Não poderá ser concedida medida liminar se a pessoa jurídica de direito público abster-se de se manifestar.

C) Não é possível a execução individual da sentença coletiva pelos associados, exceto se houver autorização da associação.

D) Associação não precisa de autorização especial dos substituídos para propor mandado de segurança coletivo.

E) Induz a litispendência para as ações individuais, quando tratar da defesa dos mesmos direitos."

Alternativa correta: letra "D"

- **Procurador do Estado do Maranhão (2016) – FCC**

"O Mandado de Segurança [...] coletivo não induz litispendência para as ações individuais, mas os efeitos da coisa julgada não beneficiarão o impetrante a título individual se não requerer a desistência de seu mandado de segurança no prazo legal."

A afirmativa está correta.

- **Procurador do Estado do Mato Grosso (2016) – FCC**

"A legitimidade das associações para representar os interesses dos associados em ações coletivas depende de autorização expressa dos associados, salvo no que diz respeito ao mandado de segurança coletivo, que independe de autorização."

A afirmativa está correta.

- **Defensor Público Substituto – DPE/RN (2015) – CESPE**

"Para impetrarem mandado de segurança coletivo, as entidades de classe e os sindicatos devem estar em funcionamento há pelo menos um ano."

A afirmativa está errada.

- **Defensor Público Substituto – DPE/RN (2015) – CESPE**

"No mandado de segurança coletivo, a liminar só poderá ser concedida após a audiência do representante judicial da pessoa jurídica de direito público, que deverá se pronunciar no prazo de setenta e duas horas."

A afirmativa está correta.

- **Procurador Municipal – Prefeitura de Balneário Camboriú (2015) – FEPESE**

"No mandado de segurança coletivo, a sentença fará coisa julgada limitadamente aos membros do grupo ou categoria substituídos pelo impetrante."

A afirmativa está correta.

- **Procurador Jurídico IPREM (2015) – CAIP-IMES**

"Os direitos protegidos pelo mandado de segurança coletivo podem ser:

A) coletivos, assim entendidos, os transindividuais, de natureza indivisível, de que seja titular categoria de pessoas ligadas entre si por uma relação jurídica básica.

B) individuais heterogêneos, assim entendidos, os decorrentes de origem comum e da atividade ou situação específica da totalidade ou de parte dos associados ou membros do impetrante.

C) coletivos, assim entendidos, de natureza divisível, de que seja titular grupo ou categoria de pessoas ligadas entre si ou com a parte contrária por uma relação jurídica comum.

D) difusos, assim entendidos, os transindividuais, de natureza indivisível, de que seja titular grupo de pessoas ligadas com a parte contrária por uma relação jurídica elementar."

Alternativa correta: letra "A".

- **Juiz Leigo – TJ-MG (2015) – CONSULPLAN**

"No mandado de segurança coletivo, a sentença fará coisa julgada limitadamente aos membros do grupo ou categoria substituídos pelo impetrante."

A afirmativa está correta.

- **Promotor de Justiça Substituto – MP/MS (2015) – FAPEC**

"Quanto ao mandado de segurança, é correto afirmar que:

Pode ser impetrado coletivamente, induzindo litispendência para as ações individuais"

A afirmativa está errada.

- **Procurador – Prefeitura de Vitorino (2015) – OBJETIVA**

"Os direitos protegidos pelo mandado de segurança coletivo somente podem proteger os direitos coletivos, entendidos como os transindividuais, de natureza indivisível, de que seja titular grupo ou categoria de pessoas ligadas entre si ou com a parte contrária por uma relação jurídica básica"

A afirmativa está errada.

- **Analista do CNMP – Direito – CNMP (2015) – FCC**

"No âmbito do mandado de segurança coletivo,

A) uma associação de Municípios tem legitimidade ativa para, em nome próprio, ajuizá-lo em defesa dos Municípios que represente.

B) os partidos políticos têm legitimidade para impetrá-lo contra ato de autoridade que ilegalmente faça exigência tributária indevida.

C) o Estado-membro tem legitimidade ativa para propô-lo contra ato de autoridade federal.

D) a impetração por entidade de classe em favor dos associados depende de autorização destes.

E) a entidade de classe tem legitimação ainda quando a pretensão veiculada interesse apenas uma parte da respectiva categoria."

Alternativa correta: letra "E".

- **Defensor Público de Entrância Inicial – DPE/CE (2014) – FCC**

"Em relação ao mandado de segurança, é correto afirmar:

No coletivo, a liminar só poderá ser concedida após a audiência do representante judicial da pessoa jurídica de direito público, bem como do órgão ministerial, ambos a serem ouvidos em 24 horas."

A afirmativa está errada.

- **Defensor Público de Entrância Inicial – DPE/CE (2014) – FCC**

"Em relação ao mandado de segurança, é correto afirmar:

O coletivo induz litispendência para as ações individuais, motivo pelo qual os efeitos da coisa julgada só beneficiarão o impetrante a título individual se houver desistência de sua impetração em dez dias, a contar da ciência inequívoca da impetração da segurança coletiva."

A afirmativa está errada.

- **Defensor Público de Entrância Inicial – DPE/CE (2014) – FCC**

"Em relação ao mandado de segurança, é correto afirmar:

No coletivo, a sentença fará coisa julgada limitadamente aos membros do grupo ou categoria substituídos pelo impetrante."

A afirmativa está correta.

- **Defensor Público – DPE/MG (2014) – FUNDEP**

"Sobre mandado de segurança, analise as proposições a seguir:

Segundo expressa disposição legal, no mandado de segurança coletivo, a sentença fará coisa julgada limitadamente aos membros do grupo ou categoria substituídos pelo impetrante."

A afirmativa está correta.

- **Promotor de Justiça – MPE/PA (2014) – FCC**

"Em relação ao mandado de segurança é correto afirmar:

A) Os direitos protegidos pelo mandado de segurança coletivo são exclusivamente os de interesse coletivo, assim entendidos os de natureza indivisível, de que seja titular grupo ou categoria de pessoas ligadas entre si ou com a parte contrária por uma relação jurídica básica.

B) O mandado de segurança coletivo não induz litispendência para as ações individuais, mas os efeitos da coisa julgada não beneficiarão o impetrante a título individual se não requerer a desistência de seu mandado de segurança no prazo de 30 (trinta) dias a contar da ciência comprovada da impetração da segurança coletiva.

C) A sentença fará coisa julgada oponível erga omnes, quer se trate da defesa de direitos difusos, quer se trate da defesa de direitos coletivos.

D) Como regra, o mandado de segurança coletivo induz litispendência para as ações individuais sobre a mesma matéria.

E) A liminar só poderá ser deferida após oitiva prévia da autoridade impetrada, tendo em vista a eficácia erga omnes de sua concessão."

Alternativa correta: letra "B"

- **Juiz Federal Substituto – TRF 4ª Região (2014) – Banca própria**

"Sobre o mandado de segurança:

No mandado de segurança coletivo, a sentença fará coisa julgada limitadamente aos membros do grupo ou da categoria substituídos pelo impetrante."

A afirmativa está correta.

- **Procurador do Estado Substituto - PGE/PI (2014) – CESPE**

"Com relação a mandado de segurança individual e coletivo, assinale a opção correta de acordo com a doutrina, a legislação de regência e a jurisprudência dos tribunais superiores.

Se for denegada a ordem no mandado de segurança coletivo, a coisa julgada atingirá os indivíduos que integrem o grupo, que estarão impedidos de reproduzir a demanda individualmente, produzindo coisa julgada *secundum eventum litis*."

A afirmativa está errada.

- **Procurador do Estado Substituto - PGE/PI (2014) – CESPE**

"Com relação a mandado de segurança individual e coletivo, assinale a opção correta de acordo com a doutrina, a legislação de regência e a jurisprudência dos tribunais superiores.

Uma entidade de classe tem legitimação para impetrar mandado de segurança coletivo apenas quando a pretensão veiculada for de interesse de toda a respectiva categoria."

A afirmativa está errada.

- **Promotor de Justiça - MPE/MG (2014) – Banca própria**

  "O mandado de segurança coletivo não induz litispendência para as ações individuais, mas os efeitos da coisa julgada não beneficiarão o impetrante a título individual se não requerer a desistência de seu mandado de segurança no prazo de 30 (trinta) dias, a contar da ciência comprovada da impetração da segurança coletivas."

  A afirmativa está errada.

Art. 23. O direito de requerer mandado de segurança extinguir-se-á decorridos 120 (cento e vinte) dias, contados da ciência, pelo interessado, do ato impugnado.

1. Prazo decadencial para a impetração

O art. 23 estabelece o prazo decadencial de 120 (cento e vinte) dias para o exercício do direito de requerer o Mandado de Segurança. Seu termo inicial de contagem é a data em que o interessado toma conhecimento do ato impugnado.

O prazo decadencial de impetração é exemplo de uma limitação legal ao exercício do direito à impetração do Mandado de Segurança, sem que isso constitua violação ou limitação desproporcional ao princípio da inafastabilidade de jurisdição (art. 5º, XXXV, da CRFB/88). Note-se que, após o transcurso desse prazo, não se nega ao interessado o acesso ao Poder Judiciário, visto que ainda restará disponível o ajuizamento de outras ações ordinárias, que poderão ser igualmente úteis (apesar de em geral mais demoradas) à tutela da pretensão processual que se formula. A constitucionalidade desse prazo já foi, por vezes, reiteradamente afirmara pelo Supremo Tribunal Federal.

▶ **STF:**

> Súmula 632: "É constitucional lei que fixa o prazo de decadência para a impetração de mandado de segurança."

Como já afirmado, trata-se de um prazo de natureza decadencial, visto que se atinge o próprio direito de impetração do Mandado de Segurança. Não exercido no prazo legal, o direito a esta via processual especial deixa de existir.

Por ser decadencial é que se afirma que esse interstício de 120 (cento e vinte) dias não se suspende nem é interrompido. Destaca-se, porém, entendimento do STJ no sentido de que se o termo final do prazo decadencial coincidir com dia não útil (sábado, domingo ou feriado), considerá-lo-á prorrogado para o primeiro dia útil seguinte.

► **STF:**

Súmula 430: "Pedido de reconsideração na via administrativa não interrompe o prazo para o mandado de segurança"

► **STJ:**

"[...] 4. **O termo inicial para a impetração é a data da ciência do ato, mas a contagem só tem início no primeiro dia útil seguinte e, caso o termo final recaia em feriado forense ou dia não útil (sábado ou domingo), prorroga-se automaticamente o término do prazo para o primeiro dia útil que se seguir. A observância do prazo inicial e final para o exercício do direito à ação de mandado de segurança não deve se afastar do que dispõe o artigo 184 do CPC, uma vez que não há previsão específica para o cômputo do prazo na Lei 1.533/51, bem como na nova Lei 12.016/09. Precedentes**: EREsp 964.787/DF, Primeira Seção, Rel. Min. Francisco Falcão, DJe 09.12.2008; RMS 22.573/MS, Segunda Turma, Rel. Min. Castro Meira, DJe de 24.2.2010; REsp 201.111/SC, Sexta Turma, Rel. Min. Maria Thereza de Assis Moura, DJ de 26.3.2007; AgMS 21.356/DF, Tribunal Pleno, Rel. Min. Paulo Brossard, DJ de 18.10.1991; MS 24.505 AgR/DF, Tribunal Pleno, Min. Carlos Velloso, DJ de 14.11.2003. [...]" (MS 14.828/DF, rel. Ministro Benedito Gonçalves, Primeira Seção, julgamento em 08/0/2010, DJe de 14/09/2010)

Ademais, por se tratar de prazo material e não processual, entende-se inaplicável ao prazo decadencial de 120 dias a contagem em dias úteis, estabelecida pelo art. 219 do CPC/2015 aos prazos processuais *("Art. 219 Na contagem de prazo em dias, estabelecido por lei ou pelo juiz, computar-se-ão somente os dias úteis. Parágrafo único. O disposto neste artigo aplica-se somente aos prazos processuais.")*.

► **STF:**

"AGRAVO REGIMENTAL. MANDADO DE SEGURANÇA. PROMOTORA DE JUSTIÇA ESTADUAL. CNMP. APLICAÇÃO DE PENALIDADE. LITISPENDÊNCIA. DECADÊNCIA DO DIREITO À IMPETRAÇÃO. INAPLICABILIDADE DO ART. 219 DO CPC. DESPROVIMENTO DO AGRAVO. 1. A reprodução de ação ainda em curso configura, nos termos do art. 337, § 3º, do Código de Processo Civil, litispendência, o que implica o indeferimento da inicial sem julgamento de mérito. 2. *In casu,* a impetrante já ajuizou mandado de segurança com o objetivo de desconstituir precisamente a decisão proferida no processo 1.00443/2015-76 que lhe aplicou a penalidade de advertência. 3. **O novo Código de Processo Civil, ao alterar a sistemática da contagem de prazos, estipulando o cômputo somente dos dias úteis, o fez única e exclusivamente em relação aos prazos processuais, nos termos do parágrafo único do artigo 219. 4. Não se tratando de prazo processual, descabe cogitar a incidência do art. 219 do CPC ao prazo decadencial de 120 (cento e vinte) dias estabelecido para a impetração do mandado de segurança (art. 23 da Lei 12.016/09).** 5. Agravo regimental a que se nega provimento." (MS 34.941-AgR, rel. Min. Edson Fachin, Segunda Turma, julgamento em 7/11/2017, DJe de 5/12/2017).

→ Aplicação em concurso:

- **Procurador do Município de Goiânia (2015) – CSUFG**

  "A Lei n° 12.016/2009 disciplina o mandado de segurança individual e coletivo. De acordo com tal disposição normativa e com os precedentes dos Tribunais Superiores, [...] o pedido de reconsideração, na via administrativa, suspende o prazo para impetração do mandado de segurança."

  A afirmativa está errada.

- **Promotor de Justiça Substituto – MP/MS (2015) – FAPEC**

  "Quanto ao mandado de segurança, é correto afirmar que:

  O pedido de reconsideração do ato ilegal protocolado na via administrativa interrompe o prazo decadencial para impetração do mandado de segurança."

  A afirmativa está errada.

- **Procurador do Estado do Paraná (2015) – PUC/PR**

  "O pedido de reconsideração na via administrativa não interrompe o prazo para o mandado de segurança."

  A afirmativa está correta.

- **Analista Judiciário - Área Administrativa – TRE-SP (2017) – FCC**

  "Sobre o mandado de segurança, considere:

  O direito de requerer mandado de segurança extinguir-se-á decorridos 90 dias, contados da ciência, pelo interessado, do ato impugnado."

  A afirmativa está errada.

- **Procurador da ALERJ (2017) – FGV**

  "No que se refere ao mandado de segurança, é correto afirmar que: a inobservância do prazo de cento e vinte dias para a sua impetração importa na decadência, e a sentença que a reconhece, após transitar em julgado, impede a formulação do mesmo pedido, amparado na mesma causa petendi, ainda que venha a ser adotado o rito comum."

  A afirmativa está errada.

- **Procurador do Estado do Maranhão (2016) – FCC**

  "O Mandado de Segurança [...] sujeita-se ao prazo prescricional de cento e vinte dias, contados da ciência, pelo interessado, do ato impugnado."

  A afirmativa está errada.

- **Analista do Ministério Público – MP/RJ (2016) – FGV (adaptada)**

  "No que se refere ao mandado de segurança, é correto afirmar que:

  A sua propositura deve ocorrer no prazo de cento e vinte dias, a partir da ciência, pelo impetrante, do ato estatal impugnado."

  A afirmativa está correta.

- **Analista da Defensoria Pública – DPE/RO (2015) – FGV**

  "No que se refere ao mandado de segurança, é correto afirmar que:

  A sua propositura deve ocorrer no prazo de cem dias, a partir da ciência, pelo impetrante, do ato estatal impugnado."

  A afirmativa está errada.

- **Analista de projetos – Área jurídica – BRDE (2015) – FUNDATEC**

  "Em relação ao mandado de segurança, é correto afirmar que:

  O Supremo Tribunal Federal considerou inconstitucional o prazo decadencial de 120 dias para a impetração do Mandado de Segurança, previsto na legislação específica."

  A afirmativa está errada.

- **Procurador do Município de Niterói (2014) – FGV (adaptada)**

  "Em relação ao mandado de segurança, é correto afirmar que:

  O seu ajuizamento deve ocorrer dentro do prazo de cento e vinte dias a partir da ciência, pelo impetrante, do ato estatal impugnado."

  A afirmativa está correta.

- **Defensor Público de Entrância Inicial – DPE/CE (2014) – FCC**

  "Em relação ao mandado de segurança, é correto afirmar:

O direito de requerer mandado de segurança extinguir-se-á decorridos 90 (noventa) dias, contados da ciência, pelo interessado, do ato impugnado."

A afirmativa está errada.

- **Promotor de Justiça – MPE/PR (2014) – Banca própria**

"É constitucional o prazo decadencial de 120 (cento e vinte) dias para a impetração de mandado de segurança"

A afirmativa está correta.

2. Consequência da inobservância do prazo decadencial.

Em regra, o descumprimento desse prazo decadencial representará a impossibilidade de conhecimento do Mandado de Segurança. Entretanto, destaca-se caso excepcional julgado pela Segunda Turma do STF, em que se flexibilizou a rigidez do prazo legal.

Na hipótese, a peculiaridade apresentada é que havia inicialmente se concedido medida liminar em Mandado de Segurança, sem que se atentasse, nesse momento inicial, ao fato de que a impetração era extemporânea. Quando do julgamento do mérito, após mais de doze anos de vigência da medida liminar, optou-se por privilegiar a segurança jurídica daquela situação que por tanto tempo subsistia, apesar de formalmente não se ter obedecido o prazo decadencial. Trata-se, porém, de um caso bastante excepcional e isolado que não afasta a regra geral, mas cujo conhecimento é fundamental. Abaixo, destaca-se a ementa do julgado, bem como trecho do voto o Ministro Gilmar Mendes (relator) sobre a questão.

► **STF:**

"Mandado de Segurança. 2. Ato do TCU. Suposta cumulação indevida de proventos. Suspensão dos pagamentos. 3. **Decadência. Verificação de impetração do *mandamus* em data posterior ao prazo de 120 dias da ciência do ato impugnado. Superação. Medida liminar concedida há mais de doze anos. Preservação da segurança jurídica. Precedentes do STF**. 4. Cumulação de proventos e pensões. Cargos públicos inacumuláveis em atividade. Regimes civil e militar. Concessão anterior à Emenda Constitucional 20/1998. Possibilidade. Precedentes. 5. Segurança concedida." (MS 25.097/DF, rel. Ministro Gilmar Mendes, Segunda Turma, julgamento em 28/03/2017, DJe de 05/05/2017)

"DA PRELIMINAR DE DECADÊNCIA

Como se sabe, o mandado de segurança destina-se a proteger direito individual ou coletivo líquido e certo contra ato ou omissão de autoridade pública não amparado por habeas corpus ou habeas data (CF, art. 5º, LXIX e LXX). Por sua própria definição constitucional, tem utilização ampla, abrangente de todo e qualquer direito subjetivo público sem proteção específica, desde que se logre caracterizar a liquidez e certeza do direito, materializada na inquestionabilidade de sua existência, na precisa definição de sua extensão e aptidão para ser exercido no momento da impetração.

Não obstante, a legislação infraconstitucional (art. 18 da Lei 1.533/1951 e art. 23 da Lei 12.016/2009) estabeleceu **prazo decadencial para impetração do *mandamus*. Ademais, esta Corte já consolidou entendimento segundo o qual é constitucional lei que fixa prazo de decadência para impetração de mandado de segurança**. Nesse sentido, a Súmula 632 desta Corte.

No caso dos autos, verifico que a preliminar de decadência suscitada é procedente. De fato, o acórdão do TCU impugnado foi publicado em 3.3.2004, enquanto o presente *mandamus* apenas foi protocolado em 13.10.2004, portanto mais de 120 dias após a ciência do ato impugnado, o que faria incidir a decadência estabelecida no art. 18 da Lei 1.533/1951 (atual art. 23 da Lei 12.016/2009).

Contudo, **o processo não é um fim em si mesmo. No presente caso, há razões peculiares que justificam avançar na análise do pedido autoral, notadamente porque a impetrante é favorecida por decisão liminar concedida pelo então relator, min. Cezar Peluso, desde 10.11.2004. Assim, transcorridos mais de doze anos, é de questionar atualmente a pertinência de eventual reconhecimento puro e simples de decadência do direito de impetração do mandado de segurança**.

Consigno que a referida decadência não diz respeito ao pedido formulado, isto é, à cumulação de pensões pela impetrante, mas, unicamente, ao direito de ajuizar a ação mandamental. Em outros termos, é preciso ponderar que a discussão poderia ter sido igualmente suscitada por via de ação ordinária. Com efeito, a impetrante, ainda, poder-se-ia ter valido de ação ordinária, no caso haver obtido, em tempo razoável, provimento jurisdicional desfavorável, em que se reconhecesse a decadência do direito de impetrar este *writ*.

Nesse contexto, é oportuno considerar que a presente ação mandamental, protocolada em outubro de 2004 nesta Corte, apenas está sendo, definitivamente, julgada em fevereiro de

2017. Diante de tal fato, soluções dogmáticas clássicas, como acolhimento da preliminar de decadência, não vão ao encontro da estabilização das situações de fato objetivada pelo princípio da segurança jurídica.

Assim, **atento ao decurso de mais de doze anos desde o deferimento de medida cautelar em benefício da impetrante, não julgo oportuno declarar pura e simplesmente a decadência do direito de impetrar a presente ação mandamental. É preciso encontrar solução alternativa que leve em consideração a eficiência processual e a primazia da decisão de mérito, normas fundamentais já inclusive incorporadas à estrutura novo processo civil brasileiro** pela Lei 13.105, de 16 de março de 2015. Nesse sentido, citem-se os arts. 4º e 8º no novo CPC: [...]

Registro, ademais, que a legislação processual mais recente é farta em exemplos nos quais o rigor formal cede diante da preponderância da questão de mérito. [...]

Feitas essas considerações, entendo que este caso enquadra-se em situação excepcional que legitima a flexibilização do formalismo em favor do enfrentamento da questão constitucional debatida nos autos."

3. Termo inicial do prazo

Como já afirmado, a regra geral é que o termo inicial de contagem do prazo decadencial de 120 (cento e vinte) dias se dá quando o interessado toma conhecimento do ato coator que se quer impugnar ou quando se presume sua publicidade geral (*v.g.:* publicação em Diário Oficial). Entretanto, sem afastar essa regra geral, há desdobramentos em algumas situações fáticas que devem ser conhecidos.

De início, destaca-se que essa contagem se volta para o Mandado repressivo. Em relação às situações do *mandamus* preventivo, considerando que o ato que se aponta como coator ainda não foi sequer expedido ou praticado, não faz sentido falar-se em prazo decadencial, uma vez que, não existindo o ato, não há como dele ter-se ciência, não se inaugurando a contagem do prazo de 120 (cento e vinte) dias.

→ Aplicação em concurso:

- **Procurador do Estado do Paraná (2015) – PUC/PR**

  "Foi concedida liminar em mandado de segurança impetrado contra ato em potencial (ainda não praticado) de autoridade administrativa. Assinale a alternativa correta.

A impetração de mandado de segurança é irregular, visto que não há como determinar o termo inicial do prazo decadencial de 120 (cento e vinte) dias."

A afirmativa está errada.

Quanto aos atos omissivos da administração, isto é, quando se aponta um não agir administrativo quando se devia agir, o termo inicial da contagem do prazo se renova periodicamente, conforme a relação jurídica subjacente, enquanto durar o estado de omissão, a menos que haja um prazo predeterminado para a prática do ato que se deixou de praticar. Assim, em uma relação de trato sucessivo, diz-se que para os atos omissivos o prazo decadencial para impetração de mandado de segurança contra ato omissivo da Administração renova-se mês a mês.

Esse mesmo raciocínio é aplicado à situação em que a redução de remuneração de agente público se dá em virtude de compatibilização com o teto remuneratório constitucional (art. 37, XI, da CRFB/88). Nessas situações, o início da contagem do prazo decadencial é renovado mensamente, por se tratar de relação de trato sucessivo.

► **STF:**

"[...] 1. **A jurisprudência desta Corte é firme no sentido de que, em se tratando de relação jurídica de caráter continuado, o prazo para impetrar mandado de segurança renova-se a cada omissão da Administração Pública. Tratando-se de ato comissivo, o prazo de 120 dias para a impetração conta-se a partir do momento em que consumado. Precedentes** [MS 25.136, Relator o Ministro MARCO AURÉLIO, DJ de 6.5.05 e RMS n. 24.534, Redator para o acórdão o Ministro JOAQUIM BARBOSA, DJ de 28.5.04]. 2. A decadência não admite suspensão ou interrupção. Precedente [AgR-MS n. 25.816, de que fui relator, DJ de 4.8.06]. 3. Agravo regimental a que se nega provimento.". (MS 26.733-AgR, rel. Ministro Eros Grau, Tribunal Pleno, julgamento em 05/11/2007, DJe de 30/11/2007)

"PRAZO – DECADÊNCIA – MANDADO DE SEGURANÇA – TERMO INICIAL. **O termo inicial para a formalização de mandado de segurança pressupõe a ciência do impetrante**, nos termos dos artigos 3º e 26 da Lei nº 9.784/1999, quando o ato impugnado surgir no âmbito de processo administrativo do qual seja parte. [...]." (RMS 34.487, rel. Ministro Marco Aurélio, Primeira Turma, julgamento em 07/11/2017, DJe de 21/11/2017)

► **STJ:**

"[...] I. De acordo com a jurisprudência, **'em se tratando de impetração contra ato omissivo da Administração, que envolve obrigação de trato sucessivo, o prazo para o ajuizamento da ação mandamental se renova mês a mês'** (STJ, AgRg no AREsp 333.890/CE, Rel. Ministro SÉRGIO KUKINA, PRIMEIRA TURMA, DJe de 29/10/2013). Em igual sentido: **'Tratando-se de ato omissivo da Administração Pública, de forma continuada, consistente na ausência do pagamento de reajuste, benefício ou vantagem que o servidor entende devido, o prazo decadencial para impetrar o Mandado de Segurança se renova a cada mês. Assim, a relação envolve prestação de trato sucessivo, pois não houve a negativa do próprio direito reclamado pelo impetrante, afastada a decadência, nos termos da Súmula 85 desta Corte'** (STJ, AgRg no REsp 1.338.443/PE, Rel. Ministro CASTRO MEIRA, SEGUNDA TURMA, DJe de 25/03/2013). [...]" (AgRg no AREsp 593.738/PB, rel. Ministra Assusete Magalhães, Segunda Turma, julgamento em 20/08/2015, DJe 03/09/2015)

"[...] 1. **A impetração de *mandamus* contra ato omissivo de natureza continuada, como ocorre no descumprimento de determinação de pagamento de reparação econômica em prestação mensal, permanente e continuada, com efeitos retroativos** (Lei n. 10.559/02), **não se subsume aos efeitos da decadência. Precedentes do STJ e STF.** [...]" (MS 21.082/DF, rel. Ministro Og Fernandes, Primeira Seção, julgamento em 10/06/2015, DJe 19/06/2015)

"O Superior Tribunal de Justiça tem entendimento consolidado segundo o qual **o termo inicial do prazo de decadência para impetração de mandado de segurança contra aplicação de penalidade disciplinar é a data da publicação do respectivo ato no Diário Oficial**, e não a posterior intimação pessoal do servidor." (AgInt no RMS 51.319, rel. Ministra Regina Helena Costa, Primeira Turma, julgamento em 25/10/2016)

"MANDADO DE SEGURANÇA. PENSÃO POR MORTE. REDUÇÃO. ADEQUAÇÃO TETO CONSTITUCIONAL. DECADÊNCIA DA AÇÃO MANDAMENTAL. NÃO OCORRÊNCIA. 1. "A jurisprudência desta Corte assentou o entendimento de que o prazo decadencial de mandado de segurança atacando ato consistente na redução da remuneração de servidor público a título de teto remuneratório é renovado mensalmente por envolver relação de trato sucessivo." (AgInt no REsp 1454009, Ministro Sérgio Kukina, Primeira Turma, julgamento em 13/06/2017, DJe de 22/06/2017)

4. Redução ou supressão de valores recebidos por servidores públicos

Como desdobramento dessa ideia das diferenças quanto ao prazo decadencial para os atos comissivos ou omissivos da Administração, há uma distinção prática cujo conhecimento se impõe. Trata-se da diferença quanto à contagem do prazo para *mandamus* impetrado por servidor público contra redução de vantagens a ele pagas, conforme se trate de ato que suprime ou que reduza os valores percebidos.

Quando se tratar de ato que suprime vantagem paga a servidor, entende-se se tratar de ato único, a partir do conhecimento do qual se iniciará a contagem do prazo decadencial de 120 (cento e vinte) dias para o ajuizamento do Mandado de Segurança. Diferentemente, se se tratar de ato que reduz o pagamento de determinada parcela, entende-se ser ato que se renova mensalmente, renovando-se, igualmente, o início da contagem do prazo decadencial à impetração. Essa distinção é bastante frequente e consolidada na jurisprudência do STJ.

► **STJ:**

> "[...] 2. **A jurisprudência do STJ é assente em afirmar que, quando houver redução, e não supressão do valor de vantagem, configura-se a prestação de trato sucessivo, que se renova mês a mês, pois não equivale à negação do próprio fundo de direito. *Mutatis mutandis*, a exclusão do pagamento da verba é ato comissivo que atinge o fundo de direito e, portanto, está sujeito ao prazo decadencial do art. 23 da Lei 12.016/2009**. 3. Recurso Ordinário não provido." (RMS 34.363/MT, rel. Ministro Herman Benjamin, Segunda Turma, julgamento em 06/12/2012, DJe 19/12/2012)

> "[...] 1. **A redução do valor de vantagem nos proventos ou remuneração do Servidor, ao revés da supressão destas, configura relação de trato sucessivo, pois não equivale à negação do próprio fundo de direito, motivo pelo qual o prazo decadencial para se impetrar a ação mandamental renova-se mês a mês, não havendo que se falar, portanto, em decadência do Mandado de Segurança, em caso assim**. [...]" (EREsp 1.164.514/AM, rel. Ministro Napoleão Nunes Maia Filho, Corte Especial, julgamento em 16/12/2015, DJe 25/02/2016)

5. Termo inicial nos casos de exclusão de candidato de concurso público

Por outro lado, em situações de concursos públicos, a jurisprudência do STJ se afirma no sentido de que o termo inicial do prazo decadencial para a impetração de mandado de segurança, na hipótese de exclusão do candidato, é a data de conhecimento do ato administrativo de efeitos concretos pelo qual se operou a exclusão, e não a publicação do edital, mesmo nos casos em que o fundamento do *mandamus* envolva questionamento de critério do edital.

▶ **STJ:**

"[...] 3. **Embora as normas de concurso público possam ser impugnadas por meio de Mandado de Segurança desde a publicação do edital, ocasião em que o impetrante deverá demonstrar a existência de direito que foi violado ou poderá sê-lo, não há como ignorar o fato de que o direito de ação é potestativo e direito a ser protegido pelo Mandado de Segurança deve ser, comprovadamente, líquido e certo**. 4. *In casu*, **é a partir do ato que não reconheceu o certificado de pós-graduação para fins de pontuação na fase da prova de títulos que deve ser observado o prazo de 120 dias para a impetração do Mandado de Segurança**. 5. Recurso Ordinário provido para afastar a decadência e determinar o retorno dos autos ao Tribunal de origem a fim de prosseguir no julgamento do *mandamus*." (RMS 51.883, Rel. Ministro Herman Benjamin, Segunda Turma, julgamento em 21/02/2017, DJe de 18/04/2017)

"[...] 1. **O prazo decadencial para impetração do Mandado de Segurança começa a fluir a partir do momento em que o candidato é eliminado do certame, ocasião em que a regra editalícia passa afetar seu direito subjetivo**. [...]" (AgRg no REsp 1405402/RN, Rel. Ministro Napoleão Nunes Maia Filho, Primeira Turma, Julgado em 16/06/2015, DJe 26/06/2015)

"[...] 4. **De igual modo, também há jurisprudência neste Tribunal Superior no sentido de que a pretensão que se debruça sobre o ato de eliminação do candidato ou de avaliação equivocada de títulos tem como 'dies a quo' do prazo decadencial mandamental a ciência desse ato em especial, sendo desimportante a data da publicação do edital**. [...]" (AgRg no REsp 1.478.469/SC, rel. Ministro Mauro Campbell Marques, Segunda Turma, julgamento em 14/04/2015, DJe de 20/04/2015)

→ Aplicação em concurso:

- **Procurador do Estado do Mato Grosso (2016) – FCC**

  "De acordo com a jurisprudência dominante nos Tribunais Superiores a respeito do mandado de segurança e de ações coletivas, [...] o termo inicial do prazo decadencial para a impetração de mandado de segurança, na hipótese de exclusão do candidato do concurso público nas

hipóteses em que causa de pedir envolva questionamento de critério do edital, é contado a partir da publicação de referido edital"
A afirmativa está errada.

- **Defensor Público Substituto – DPE/RN (2015) – CESPE**
"O termo inicial para impetração de mandado de segurança para impugnar critérios de aprovação e classificação de concurso público conta-se da publicação do edital de abertura do certame, segundo entendimento recente do STF."
A afirmativa está errada.

Art. 24. Aplicam-se ao mandado de segurança os arts. 46 a 49 da Lei no 5.869, de 11 de janeiro de 1973 - Código de Processo Civil.

1. Litisconsórcio no Mandado de Segurança

Admite-se, conforme disposição expressa de sua lei de regência, o litisconsórcio (pluralidade de partes nos polos da relação jurídica processual) no Mandado de Segurança (facultativo ou necessário, simples ou unitário). A referência legal se dá a dispositivos do CPC/1973, revogado pela Lei nº 13.105/2015, de modo que a remissão deve ser adaptada aos artigos 113 a 118 do CPC 2015, na linha do que afirma seu art. 1.046, § 4º ("As remissões a disposições do Código de Processo Civil revogado, existentes em outras leis, passam a referir-se às que lhes são correspondentes neste Código").

Relembra-se, por oportuno, a limitação que a própria Lei do MS faz ao litisconsórcio ativo ulterior, expressa em seu art. 10, § 2º, segundo o qual "O ingresso de litisconsorte ativo não será admitido após o despacho da petição inicial". As razões do dispositivo, relacionadas à tutela do princípio do juiz natural e da livre distribuição, foram expostas nos comentários relativos a esse dispositivo.

► **STF:**

Súmula 631/STF: "Extingue-se o processo de mandado de segurança se o impetrante não promove, no prazo assinado, a citação do litisconsorte passivo necessário".

2. Intervenção de terceiros no Mandado de Segurança

A Lei do Mandado de Segurança é silente quanto à (im)possibilidade de intervenção de terceiros em seu procedimento especial. Diante de tal silêncio, já que em relação ao litisconsórcio o legislador teve a preocupação de fazer referência expressa aos dispositivos do CPC, a doutrina e a jurisprudência mais tradicionais se orientam no sentido da sua impossibilidade, inclusive em relação à assistência. Especialmente quanto a esse último instituto, era maior a sua aceitação, sob o argumento de que seria decorrência da admissão expressa do litisconsórcio no *mandamus* (não obstante a Lei do MS não faça referência ao dispositivo do CPC/1973 que tratava da assistência). Segundo essa interpretação mais tradicional, a adoção dos institutos como a denunciação à lide, chamamento ao processo e outras modalidades de intervenção de terceiros seria incompatível com as necessárias sumariedade e celeridade dessa via processual específica.

Nesse sentido são os seguintes precedentes:

► **STF:**

> "DIREITO CONSTITUCIONAL E ADMINISTRATIVO. CONCURSO PÚBLICO PARA PROVIMENTO E REMOÇÃO DE OUTORGAS DE CARTÓRIOS EXTRAJUDICIAIS. MANDADO DE SEGURANÇA CONTRA ATO DO CONSELHO NACIONAL DE JUSTIÇA. **PEDIDO DE INTERVENÇÃO DE TERCEIRO. INCOMPATIBILIDADE COM O RITO DO MANDADO DE SEGURANÇA. INDEFERIMENTO**. [...] 5. **O rito procedimental do mandado de segurança é incompatível com a intervenção de terceiros, *ex vi* do art. 24 da Lei nº 12.016/09, ainda que na modalidade de assistência litisconsorcial, na forma da jurisprudência remansosa do Supremo Tribunal Federal** (MS nº 24.414, Rel. Min. Cezar Peluso, DJ de 21/11/2003; MS nº 32.450, rel. Min. Marco Aurélio, DJe-251 de 19/12/2013; MS nº 32824 MC, rel. Min. Roberto Barroso, DJe-072 de 11/04/2014; RMS nº 31.553, rel. Min. Ricardo Lewandowski, DJe-050 de 14/03/2014; MS nº 29.178, rel. Min. Ayres Britto, DJe de 15.3.2011; MS nº 27.752, rel. Min. Ellen Gracie, DJe de 18.6.2010; MS nº 30.659, rel. Min. Joaquim Barbosa, DJe de 19.10.2011). [...]" (MS 32.074/DF, Rel. Ministro Luiz Fux, Primeira Turma, julgamento em 02/09/2014, DJe de 05/11/2014)

> "1. **INTERVENÇÃO DE TERCEIRO. Assistência. Mandado de segurança. Inadmissibilidade. Preliminar acolhida. Inteligência do art. 19 da Lei nº 1.533/51. Não se admite assistência em processo de mandado de segurança**. [...]" (MS 24.414/DF, rel. Ministro Cezar Peluso, Tribunal Pleno, julgamento em 03/09/2003, DJ de 21/11/2003)

► **STJ:**

"[...] 2. **O assistente se limita a ajudar a parte principal, sendo inadmissível a impetração de mandado de segurança pelo assistente simples, já que o mandado de segurança constitui ação personalíssima de natureza mandamental e elevada carga subjetiva. Bem por isso a jurisprudência desta Corte e do STF têm reiteradamente decidido não ser cabível a assistência em sede de mandado de segurança**. 3. Não se admitindo a intervenção de terceiros em mandado de segurança em virtude da condição personalíssima e mandamental do *writ*, com maior razão não ser possível admitir que o assistente simples possa impetrar em nome próprio mandado de segurança no interesse de direitos processuais da parte principal. Com efeito, ainda que se admita que possa o assistente simples interpor recurso quando omissa a parte principal, essa possibilidade não chega ao ponto de lhe permitir a impetração da ação constitucional de mandado de segurança em benefício da parte principal. A hipótese, assim, é de ilegitimidade ativa *ad causam*. [...]" (AgRg no MS 21.472/DF, Rel. Ministro Humberto Martins, Corte Especial, julgamento em 05/10/2016, DJe de 14/10/2016)

"PROCESSUAL CIVIL. ADMINISTRATIVO. **MANDADO DE SEGURANÇA. PEDIDO DE INGRESSO NO FEITO. CONDIÇÃO DE ASSISTENTE LITISCONSORCIAL OU INTERVENÇÃO ANÔMALA. VEDAÇÃO DO § 2º DO ART. 10 DA LEI 12.016/2009 E INAPLICABILIDADE DO ART. 5º, PARÁGRAFO ÚNICO, DA LEI 9.469/97. PRECEDENTES DO STJ E DO STF**. 1. Agravo regimental interposto contra decisão na qual foi indeferido o pedido de ingresso no feito mandamental no polo passivo, na condição de assistente litisconsorcial ou como interveniente anômalo. 2. **O Supremo Tribunal Federal já fixou que '(...) o rito procedimental do mandado de segurança é incompatível com a intervenção de terceiros, ex vi do art. 24 da Lei nº 12.016/09, ainda que na modalidade de assistência litisconsorcial, na forma da jurisprudência remansosa do Supremo Tribunal Federal (....)'** (MS 32.074/DF, Relator Min. Luiz Fux, Primeira Turma, Processo Eletrônico publicado no DJe-217 em 5.11.2014.). 3. Em caso todo similar ao encontrado no presente feito, a Primeira Seção já manteve o indeferimento de entidade da Administração Pública federal indireta que postulava o ingresso no feito mandamental para auxiliar na defesa da autoridade coatora e da União; no caso, restou assentado que '**a jurisprudência vem se consolidando no sentido de considerar incompatível o instituto da assistência simples com o rito e a finalidade do mandado de segurança' e que 'não se aplica ao mandado de segurança o art. 5º, parágrafo único, da Lei n. 9.469/1997, que confere à**

pessoa jurídica de direito público o privilégio de intervir como assistente em qualquer causa' (AgRg no MS 15.298/DF, Rel. Ministro Og Fernandes, Primeira Seção, DJe 14.10.2014). Agravo regimental improvido." (AgRg no MS 16.702/DF, Rel. Ministro Humberto Martins, Primeira Seção, julgamento em 14/10/2015, DJe de 22/10/2015)

→ Aplicação em concurso:

- **Defensor Público – DPE/MG (2014) – FUNDEP**

  "Sobre mandado de segurança, analise as proposições a seguir: Quando demonstrado o interesse jurídico, é cabível assistência simples em mandado de segurança, eis que tal modalidade de intervenção de terceiro se mostra compatível com o rito do *mandamus*."

  A afirmativa está errada.

- **Procurador do Município de Nossa Senhora do Socorro/SE (2014) – FUNDEP**

  "É admissível a intervenção voluntária de terceiro, *ad coadjuvandum*, na condição de assistente, no processo de mandado de segurança."

  A afirmativa está errada.

Destaca se, porém, haver precedentes isolados em que esse entendimento majoritário foi relativizado, afirmando-se a possibilidade da assistência em Mandado de Segurança.

► **STJ:**

"PROCESSUAL CIVIL – **MANDADO DE SEGURANÇA – PEDIDO DE ASSISTÊNCIA LITISCONSORCIAL EM GRAU DE RECURSO: ADMISSIBILIDADE**. [...] 3. **A assistência, simples ou litisconsorcial, tem cabimento em qualquer procedimento ou grau de jurisdição, inexistindo óbice a que se admita o ingresso do assistente em mandado de segurança, ainda que depois de transcorrido o prazo decadencial do *writ***. 4. Dissídio não configurado. 5. Recurso especial conhecido em parte e improvido." (REsp 616.485/DF, Rel. Ministra Eliana Calmon, Segunda Turma, julgamento em 11/04/2006, DJ de 22/05/2006)

3. *Amicus curiae no* Mandado de Segurança

Especialmente em relação à figura do *amicus curiae*, a que o CPC/2015 deu tratamento mais amplo dentro do Título de Intervenção de terceiros (art. 138), é mais tranquila sua aceitação no procedimento do Mandado de Segurança. Ainda sob a vigência do CPC/1973, já se assentava em doutrina que "as formas tradicionais de intervenção, cujo cabimento é aferido com base no interesse jurídico do terceiro em face do resultado da ação diferem quanto à admissibilidade do ingresso do *amicus curiae*, que é definido a partir da aptidão que este sujeito auxiliar do juízo tenha para contribuir para a solução da causa", pelo que "ele é, portanto, admitido no processo, para fornecer subsídios ao desate da lide sem, contudo, adquirir qualidade de parte, razão pela qual não compromete a celeridade do rito processual do *mandamus*, tampouco altera a competência"[10]. Assim é que a partir do tratamento que o CPC/2015 lhe conferiu, imagina-se que ganhe ainda mais força a aceitabilidade da intervenção do *amicus curiae* no processo de Mandado de Segurança.

▶ **STF:**

"Trata-se de recurso ordinário em face de acórdão do Superior Tribunal de Justiça que denegou a ordem em mandado de segurança impetrado por servidora pública, requisitada pela Defensoria Pública da União, contra o ato do Ministro da Justiça e Cidadania que determinou o retorno imediato da servidora aos quadros do Departamento de Polícia Federal.

A Defensoria Pública da União requer sua admissão no feito na qualidade de *amicus curiae*, por meio da petição nº 6.549/2017.

Com o Novo Código de Processo Civil, os argumentos tradicionalmente invocados contra a participação de *amici curiae* em sede de mandado de segurança – a natureza subjetiva, a suposta falta de previsão legal e a celeridade processual – já não se mostram suficientes para rechaçar aprioristicamente essa participação. É como demonstro a seguir.

A admissibilidade de *amicus curiae* depende do objeto da ação, mais do que da medida judicial escolhida. Como aponta o artigo 138 do CPC/2015, são requisitos objetivos para ingresso de *amicus curiae* a relevância da matéria, a especificidade do tema objeto da demanda e a repercussão social da controvérsia. Exige-se, então, a repercussão transcendental da causa, que já não se adstringe às partes processuais. Isso pode ocorrer tanto pelo alcance dilargado dos efeitos da decisão, hipótese que se verifica no presente caso, quanto pela essencialidade da matéria versada.

10. FUX, Luiz. **Mandado de segurança.** Rio de Janeiro: Forense, 2010, p. 35.

No mesmo sentido, cito duas recentes decisões de admissibilidade de *amicus curiae* em mandado de segurança, cujos excertos transcritos se coadunam com o quanto ora exposto, *in verbis*:

> 'A participação de *amicus curiae* em processos subjetivos possui idêntica natureza da habilitação nos processos de jurisdição abstrata, qual seja, eminentemente instrutória, a fim de introduzir elementos que possam subsidiar um debate mais completo e adequado da matéria pelo órgão julgador competente.' (MS 34.483, Rel. Min. DIAS TOFFOLI, julgado em 05/12/2016)
>
> 'Como se sabe, a representatividade do amigo da Corte está ligada menos ao seu âmbito espacial de atuação, e mais à notória contribuição que pode ele trazer para o deslinde da questão.
>
> Tendo em vista que a DPU indicou sua contribuição específica para a causa e demonstrou atuar de maneira concreta na seara objeto do presente *writ*, exibe a requerente evidente representatividade, tanto em relação ao âmbito espacial de sua atuação, quanto em relação à matéria em questão.' (MS 33882, Rel. Min. EDSON FACHIN, julgado em 02/08/2016)

Tampouco se pode cogitar de falta de previsão legal para admissibilidade de *amicus curiae* em mandado de segurança. Com a aplicação subsidiária do Código de Processo Civil, fica colmatada a aparente lacuna, sendo esse o fundamento legal para o deferimento do ingresso do *amicus curiae*.

Ademais, a remissão feita no artigo 24 da Lei 12.016/2009 aos dispositivos processuais que tratam da intervenção de terceiros (arts. 46 a 49 do CPC/1973) não tem o condão de afastar sua participação. Como no CPC/1973 sequer havia previsão de *amicus curiae*, o silêncio eloquente da Lei 12.016/2009 não poderia alcançar essa figura processual. Isso se infere também do tratamento destacado que o legislador processual atribuiu aos *amici curiae*, que não figuram como partes, disciplinando sua atuação em capítulo apartado da Assistência e demais formas de Intervenção de Terceiros.

Em doutrina, não é outra a concepção de Eduardo Talamine, *in verbis*:

> 'A atuação do *amicus curiae*, dada sua limitada esfera de poderes (e, consequentemente, sua restrita interferência procedimental), é cabível inclusive em procedimentos especiais em que se veda genericamente a intervenção de terceiros – sobretudo naqueles que são regulados por leis anteriores ao CPC/2015. O veto deve ser interpretado como aplicável apenas às formas de intervenção

> em que o terceiro se torna parte ou assume subsidiariamente os poderes da parte. Assim, cabe ingresso de *amicus* em processo do juizado especial, bem como no mandado de segurança' (TALAMINI, Eduardo. *Amicus Curiae. In:* Reflexões sobre o novo Código de Processo Civil. JATAHY, Carlos Roberto et al (coord). Rio de Janeiro: FGV, 2016, p. 32)

Por fim, a admissibilidade de *amicus curiae*, por si só, não compromete a celeridade imanente ao *writ*. Por não adquirir qualidade de parte, o *amicus curiae* não altera a competência nem possui legitimidade recursal, razão pela qual não compromete a celeridade processual, como já tive oportunidade de me manifestar em doutrina (FUX, Luiz. Mandado de Segurança. Rio de Janeiro: Forense, p. 35). Ao contrário, ao oferecer subsídios para o desate da lide, a atuação daquele no feito apresenta a possibilidade de enriquecer o debate e, assim, auxiliar a Corte na formação de sua convicção.

Ademais, a participação do *amicus* é excepcional, o que se corrobora pela estipulação de requisitos subjetivos e objetivos para ingresso. Dessa forma, seu ingresso no feito não se traduz em direito subjetivo (COVEY Jr., Frank M. *Amicus Curiae: Friend of The Court. DePaul Law Review*. 9, 1959-1960, p. 30). Cabe ao Relator, na análise do binômio relevância-representatividade, a avaliação dos benefícios potencialmente auferíveis dessa participação, bem como a delimitação de seus poderes. A celeridade processual, então, assegura-se pelo indeferimento dos pedidos daqueles que pouco têm a contribuir.

Como exemplo, cite-se o caso *Gideon v. Wainwright*, julgado pela Suprema Corte dos Estados Unidos, em 1963, em que foram admitidos, na qualidade de *amici curiae*, vinte e dois estados e entidades públicas. O *habeas corpus*, considerado um *leading case* quanto à obrigatoriedade de defesa técnica em processos criminais com pena não-capital, foi julgado em três meses (MACIEL Adhemar Ferreira. Amicus curiae: um instituto democrático. Revista de Informação Legislativa. Brasília a. 38 n. 153 jan./mar. 2002).

A admissibilidade da participação de *amici curiae* nos processos submetidos a esta Corte não decorre apenas do artigo 138 do Código de Processo Civil de 2015, vez que antecede a positivação legal. Decorre do *telos* precípuo da intervenção do *amicus curiae*, que consiste na pluralização do debate constitucional, com vistas a municiar a Suprema Corte dos elementos informativos possíveis e necessários ou mesmo trazer novos argumentos para o deslinde da controvérsia, superando, ou senão amainando, as críticas concernentes à suposta ausência de legitimidade democrática de suas decisões.

Sob esse prisma, destacando a relevância da contribuição e do tema, o Ministro Gilmar Mendes deferiu o ingresso de *amici curiae* no MS 32.033, sendo acompanhado pela maioria dos votos proferidos em Plenário, *in verbis*:

> 'Além disso, destaquei inexistir óbice legal para tanto, apontando que a medida condiz com o processo constitucional, dado que a interferência de uma pluralidade de sujeitos, argumentos e visões é essencial e constitui um excelente instrumento de informação para a Corte Suprema, com subsídios técnicos, implicações político-jurídicas e elementos os mais variados, conferindo ao processo um colorido diferenciado, emprestando-lhe caráter pluralista e aberto, que, a meu ver, não pode ficar restrito ao controle concentrado.' (MS 32.033. Rel. Min. GILMAR MENDES, Redator p/ o Acórdão Min. TEORI ZAVASCKI, Tribunal Pleno, julgado em 20/06/2013).

No caso *sub examine*, o ingresso da Defensoria Pública da União na qualidade de *amicus curiae* tem como premissa básica a expectativa de que pluralize o debate, apresentando informações, documentos ou elementos importantes para o deslinde do caso, tal como aqueles relativos à suposta constituição de Quadro Permanente de Pessoal de Apoio da Defensoria Pública da União a partir da celebração de dois concursos públicos para servidores.

Destarte, a adequada representatividade da postulante *in casu* decorre da clara potencialidade de aportar elementos úteis para a solução do processo, em que se discute legislação específica e dados fáticos próprios da Defensoria Pública da União.

Ademais, a compulsoriedade de atendimento de requisição de servidor para a Defensoria Pública da União constitui matéria relevante, que repercute além do interesse das partes, havendo oitocentos e sessenta servidores requisitados nos quais o precedente poderá influenciar indiretamente. Verifica-se, assim, o potencial impacto que acarreta sobre a organização e funcionamento da Defensoria Pública da União e, consectariamente, sobre aqueles por ela assistidos também reforçam que a controvérsia transcende os limites subjetivos do processo.

Ex positis, dada a relevância e a repercussão da questão ora debatida e por entender inexistir prejuízo à tramitação regular do *writ*, admito o ingresso no feito, na qualidade de *amicus curiae*, da Defensoria Pública da União, facultando-lhe a apresentação de informações e a sustentação oral por ocasião do julgamento definitivo do mérito do presente mandado de segurança." (RMS 34.594/DF, Rel. Ministro Luiz Fux, decisão monocrática, DJe de 17/03/2017)

Art. 25. Não cabem, no processo de mandado de segurança, a interposição de **embargos infringentes e a condenação ao pagamento dos honorários advocatícios**, sem prejuízo da aplicação de **sanções no caso de litigância de má-fé**.

1. Impossibilidade de embargos infringentes

O art. 25 assenta a impossibilidade expressa de interposição de embargos infringentes no procedimento do Mandado de Segurança. Tratava-se de recurso previsto pelo CPC/1973 (art. 496, III, e art. 530), que era cabível quando o acórdão não unânime houvesse reformado, em julgamento de apelação, a sentença de mérito, ou houvesse julgado procedente ação rescisória. Em caso de desacordo parcial, os embargos seriam restritos apenas à matéria objeto da divergência. Esse entendimento, quanto à impossibilidade do manejo desse recurso nos autos de MS, era também reafirmado pela jurisprudência sumulada do STF e do STJ.

▶ **STF:**

> Súmula nº 597: "Não cabem embargos infringentes de acórdão que, em mandado de segurança, decidiu, por maioria de votos, a apelação."

▶ **STJ:**

> Súmula nº 169: "São inadmissíveis embargos infringentes no processo de mandado de segurança."

Entretanto, o CPC/2015 deixou de prever o referido recurso (veja-se, a propósito, o rol de recursos previstos no art. 994 do CPC/2015), substituindo-o por um novo instituto, a que se tem denominado de "técnica de ampliação do colegiado" ou "incidente de colegialidade qualificada", conforme previsão do art. 942 do CPC/2015:

> Art. 942. Quando o resultado da apelação for não unânime, o julgamento terá prosseguimento em sessão a ser designada com a presença de outros julgadores, que serão convocados nos termos previamente definidos no regimento interno, em número suficiente para garantir a possibilidade de inversão do resultado

> inicial, assegurado às partes e a eventuais terceiros o direito de sustentar oralmente suas razões perante os novos julgadores.
>
> § 1º Sendo possível, o prosseguimento do julgamento dar-se-á na mesma sessão, colhendo-se os votos de outros julgadores que porventura componham o órgão colegiado.
>
> § 2º Os julgadores que já tiverem votado poderão rever seus votos por ocasião do prosseguimento do julgamento.
>
> § 3º A técnica de julgamento prevista neste artigo aplica-se, igualmente, ao julgamento não unânime proferido em:
>
> I - ação rescisória, quando o resultado for a rescisão da sentença, devendo, nesse caso, seu prosseguimento ocorrer em órgão de maior composição previsto no regimento interno;
>
> II - agravo de instrumento, quando houver reforma da decisão que julgar parcialmente o mérito.
>
> § 4º Não se aplica o disposto neste artigo ao julgamento:
>
> I - do incidente de assunção de competência e ao de resolução de demandas repetitivas;
>
> II - da remessa necessária;
>
> III - não unânime proferido, nos tribunais, pelo plenário ou pela corte especial.

Note que não se trata mais de um recurso, mas de uma nova técnica de julgamento, a ser adotada quando o resultado da apelação for não unânime, operando-se a suspensão do julgamento e o prosseguimento em outra sessão em que se façam presentes novos julgadores em número suficiente à possibilidade de reversão do resultado inicial. Conforme disposição do §1º, essa ampliação do colegiado poderá se dar na mesma sessão de julgamento.

Como toda novidade, o instituto ainda apresenta algumas incertezas quanto à sua interpretação e à sua aplicação, de modo que ainda é difícil fazer afirmativas certas e absolutas quanto ao mesmo. De todo modo, pela leitura comparativa do art. 530 do CPC/1973 com o art. 942 do CPC/2015, sobressaem *primo ictu oculi* algumas diferenças:

a) Não se trata mais de recurso, mas uma nova técnica de julgamento;

b) Por não se tratar de recurso, aparentemente, sua ocorrência independe de prévia provocação da parte interessada (antes, como qualquer recurso, só haveria o julgamento de embargos infringentes se a parte os interpusesse);

c) Não se faz mais a distinção entre os casos de reforma ou manutenção da decisão, já que o art. 530 do CPC/1973 previa o cabimento do recurso apenas quando o acórdão não unânime que julgava a apelação reformasse a sentença, distinção a que o art. 942 do CPC/2015 não faz referência.

d) Não se faz mais a distinção entre os casos de apelação interposta contra sentença de mérito ou não, já que o art. 530 do CPC/1973 previa o cabimento do recurso apenas quando o acórdão não unânime que julgava a apelação reformasse a sentença de mérito, distinção a que o art. 942 do CPC/2015 não faz referência.

Assim, apesar da ideia inicial de extinguir os embargos infringentes, que refletia antiga tentativa de suprimi-los, a solução substituta pode se mostrar ainda mais atravancada que a substituída.

Em todo caso, ao que aqui interessa, exsurge a dúvida sobre se essa técnica de ampliação de colegiado será de aplicação possível à apelação em Mandado de Segurança. Se, de um lado, não se trata mais de um recurso e sendo possível a sua ocorrência inclusive na mesma sessão de julgamento, parecem deixar de existir as razões que impunham a impossibilidade de manejo dos embargos infringentes. De outro lado, como se trata de técnica criada em substituição ao referido recurso, poder-se-ia argumentar que persiste a *ratio* legislativa do art. 25, primeira parte, da Lei do MS.

Ainda se desconhece a existência de julgados dos Tribunais Superiores que tenham enfrentado a controvérsia colocada, mas imagina-se que, a persistir a ideia de que não se trata mais de um recurso e que a nova técnica de julgamento passa a ter aplicação a partir da não unanimidade no julgamento de apelação, seria possível a aplicação do novo instituto ao Mandado de Segurança, em razão de passar a inexistir vedação legal para tanto.

Essa é a opinião de Leonardo Carneiro da Cunha, por exemplo, que afirma:

> "Como a hipótese do art. 942 do CPC não tem natureza de recurso, o art. 25 da lei 12.016/09 perdeu sua eficácia normativa, pois não há mais embargos infringentes no sistema processual civil brasileiro. O instituto previsto no art. 942 do CPC não tem natureza recursal, sendo uma etapa necessária do julgamento da

> apelação, quando verificada maioria de votos entre os membros do colegiado. A regra aplica-se ao julgamento da apelação em mandado de segurança, não havendo qualquer dispositivo que a afaste ou impeça sua incidência." (CUNHA, Leonardo Carneiro da. O julgamento ampliado do colegiado em caso de divergência (CPC, art. 942) e as repercussões práticas da definição de sua natureza jurídica. *In*: Migalhas, 08/02/2017, disponível em http://www.migalhas.com.br/dePeso/16,MI253284,101048-O+julgamento+ampliado+do+colegiado+em+caso+de+divergencia+CPC+art+942).

2. Impossibilidade da condenação ao pagamento de honorários advocatícios

Em relação aos honorários advocatícios, há também vedação legal à sua instituição nos autos de Mandado de Segurança, o que não prejudica a possibilidade de condenação da parte às sanções decorrentes da litigância de má-fé (art. 80 do CPC/2015). A proibição legal também é sufragada pelo entendimento jurisprudencial sumulado do STF e do STJ.

▶ **STF:**

> Súmula nº 512: "Não cabe condenação em honorários de advogado na ação de mandado de segurança."

▶ **STJ:**

> Súmula nº 105: "Na ação de mandado de segurança não se admite condenação em honorários advocatícios."

Ressalta-se que, segundo o entendimento jurisprudencial atualmente existente, essa impossibilidade de condenação aos honorários advocatícios persiste também durante a fase recursal, tendo em vista que o CPC/2015 criou a possibilidade de majoração da referida verba sucumbencial ao longo das fases recursais (o que se tem chamado de "honorários em cascata" – art. 85, § 11: "O tribunal, ao julgar recurso, majorará os honorários fixados anteriormente levando em conta o trabalho adicional realizado em grau recursal, observando, conforme o caso, o disposto nos §§ 2º a 6º, sendo vedado ao tribunal, no cômputo geral da fixação de honorários devidos ao advogado do vencedor, ultrapassar os respectivos limites estabelecidos nos §§ 2º e 3º para a fase de conhecimento"). Assim, também não é possível a condenação a pagamento de honorários advocatícios na fase recursal, quando o procedimento de origem não o admita.

▶ **STF:**

"[...] **RECURSO – HONORÁRIOS ADVOCATÍCIOS. Descabe a fixação de honorários recursais, preconizados no artigo 85, § 11, do Código de Processo Civil de 2015, quando tratar-se de extraordinário formalizado no curso de processo cujo rito os exclua.**" (ARE 951.589-AgR, rel. Ministro Marco Aurélio, Primeira Turma, julgamento em 21/06/2016, DJe de 04/08/2016)

"Ante o quadro, conheço do agravo e o desprovejo. **Deixo de fixar os honorários recursais previstos no artigo 85, § 11, do Código de Processo Civil de 2015, por tratar-se, na origem, de mandado de segurança, descabendo, portanto, referida condenação, conforme disposto no artigo 25 da Lei nº 12.016/2009**" (trecho do voto proferido pelo Ministro Marco Aurélio no caso supracitado).

→ Aplicação em concurso:

- **Procurador do Município de São Luís/MA (2016) – FCC**

"João impetrou, em primeiro grau de jurisdição, mandado de segurança no âmbito do qual requereu a produção de prova testemunhal, deixando de anexar, à petição inicial, prova documental de direito líquido e certo. O Juiz indeferiu a petição inicial, por entender não estarem presentes os requisitos legais, julgando extinto o processo sem resolução de mérito. Contra referido ato, João interpôs agravo de instrumento, o qual não foi conhecido, por entender o Tribunal não se tratar do recurso adequado. Ainda dentro do prazo decadencial, João impetrou novo mandado de segurança, com o mesmo objeto, desta vez suprindo as falhas que levaram ao indeferimento do mandado de segurança anterior. Entendendo haver urgência, além de estarem presentes os requisitos legais, o Juiz deferiu liminar em favor de João. Contra referida decisão, interpôs-se agravo de instrumento, ao qual não foi atribuído efeito suspensivo. De acordo com a Lei nº 12.016/2009, que regulamenta o mandado de segurança, é correto afirmar que:

Seriam cabíveis embargo infringentes, e não agravo, contra a decisão que indeferiu a petição inicial, se o mandado de segurança houvesse sido impetrado perante um dos Tribunais."

A afirmativa está errada.

- **Procurador Municipal – Prefeitura de Balneário Camboriú (2015) – FEPESE**

"No processo de mandado de segurança a condenação ao pagamento dos honorários advocatícios não poderá exceder a cinco por cento do valor da causa ou do seu proveito econômico."

A afirmativa está errada.

- **Procurador – Prefeitura de Vitorino (2015) – OBJETIVA**

  "No mandado de segurança não há a obrigação de os honorários advocatícios serem fixados em percentual entre 10% e 20% do valor da condenação, podendo o juiz, mediante apreciação equitativa, fixá-los em quantia diversa."

  A afirmativa está errada.

- **Conselheiro Substituto (Auditor) – TCE/CE (2015) – FCC**

  "A sentença ou acórdão que denegar a ordem no mandado de segurança:

  Condenará o impetrante ao pagamento de custas e honorários advocatícios."

  A afirmativa está errada.

- **Analista de projetos – Área jurídica – BRDE (2015) – FUNDATEC**

  "Em relação ao mandado de segurança, é correto afirmar que:

  A condenação em honorários de sucumbência não fica adstrita aos limites fixados no Código de Processo Civil, cabendo ao julgador estabelecer a verba de acordo com as peculiaridades do caso."

  A afirmativa está errada.

- **Analista de projetos – Área jurídica – BRDE (2015) – FUNDATEC**

  "Em relação ao mandado de segurança, é correto afirmar que:

  A interposição do recurso de embargos infringentes ocorrerá no prazo de quinze dias."

  A afirmativa está errada.

- **Procurador da Assembleia Legislativa de Goiás (2015) – CS-UFG**

  "É sabido que o mandado de segurança é espécie de ação constitucional, de natureza cognitiva, destinada a tutelar direito líquido e certo não amparado por habeas corpus ou habeas data. No mandado de segurança, [...] a aplicação de sanções em casos de litigância de má-fé é possível, mas não há condenação ao pagamento de honorários advocatícios."

  A afirmativa está correta.

- **Juiz do TRT/6ª Região (2012)**

  "NÃO são devidos honorários advocatícios [...] no Mandado de Segurança, ainda que o impetrante seja vencedor na impetração."

  A afirmativa está correta.

- **Advogado – UFAL (2014) – IDECAN**

  "É cabível, no processo de mandado de segurança, a interposição de embargos infringentes e a condenação ao pagamento dos honorários advocatícios, sem prejuízo da aplicação de sanções no caso de litigância de má-fé."

A afirmativa está errada.

- **Juiz Federal Substituto – TRF 4ª Região (2014) – Banca própria**

  "Sobre o mandado de segurança:

  São incabíveis, no processo de mandado de segurança, embargos infringentes."

  A afirmativa está correta.

- **Juiz de Direito Substituto – TJ/PA (2014) – VUNESP**

  "Os honorários advocatícios de sucumbência, quando denegada a segurança, devem ser fixados consoante apreciação equitativa do juiz."

  A afirmativa está errada.

- **Assistente Jurídico - Advocacia – UEAP (2014) – Instituto CS-UFG**

  "O mandado de segurança constitui-se em ação constitucional de natureza civil, prevista como garantia na Constituição Federal, cujo disciplinamento encontra-se amparado na Lei n. 12.016/2009, segundo o qual [...] a interposição de embargos infringentes e a condenação ao pagamento dos honorários advocatícios são incabíveis em mandado de segurança, sem prejuízo da aplicação de sanções em caso de litigância de má-fé."

  A afirmativa está correta.

- **Analista Legislativo – Câmara dos Deputados (2014) – CESPE**

  "Na ação de mandado de segurança, é inadmissível a interposição de recurso de embargos infringentes."

  A afirmativa está correta.

- **Analista Legislativo – Câmara dos Deputados (2014) – CESPE**

  "Na ação de mandado de segurança, a condenação em honorários advocatícios deverá obedecer a equidade."

  A afirmativa está errada.

- **Promotor de Justiça - MPE/MG (2014) – Banca própria**

  "Não cabem, no processo de mandado de segurança, a interposição de embargos infringentes e a condenação ao pagamento dos honorários advocatícios, sem prejuízo da aplicação de sanções no caso de litigância de má-fé."

  A afirmativa está correta.

Art. 26. Constitui **crime de desobediência**, nos termos do art. 330 do Decreto-Lei nº 2.848, de 7 de dezembro de 1940, **o não cumprimento das decisões proferidas em mandado de segurança, sem prejuízo das sanções administrativas e da aplicação da Lei nº 1.079**, de 10 de abril de 1950, quando cabíveis.

O artigo 26 trata da responsabilidade pelo descumprimento das decisões proferidas em Mandado de Segurança, afirmando que seu eventual descumprimento configurará, em abstrato, crime de desobediência, tipificado no art. 330 do Código Penal:

> Desobediência
>
> Art. 330 - Desobedecer a ordem legal de funcionário público:
>
> Pena - detenção, de quinze dias a seis meses, e multa.

Anteriormente à Lei nº 12.016/2009, sob a vigência da Lei nº 1.533/1951 não havia previsão específica quanto à classificação legal quanto à responsabilização penal pelo descumprimento das decisões judiciais proferidas em Mandado de Segurança, até mesmo porque o crime de desobediência é incluído, no Código Penal, dentro dos crimes praticados por particular contra a administração em geral. Sob tal silêncio legal, havia quem defendesse o enquadramento da conduta como prevaricação (art. 319 do Código Penal: "Art. 319 - Retardar ou deixar de praticar, indevidamente, ato de ofício, ou praticá-lo contra disposição expressa de lei, para satisfazer interesse ou sentimento pessoal"), desde que restasse demonstrado o interesse pessoal do agente no descumprimento da decisão judicial. Entretanto, como visto, a matéria foi objeto de tratamento legal específico pelo art. 26 da Lei nº 12.016/2009. A tipificação da conduta pode se dar em relação às decisões tanto de mérito como as liminares, bastando o descumprimento da ordem judicialmente determinada.

Com efeito, diante da independência das instâncias, pode haver ainda a responsabilização civil e administrativa daquele que descumpre decisão judicial. Ademais, a própria Lei também ressalva a possibilidade de, eventualmente, o descumprimento configurar crime de responsabilidade, que possuem a natureza de infrações político-administrativas. A esse respeito, perceba que o art. 85 da CRFB/88 prevê dentre as hipóteses que configuram crimes de responsabilidade os atos do Presidente da República que atentem contra a Constituição Federal e, especialmente, contra o livre exercício do Poder Judiciário (inciso II), redação também existente na Lei nº 1.079/1950, que define os crimes de responsabilidade e regula o respectivo processo de julgamento e à qual o art. 26 faz expressa referência.

Por fim, destaca-se que, nos casos extremos, o descumprimento deliberado de decisões judiciais pode configurar, até mesmo, hipótese de intervenção federal, nos termos dos artigos 34 a 36 da CRFB/88. Destaca-se, em especial, os artigos 34, IV, VI; e 36, II, segundo os quais, respectivamente a União poderá intervir nos Estados e no Distrito Federal para garantir o livre exercício de qualquer dos Poderes nas unidades da Federação, bem como para prover a execução de decisão judicial; sendo que nos casos de desobediência a ordem ou decisão judiciária, a decretação da intervenção dependerá de requisição do Supremo Tribunal Federal, do Superior Tribunal de Justiça ou do Tribunal Superior Eleitoral.

Art. 27. Os regimentos dos tribunais e, no que couber, as leis de organização judiciária deverão ser **adaptados às disposições desta Lei no prazo de 180 (cento e oitenta) dias**, contado da sua publicação.

Art. 28. Esta Lei entra **em vigor na data de sua publicação**.

Art. 29. Revogam-se as Leis nºs 1.533, de 31 de dezembro de 1951, 4.166, de 4 de dezembro de 1962, 4.348, de 26 de junho de 1964, 5.021, de 9 de junho de 1966; o art. 3º da Lei nº 6.014, de 27 de dezembro de 1973, o art. 1º da Lei no 6.071, de 3 de julho de 1974, o art. 12 da Lei nº 6.978, de 19 de janeiro de 1982, e o art. 2º da Lei no 9.259, de 9 de janeiro de 1996.

Brasília, 7 de agosto de 2009; 188º da Independência e 121º da República.

1. Disposições finais

Tendo em vista as inovações legislativas então trazidas pela Lei nº 12.016/2009 e a necessidade de acompanhamento das alterações legais pelas normas infralegais, o art. 27 determinou que, no prazo de 180 (cento e oitenta dias) contados de sua publicação, os regimentos internos dos Tribunais, e as leis de organização judiciária fossem adaptados às disposições da Lei. Essa, aliás, entrou em vigor na data de sua publicação, isto é, em 7 de agosto de 2009 (art. 28).

Por fim, a Lei nº 12.016/2009 revogou expressamente uma série de dispositivos legais, os quais dispunham sobre o procedimento de Mandado de Segurança e temas conexos abrangidos ou alterados por sua nova lei de regência.

Lei do Mandado de Injunção – Lei 13.300, de 23 de Junho de 2016

Disciplina o processo e o julgamento dos **mandados de injunção individual e coletivo** e dá outras providências.

Art. 1º Esta Lei disciplina **o processo e o julgamento dos mandados de injunção individual e coletivo**, nos termos do inciso LXXI do art. 5º da Constituição Federal.

Art. 2º Conceder-se-á mandado de injunção sempre que a **falta total ou parcial de norma regulamentadora torne inviável o exercício dos direitos e liberdades constitucionais e das prerrogativas inerentes à nacionalidade, à soberania e à cidadania.**

Parágrafo único. Considera-se **parcial a regulamentação** quando forem insuficientes as normas editadas pelo órgão legislador competente.

1. Âmbito temático da norma

A Lei nº 13.300/2016 disciplina e estabelece os regramentos atinentes ao mandado de injunção, tanto no âmbito individual quanto no âmbito coletivo. O referido ato normativo supre uma lacuna existente desde a Constituição de 1988, tendo em vista que não havia nenhum outro ato normativo anterior que conferisse tratamento legislativo ao instituto.

Como em outra obra doutrinária já se teve a oportunidade de assentar, "Uma das inovações postas pela nova ordem constitucional inaugurada pela Constituição Federal de 1988 foi a previsão de mecanismos judiciais para que a omissão legislativa [...] fosse judicialmente combatida". Nesse sentido é que foram previstas, pelo texto constitucional, novos institutos como "o Mandado de Injunção no art. 5º, LXXI para os casos de omissão legislativa que impedisse o exercício de direitos ou liberdades fundamentais constitucionalmente previstos; além da Ação Direta de Inconstitucionalidade por Omissão, esta ação do controle concentrado, introduzida expressamente na Lei nº 9.868/99 pela Lei nº 12.063/09". Com efeito, trata-se de mecanismos de "fundamental importância na vivência democrática do país, de modo que os Tribunais brasileiros, e em especial o STF, passaram a se deparar com uma pluralidade destas ações, cada qual reivindicando a edição das respectivas normas faltantes"[1].

Trata-se, portanto, de um remédio constitucional de natureza mandamental previsto pelo art. 5º, LXXI, da CRFB/88, para situações em que a inexistência de norma regulamentadora impeça ou dificulta o exercício de direitos e liberdades constitucionalmente assegurados, bem como de prerrogativas relativas à nacionalidade, à soberania e à cidadania.

2. Ausência de norma regulamentadora

O art. 2º da Lei cujo estudo ora se inicia reproduz em grande parte o art. 5º, LXXI, da CRFB/88 (*"conceder-se-á mandado de injunção sempre que a falta de norma regulamentadora torne inviável o exercício dos direitos e liberdades constitucionais e das prerrogativas inerentes à nacionalidade, à soberania e à cidadania"*), definindo o âmbito temático da norma e também os casos genéricos de cabimento desse remédio constitucional. O objeto do mandado de injunção, portanto, é a proteção do efetivo exercício de direitos e liberdades constitucionais, bem como de prerrogativas inerentes à nacionalidade, à soberania e à cidadania, cujo exercício esteja impedido ou limitado por inação legislativa atribuída ao Poder Público.

Destaca-se que apesar de na maioria das vezes essa omissão normativa corresponder a uma inação legislativa (nos casos em que o direito afetado estiver inviabilizado por ausência de uma lei ou outro ato de origem legislativa), a ausência de norma regulamentadora pode decorrer também de uma omissão administrativa. É o que ocorre, por exemplo, de situações em que o direito ou liberdade constitucional inviabilizados dependam da edição de um ato normativo de natureza

1. ARABI, Abhner Youssif Mota. **A tensão institucional entre Judiciário e Legislativo: controle de constitucionalidade, diálogo e a legitimidade da atuação do Supremo Tribunal Federal.** Curitiba: Editora Prismas, 2015, p. 68/69.

administrativa (ex: decreto, resolução administrativa). Nesses casos, o ato faltante da Administração não pode ser um ato administrativo material ou um ato de efeitos concretos, devendo ser revestido de generalidade e abstração mínimas que lhe confiram densidade normativa/regulamentar.

Trata-se, portanto, de um remédio constitucional de escopo bastante delimitado, exigindo-se, desde logo, os seguintes requisitos fático-jurídicos mínimos ao seu cabimento: (i) existência de um direito/liberdade constitucional ou de uma prerrogativa relativa à nacionalidade, à soberania ou à cidadania; (ii) ausência total ou parcial de norma regulamentadora que impeça ou dificulte o exercício desse direito ou prerrogativa.

Assim, não caracterizado qualquer desses requisitos, não será o caso de cabimento de Mandado de Injunção, de modo que não é qualquer omissão legislativa que dará ensejo à possibilidade de sua impetração. Por essa razão é que a medida não é cabível quando o direito ou garantia reclamado esteja previsto apenas em norma infraconstitucional.

▶ **STF:**

> "Agravo regimental em mandado de injunção. 2. Direito de participação popular em procedimento de sabatina de candidato a ministro do Supremo Tribunal Federal. Ausência de dever constitucional de legislar sobre a matéria. 3. Natureza mandamental do remédio constitucional. **Pressuposta omissão legislativa que inviabilize a fruição de direitos e liberdades constitucionalmente assegurados e de prerrogativas relativas à nacionalidade, soberania e cidadania. Inocorrência.** 4. **Existência de ato normativo infraconstitucional regulamentador da pretensão. Inadequação do instrumento à veiculação de insatisfação com o conteúdo da norma**. 5. Descabimento do mandado de injunção. 6. Agravo regimental a que se nega provimento." (MI 668-AgR/DF, rel. Ministro Gilmar Mendes, Tribunal Pleno, julgamento em 07/04/2017, DJe de 04/05/2017)

> "[...] 1. **O mandado de injunção, nos termos do art. 5º, LXXI, da Constituição Federal, reclama a demonstração de que a falta de norma regulamentadora torna inviável o exercício dos direitos e liberdades constitucionais e das prerrogativas inerentes à nacionalidade, à soberania e à cidadania**. 2. **A jurisprudência desta Corte é remansosa no sentido do descabimento do mandado de injunção quando inexistir um direito constitucional que**

não possa ser exercido por ausência de norma regulamentadora (Precedente: MI 5.470 AgR, Rel. Min. Celso de Mello, Plenário, DJe 20/11/2014). 3. Agravo Regimental DESPROVIDO." (MI 6.591-AgR, rel. Ministro Luiz Fux, Tribunal Pleno, julgamento em 16/06/2014, DJe de 30/06/2016)

"[...] **O direito à legislação só pode ser invocado pelo interessado, quando também existir – simultaneamente imposta pelo próprio texto constitucional – a previsão do dever estatal de emanar normas legais. Isso significa que o direito individual à atividade legislativa do Estado apenas se evidenciará naquelas estritas hipóteses em que o desempenho da função de legislar refletir, por efeito de exclusiva determinação constitucional, uma obrigação jurídica indeclinável imposta ao Poder Público. – Para que possa atuar a norma pertinente ao instituto do mandado de injunção, revela-se essencial que se estabeleça a necessária correlação entre a imposição constitucional de legislar, de um lado, e o consequente reconhecimento do direito público subjetivo à legislação, de outro, de tal forma que, ausente a obrigação jurídico-constitucional de emanar provimentos legislativos, não se tornará possível imputar comportamento moroso ao Estado nem pretender acesso legítimo à via injuncional**. Precedentes." (MI 5.470-AgR, rel. Ministro Celso de Mello, Tribunal Pleno, julgamento em 29/10/2014, DJe de 20/11/2014)

► **STJ:**

"[...] 1. **O mandado de injunção é cabível apenas quando a omissão da norma regulamentadora obstaculizar o exercício de direito ou garantia previsto diretamente em norma constitucional de eficácia limitada, não se estendendo àqueles direitos ou garantias preconizados em norma infraconstitucional**, como no caso concreto, em que a impetrante visa à edição de norma regulamentadora do parcelamento ordinário de débitos tributários previstos na Lei n. 11.941/2009 c/c a Lei n. 12.865/2013. 2. Agravo interno não provido." (AgRg no MI 241/DF, rel. Ministro Luís Felipe Salomão, Corte Especial, julgamento em 29/03/2017, DJe de 05/04/2017)

"[...] 1. O mandado de injunção é medida excepcional disponível para sanear **carência legislativa que inviabilize o exercício de direitos e liberdades constitucionais, ou que impeça a concretização de prerrogativas inerentes à nacionalidade, à soberania e à cidadania.** 2. **O mandado de injunção exige a previsão constitucional do direito ou da garantia que se pretende exercer, não sendo o instrumento cabível para a proteção de benefícios de**

> **ordem meramente patrimonial previstos em norma infraconstitucional**. 3. Impropriedade da via eleita. 4. Mandado de injunção julgado extinto, sem resolução de mérito." (MI 211/DF, rel. Ministra Nancy Andrighi, Corte Especial, julgamento em 05/10/2011, DJe de 14/10/2011)

> "[...] I - **O mandado de injunção tem finalidade definida na Constituição Federal para assegurar o exercício de direitos e liberdades constitucionais e prerrogativas inerentes à nacionalidade, à soberania e à cidadania, inviabilizadas diante da falta de norma regulamentadora**. II - **Ausência de pressuposto específico para o manejo do *mandamus*, uma vez que não demonstrada pelo impetrante a existência de direito seu, em tese constitucionalmente assegurado, cujo exercício dependa de manifestação legislativa. Extinto o processo sem julgamento do mérito**." (MI 169/DF, rel. Ministro Felix Fischer, Corte Especial, julgamento em 21/02/2001, DJ de 25/03/2002)

Dessarte, não é qualquer omissão legislativa que dará ensejo à impetração de Mandado de Injunção, como nas hipóteses exemplificativas em que se requeira a regulamentação dos efeitos de medida provisória não convertida em lei ou de matéria não constitucionalmente prevista. Igualmente, não será cabível tal medida quando já exista norma constitucional que dê tratamento, ainda que transitório, à questão; tampouco na hipótese em que se busque apenas o cumprimento de regulamentação já existente ou mesmo quando se argumente a insatisfatoriedade dessa norma. Ainda, essa via processual não se presta à pretensão de realização de controle concentrado de constitucionalidade da norma regulamentadora. Os exemplos mencionados são colhidos de casos jurisprudenciais analisados pelo STF e pelo STJ.

► **STF:**

> "Importações favorecidas por decreto-lei transformado em medida provisória, que não veio a ser convertida em lei (art. 25, par. 2., do A.D.C.T). **Pretensão de que sejam regulados os efeitos consumados da medida. Não é idôneo, para esse fim, o mandado de injunção, por demandar-se a regulamentação de situação decorrente da aplicação de norma ordinária, não DE alguma regra que torne viável o exercício de liberdade constitucional, de direito ou liberdade constitucional, ou de prerrogativa inerente a nacionalidade, a soberania e a cidadania** (art. 5., LXXI, da C.F.)." (MI 415-AgR/SP, rel. Ministro Octavio Gallotti, Tribunal Pleno, julgamento em 11/03/1993, DJ de 07/05/1993)

"AGRAVO REGIMENTAL EM MANDADO DE INJUNÇÃO. REGULAMENTAÇÃO DA ATIVIDADE DE BINGO. FALTA DE COMANDO CONSTITUCIONAL ESPECÍFICO. NÃO CONHECIMENTO DA AÇÃO. RECURSO NÃO PROVIDO. 1. **O mandado de injunção possui natureza mandamental e volta-se à colmatação de lacuna legislativa capaz de inviabilizar o gozo de direitos e liberdades constitucionalmente assegurados, bem como de prerrogativas inerentes à nacionalidade, à soberania e à cidadania (art. 5º, inciso LXXI, da Constituição Federal)**. 2. **Correta e irretocável a decisão sob recurso, que obstou o seguimento da medida, em razão da ausência, na Constituição Federal, de qualquer dispositivo que imponha ao Estado o dever de legislar sobre a atividade de bingos ou outras correlatas, tornando inviável o manejo do mandado de injunção**. Precedente. 3. Agravo regimental não provido." (MI 765-AgR, rel. Ministro Dias Toffoli, Tribunal Pleno, julgamento em 30/11/2011, DJe de 01/02/2012)

"AGRAVO REGIMENTAL EM MANDADO DE INJUNÇÃO. REGIME DE SOBREAVISO DE SERVIDOR PÚBLICO. AUSÊNCIA DE PRECEITO CONSTITUCIONAL. NÃO CABIMENTO DO WRIT. 1. **Não há nenhum preceito constitucional que tenha por objeto o suposto direito que se alega pendente de regulamentação, o que impossibilita o conhecimento do writ, nos termos da jurisprudência do Supremo Tribunal Federal**. 2. Agravo regimental a que se nega provimento." (MI 5.008-AgR/DF, rel. Ministro Roberto Barroso, Tribunal Pleno, julgamento em 26/02/2015, DJe de 04/05/2015)

"DIREITO CONSTITUCIONAL E TRABALHISTA. MANDADO DE INJUNÇÃO DESTINADO A COMPELIR O CONGRESSO NACIONAL A ELABORAR A LEI COMPLEMENTAR A QUE SE REFERE O INCISO I DO ART. 7° DA CONSTITUIÇÃO FEDERAL. 1. **Existindo norma, na própria Constituição Federal, mais precisamente no art. 10, I, do A.D.C.T., que regula, provisoriamente, o direito previsto no inciso I do art. 7º da Parte Permanente, enquanto não aprovada a lei complementar a que se refere, mostra-se descabido o Mandado de Injunção destinado a compelir o Congresso Nacional a elaborá-la**. 2. Precedentes: Mandados de Injunção nos 487 e 114. 3. Mandado de Injunção não conhecido." (MI 628, rel. Ministro Sydney Sanches, Tribunal Pleno, julgamento em 19/08/2002, DJ de 25/10/2002)

"CONSTITUCIONAL. MANDADO DE INJUNÇÃO: EXISTÊNCIA DA NORMA INFRACONSTITUCIONAL: NÃO-CABIMENTO DA INJUNÇÃO. C.F., art. 5º, LXXI. I.- **A norma regulamentadora, infraconstitucional, existe. Todavia, o impetrante a considera insatisfatória. Caso de não-cabimento do mandado de injunção**.

II.- Negativa de seguimento ao pedido. Agravo não provido." (MI 600-AgR, rel. Ministro Carlos Velloso, Tribunal Pleno, julgamento em 26/03/2003, DJ de 09/05/2003)

"MANDADO DE INJUNÇÃO - OBJETO - PERDA. Uma vez editada a lei em relação à qual restou apontada omissão, tem-se a perda de objeto do mandado de injunção. MANDADO DE INJUNÇÃO - INCONSTITUCIONALIDADE DE NORMA - CONTROLE CONCENTRADO. **O mandado de injunção não é o meio próprio a lograr-se o controle concentrado de constitucionalidade de certa norma.**"(MI 575-AgR, rel. Ministro Marco Aurélio, Tribunal Pleno, julgamento em 29/10/1998, DJ de 26/02/1999)

► **STJ:**

"PROCESSUAL CIVIL. DIREITO JUDICIÁRIO. MANDADO DE INJUNÇÃO. REGULAMENTAÇÃO DE DISTRIBUIÇÃO DE PROCESSOS JUDICIAIS. MATÉRIA REGULAMENTADA NA CONSTITUIÇÃO FEDERAL, NO ESTATUTO DA OAB E NO REGIMENTO INTERNO DO TRIBUNAL DE JUSTIÇA DO ESTADO. 1. Recurso Ordinário em Mandado de Injunção interposto no intuito de regulamentar a distribuição de processos judiciais. 2. **Pretensão que, na verdade, não enseja propriamente a regulamentação, mas o cumprimento das normas já existentes no que se relaciona à publicidade dos atos de distribuição judiciária. Tal inconformismo não conduz à hipótese de cabimento de Mandado de Injunção e nem de Mandado de Segurança, porque contra lei em tese esta hipótese é inaceitável.** [...]" (Pet 1.309/MA, rel. Ministro José Delgado, Primeira Turma, julgamento em 15/02/2001, DJ de 02/04/2001)

No caso da edição da norma regulamentadora supervenientemente à impetração do Mandado de Injunção, a jurisprudência mais tradicional afirma ser o caso de sua perda de objeto, ensejando a extinção, sem apreciação de mérito, do referido *writ*. O assunto será objeto de tópico específico mais à frente.

► **STF:**

"[...] I - **A orientação do Supremo Tribunal Federal é pela prejudicialidade do mandado de injunção com a edição da norma regulamentadora então ausente.** II - Excede os limites da via eleita a pretensão de sanar a alegada lacuna normativa do período pretérito à edição da lei regulamentadora. III – Agravo a que se nega provimento." (MI 1.011-AgR, rel. Ministro Ricardo Lewandowski, Tribunal Pleno, julgamento em 10/05/2012, DJe de 30/05/2012)

"**MANDADO DE INJUNÇÃO - OBJETO - PERDA. Uma vez editada a lei em relação à qual restou apontada omissão, tem-se a perda de objeto do mandado de injunção**. MANDADO DE INJUNÇÃO - INCONSTITUCIONALIDADE DE NORMA - CONTROLE CONCENTRADO. O mandado de injunção não é o meio próprio a lograr-se o controle concentrado de constitucionalidade de certa norma." (MI 575-AgR, rel. Ministro Marco Aurélio, Tribunal Pleno, julgamento em 29/10/1998, DJ de 26/02/1999)

Entretanto, destaca-se haver caso em que se afastou a tese de prejudicialidade do Mandado de Injunção, mesmo com a superveniência da norma regulamentadora, tendo em vista que o julgamento de mérito do *writ* já havia sido iniciado pelo Plenário do STF.

▶ **STF:**

"[...] 6. **Argumentação de perda superveniente do objeto das impetrações em razão do advento da norma regulamentadora. Rejeição da tese pelo Plenário, que decidiu dar continuidade no julgamento dos MI impetrados antes da publicação da Lei 12.506/2011** 7. Embargos parcialmente acolhidos (ED 943, 1010, 1074 e 1090), apenas para reconhecer a ilegitimidade passiva da Companhia Vale do Rio Doce, todavia a manter no feito na qualidade de interessada. Embargos de declaração dos impetrantes nos MI 1010 e 1074 rejeitados." (MI 943-ED, rel. Ministro Gilmar Mendes, Tribunal Pleno, julgamento em 27/02/2014, DJe de 23/06/2014)

→ **Aplicação em concurso:**

- **Procurador do Município – PGM/Manaus (2018) – CESPE**

  "A concessão do mandado de injunção está condicionada à ausência de norma regulamentadora para o exercício de um direito, ainda que esta omissão seja parcial."

  A afirmativa está correta.

- **Procurador Autárquico – PauliPrev (2018) – VUNESP**

  "O mandado de injunção é o meio processual adequado para questionar a efetividade da lei regulamentadora, de acordo com jurisprudência do Supremo Tribunal Federal."

  A afirmativa está errada

- **Defensor Público – DPE/PR (2017) – FCC**

  "Como remédio constitucional previsto em todas as Constituições republicanas, mas suspensa durante a vigência do Ato Institucional nº 5, é cabível sempre que a falta total ou parcial de norma regulamentadora torne inviável o exercício dos direitos e liberdades constitucionais e das prerrogativas inerentes à nacionalidade, à soberania e à cidadania."

A afirmativa está errada.

- **Administrador – DPE/PR (2017) – INAZ do Pará**

"A Constituição Federal de 1988 é um marco na história do Brasil, sendo seu texto produzido de acordo com os anseios da população brasileira. A Constituição Brasileira trouxe diversos avanços concernentes aos direitos e garantias fundamentais. Analisando este viés assinale a alternativa que corresponde às previsões da carta Cidadã no que concerne aos Remédios Constitucionais.

O Mandado de Injunção se destina a provocar o Poder Judiciário e dele exigir a declaração da falta de norma regulamentadora, sendo certo que o Supremo Tribunal Federal atualmente se limita a utilização da teria não concretista o que apenas constata a mora do poder, órgão ou autoridade com atribuição para editar a norma regulamentadora, reconhecendo-se formalmente sua inércia."

Afirmativa errada.

- **Escrevente Técnico Judiciário - TJSP (2017) - VUNESP**

"Sempre que a falta de norma regulamentadora torne inviável o exercício dos direitos e liberdades constitucionais, conceder-se-á:

A) mandado de segurança coletivo.

B) mandado de injunção.

C) ação de descumprimento de preceito fundamental.

D) habeas data.

E) mandado de segurança."

Alternativa correta: letra "B".

- **Escrevente Técnico Judiciário - TJSP (2017) - VUNESP**

"Conceder-se-á mandado de injunção sempre que

A) a falta total ou parcial de norma regulamentadora torne inviável o exercício dos direitos e liberdades constitucionais.

B) alguém sofrer ou se achar ameaçado de sofrer violência ou coação em sua liberdade de locomoção, por ilegalidade ou abuso de poder.

C) qualquer cidadão pleitear a anulação ou a declaração de nulidade de atos lesivos ao patrimônio público, por falta de norma regulamentadora.

D) a falta de legislação, total ou parcial, atingir direito líquido e certo reconhecido pela Constituição Federal.

E) haja efetiva ameaça a direitos individuais ou coletivos por ato ou omissão de autoridade pública no exercício de atribuições do poder público."

Alternativa correta: letra "A".

- **Agente Penitenciário – SEJUDH/MT (2017) - IBADE**

"O remédio constitucional que deve ser utilizado sempre que a falta de norma regulamentadora torne inviável o exercício dos direitos e liberdades constitucionais e das prerrogativas inerentes à nacionalidade, à soberania e à cidadania corresponde ao (à):

A) ação civil pública.

B) habeas corpus

C) mandado de injunção

D) mandado de segurança.

E) ação popular."

Alternativa correta: letra "C".

- **Procurador Previdenciário – IPREV (2017) - IBEG**

"Um servidor municipal exerceu a função de cirurgião-médico, por 27 anos, na municipalidade, atuando em ambiente insalubre. Após ter negado seu pedido de aposentadoria, o autor ingressou com ação judicial, ressaltando que a inexistência de lei complementar inviabilizava o exercício do direito à aposentadoria, implementando o período consentâneo com o desgaste decorrente do contato com agentes nocivos à saúde, com portadores de moléstias infectocontagiosas humanas e materiais e objetos contaminados.

No caso em tela, trata-se de uma ação de

A) Mandado de Segurança.

B) Mandado de Injunção.

C) Ação Declaratória.

D) Habeas Data.

E) Mandado de Segurança Coletivo."

Alternativa correta: letra "B".

- **Procurador Jurídico – Câmara de Mogi das Cruzes/SP (2017) – VUNESP**

"Uma servidora municipal exerceu, desde 22 de outubro de 1986, a função de dentista na municipalidade, atuando em ambiente insalubre. A autora ressaltou que a inexistência de lei complementar inviabilizava o exercício do direito à aposentadoria, implementado o período consentâneo com o desgaste decorrente do contato com agentes nocivos à saúde, com portadores de moléstias infectocontagiosas humanas e materiais e objetos contaminados.

No caso hipotético em tela, a ação cabível para obtenção da aposentadoria especial é

A) o mandado de segurança.

B) a ação declaratória.

C) o mandado de injunção.

D) o habeas data.

E) o mandado de segurança coletivo."

Alternativa correta: letra "C".

- **Auditor de Controle Externo – TCE/PA (2016) - CESPE**

"Entre os direitos fundamentais incluem-se os remédios constitucionais, como, por exemplo, o mandado de injunção, criado pela Constituição Federal de 1988 e que tem por finalidade suprir a falta de norma regulamentadora que inviabilize o exercício dos direitos e liberdades constitucionais e das prerrogativas inerentes à nacionalidade, à soberania e à cidadania."

Afirmativa correta.

- **Juiz de Direito Substituto – TJM/SP (2016) - VUNESP**

"Não existindo lacuna que torne inviável o exercício dos direitos e liberdades constitucionais, não há necessidade de mandado de injunção; portanto, o mandado de injunção não pode ser concedido verificando-se a existência de norma anterior à Constituição devidamente recepcionada."

Afirmativa correta.

- **Titular de Serviços de Notas e de Registros - Remoção – TJMG (2016) - CONSULPLAN**

"O mandado de injunção visa suprir a carência de normas regulamentadoras do exercício dos direitos e garantias constitucionais e das prerrogativas inerentes à nacionalidade, à soberania e à cidadania."

Afirmativa correta.

- **Administrador – Prefeitura de Rio Branco (2016) - IBADE**

"Sempre que a falta de norma regulamentadora torne inviável o exercício dos direitos e liberdades constitucionais e das prerrogativas inerentes à nacionalidade, à soberania e à cidadania, condecer-se-á:

A) *habeas corpus.*

B) mandado de segurança.

C) *habeas data.*

D) ação direta de inconstitucionalidade.

E) mandado de injunção."

Alternativa correta: letra "E".

- **Analista Fiscal de Serviços – Prefeitura de São Paulo/SP (2016) - VUNESP**

"Nos termos da Constituição da República, sempre que a falta de norma regulamentadora torne inviável o exercício dos direitos e das liberdades constitucionais e das prerrogativas inerentes à nacionalidade, à soberania e à cidadania,

A) conceder-se-á mandado de injunção.

B) será cabível o ajuizamento do habeas data.

C) o prejudicado poderá impetrar habeas corpus.

D) caberá ação popular.

E) o cidadão poderá impetrar mandado de segurança."

Alternativa correta: letra "A".

- **Analista Administrativo – ANAC (2016) - ESAF**

"João, residente no Brasil, brasileiro nato, ante a falta de norma regulamentadora, está sendo coibido de exercitar prerrogativa inerente à sua nacionalidade. Assim, João, nos termos da Constituição Federal, deverá propor

A) ação popular.

B) mandado de injunção.

C) ação civil pública.

D) mandado de segurança.

E) habeas data."

Alternativa correta: letra "B".

- **Procurador do Município – Prefeitura de São Luís/MA (2016) - FCC**

"O Sindicato das Casas de Diversões de determinado Estado da federação, que desde o início dos anos 2000 congrega empresas que atuam no setor do entretenimento e eventos, impetra mandado de injunção no Supremo Tribunal Federal, diante da inércia do Congresso Nacional em regulamentar a atividade de jogos de bingo no país. Nessa hipótese, à luz da Constituição da República e da jurisprudência do Supremo Tribunal Federal sobre a matéria, o mandado de injunção

A) é cabível, na medida em que a ausência da norma regulamentadora inviabiliza o exercício do direito à livre iniciativa e à liberdade de exercício de trabalho, ofício ou profissão.

B) não é cabível, por ser do Superior Tribunal de Justiça a competência para processar e julgar o mandado de injunção quando a norma regulamentadora cuja ausência se pretenda suprir for atribuição de autoridade federal.

C) não é cabível, pois o sindicato não possui legitimidade para a propositura de mandado de injunção.

D) é cabível, na medida em que é competência da União legislar privativamente sobre sorteios e consórcios.

E) não é cabível, por inexistir direito constitucionalmente assegurado cujo exercício seja inviabilizado pela ausência de norma regulamentadora."

Alternativa correta: letra "E".

- **Analista de Processos Organizacionais – Direito – BAHIAGÁS (2016) - IESES**

"O mandado de injunção é o remédio processual que visa tornar exigíveis e acionáveis os direitos humanos e suas liberdades, que a Constituição não protege por falta de norma reguladora, permitindo à pessoa exigir a viabilidade do exercício dos direitos e das liberdades constitucionais."

Afirmativa errada.

- **Procurador Municipal – Prefeitura de Sertãozinho/SP (2016) - VUNESP**

"Conceder-se-á mandado de injunção sempre que a falta de norma regulamentadora torne inviável o exercício dos direitos e liberdades constitucionais e das prerrogativas inerentes à nacionalidade, à soberania e à cidadania, sendo o uso do instrumento processual adequado nos casos em que os referidos direitos estejam contemplados em normas constitucionais de eficácia plena."

Afirmativa errada.

- **Advogado – EBSERH (HU/FURG) (2016) - IBFC**

"Conceder-se-á mandado de injunção sempre que a falta de norma regulamentadora torne viável o exercício dos direitos e liberdades constitucionais e das prerrogativas inerentes à nacionalidade, à soberania e à cidadania."

Afirmativa errada.

- **Procurador do Município – Prefeitura de Rosana/SP (2016) - VUNESP**

"Conceder-se-á mandado de injunção para proteger direito líquido e certo, quando o responsável pela ilegalidade ou abuso de poder for autoridade pública ou agente de pessoa jurídica no exercício de atribuições do Poder Público."

Afirmativa errada.

- **Titular de Serviços de Notas e de Registros - Remoção – TJPA (2016) – IESES**

  "Sempre que a falta de norma regulamentadora torne inviável o exercício dos direitos e liberdades constitucionais e das prerrogativas inerentes à nacionalidade, à soberania e à cidadania é possível a concessão de:

  A) Habeas corpus.

  B) Mandado de Injunção.

  C) Habeas data.

  D) Mandado de Segurança."

  Alternativa correta: letra "B".

- **Procurador Municipal – Prefeitura de Chopinzinho/PR (2016) – FAU**

  "Conceder-se-á mandado de injunção sempre que a falta de norma regulamentadora torne inviável o exercício dos direitos e liberdades constitucionais e das prerrogativas inerentes à nacionalidade, à soberania e à cidadania."

  Afirmativa correta.

- **Advogado – SAEG (2015) – VUNESP**

  "Em relação aos remédios constitucionais previstos na Constituição Federal, é correto afirmar que [...] cabe mandado de injunção tanto nas relações de natureza pública como nas relações privadas, como por exemplo, nas relações de emprego privado."

  Afirmativa correta.

- **Assessor Jurídico/Procurador Geral – Prefeitura de Caieiras/SP (2015) – VUNESP**

  "Conceder-se-á mandado de injunção para proteger direito líquido e certo, não amparado por habeas--corpus ou habeas-data, quando o responsável pela ilegalidade ou pelo abuso de poder for autoridade pública ou agente de pessoa jurídica no exercício de atribuições do Poder Público."

  Afirmativa errada.

- **Fiscal de Tributos – Prefeitura de Nova Friburgo/RJ (2015) – EXATUS/PR**

  "O objeto do Mandado de Injunção será sempre a correção de ato ou omissão de autoridade, desde que ilegal e ofensivo, de direito individual ou coletivo, líquido e certo, do impetrante."

Afirmativa errada.

- **Assistente em Gestão de Ciência e Tecnologia – Administrativa – FACEPE (2015) – UPENET**

"Qual é a ação constitucional usada em um caso concreto, individual ou coletivamente, com a finalidade de o Poder Judiciário dar ciência ao Poder Legislativo sobre a ausência de norma regulamentadora, que torne inviável o exercício dos direitos e garantias constitucionais e das prerrogativas inerentes à nacionalidade, soberania e cidadania?

A) Mandado de injunção

B) Mandado de segurança

C) Habeas corpus

D) Habeas data

E) Ação popular."

Alternativa correta: letra "A".

- **Técnico Judiciário - Área Administrativa – TER/PB (2015) – FCC**

"A medida judicial que pode ser proposta por qualquer cidadão para suprir omissão regulamentadora que torne inviável o exercício de liberdade constitucional é

A) o mandado de segurança.

B) a ação popular.

C) o habeas data.

D) o mandado de injunção.

E) o habeas corpus."

Alternativa correta: letra "D".

- **Advogado do CREAS – Prefeitura de Teixeira de Freitas/BA (2015) – IBEG**

"O Mandado de Injunção é utilizado para que o indivíduo tenha acesso, retifique ou justifique registros de sua pessoa, constantes de banco de dados de caráter público."

Afirmativa errada.

- **Advogado da União – AGU (2015) – CESPE**

"De acordo com o atual entendimento do STF, a decisão proferida em mandado de injunção pode levar à concretização da norma constitucional despida de plena eficácia, no tocante ao exercício dos direitos e das liberdades constitucionais e das prerrogativas relacionadas à nacionalidade, à soberania e à cidadania."

Afirmativa correta.

- **Especialista socioeducativo – Secretaria da Criança/DF (2015) – FUNIVERSA**

  "O mandado de injunção não pode ser impetrado na hipótese de inconstitucionalidade por omissão relativa (discriminação arbitrária) ou omissão parcial (insuficiência propriamente dita), porquanto o cabimento dessa impetração pressupõe falta de norma regulamentadora."

  Afirmativa errada.

- **Titular de Serviços de Notas e de Registros - Remoção – TJMG (2015) - CONSULPLAN**

  "Conceder-se-á mandado de injunção sempre que houver omissão legislativa que impeça ou prejudique a fruição de qualquer direito."

  Afirmativa errada.

- **Auxiliar Judiciário – TJPA (2014) - VUNESP**

  "A proteção constitucional do direito de locomoção é garantida por meio do [...] mandado de injunção."

  Afirmativa errada.

- **Estágio forense – MPE/RJ (2014) - FGV**

  "O mandado de injunção é uma ação constitucional, tida como garantia fundamental, oponível diante de omissões de Poder Público respectivo em regulamentar matérias que viabilizem o exercício de direitos e liberdades constitucionais e das prerrogativas concernentes à nacionalidade, à soberania e à cidadania."

  Afirmativa correta.

- **Auditor Fiscal da Receita Estadual – SEFAZ/RS (2014) - FUNDATEC**

  "Conceder-se-á mandado de injunção sempre que a falta de norma regulamentadora torne inviável o exercício dos direitos e liberdades constitucionais e das prerrogativas inerentes à cidadania, à nacionalidade e à soberania."

  Afirmativa correta.

- **Secretário de diligências – MPE/RS (2014) – Banca própria**

  "São consideradas ações constitucionais o mandado de segurança, a ação popular, o habeas corpus, a ação civil pública e o mandado de injunção."

  Afirmativa correta.

3. Autoaplicabilidade do art. 5º, LXXI, da CRFB/88

Como acima se destacou, a Lei nº 13.300/2016 – apesar de editada mais de vinte e sete anos depois da promulgação da CRFB/88 – foi a primeira lei do ordenamento jurídico brasileiro destinada a dar tratamento ao mandado de injunção, minudenciando e regulamentando as normas constitucionais e estabelecendo seu procedimento. No estado anterior à sua existência, especialmente nos primeiros anos de vigência do atual texto constitucional, discutia-se se a norma constitucional do art. 5º, LXXI, seria autoaplicável ou se a possibilidade de manejo do Mandado de Injunção dependeria de prévia norma infraconstitucional que atribuísse eficácia à previsão constitucional e estabelecesse o seu iter procedimental.

A questão foi analisada pelo Supremo Tribunal Federal ainda na década de 1980 em questão de ordem suscitada no famoso MI 107. À época, evidenciavam-se duas posições antagônicas, conforme a defesa da necessidade ou desnecessidade da existência de prévio ato normativo infraconstitucional que regulamentasse o direito ao uso do Mandado de Injunção. Restou vencedora a tese de que a ausência de norma infraconstitucional não poderia impedir o manejo de tal remédio constitucional, de modo que, na ausência de regramento específico, dever-se-ia utilizar o procedimento então existente para o *writ* do Mandado de Segurança.

► **STF:**

> "**MANDADO DE INJUNÇÃO. QUESTÃO DE ORDEM SOBRE SUA AUTO-APLICABILIDADE, OU NÃO**. - EM FACE DOS TEXTOS DA CONSTITUIÇÃO FEDERAL RELATIVOS AO MANDADO DE INJUNÇÃO, É ELE AÇÃO OUTORGADA AO TITULAR DE DIREITO, **GARANTIA OU PRERROGATIVA A QUE ALUDE O ARTIGO 5º., LXXI, DOS QUAIS O EXERCÍCIO ESTÁ INVIABILIZADO PELA FALTA DE NORMA REGULAMENTADORA**, E AÇÃO QUE VISA A OBTER DO PODER JUDICIÁRIO A DECLARAÇÃO DE INCONSTITUCIONALIDADE DESSA OMISSÃO SE ESTIVER CARACTERIZADA A MORA EM REGULAMENTAR POR PARTE DO PODER, ÓRGÃO, ENTIDADE OU AUTORIDADE DE QUE ELA DEPENDA, COM A FINALIDADE DE QUE SE LHE DÊ CIÊNCIA DESSA DECLARAÇÃO, PARA QUE ADOTE AS PROVIDÊNCIAS NECESSÁRIAS, À SEMELHANÇA DO QUE OCORRE COM A AÇÃO DIRETA DE INCONSTITUCIONALIDADE POR OMISSÃO (ARTIGO 103, PAR-2., DA CARTA MAGNA), E DE QUE SE DETERMINE, SE SE TRATAR DE DIREITO CONSTITUCIONAL OPONÍVEL CONTRA O ESTADO, A SUSPENSÃO DOS PROCESSOS JUDICIAIS OU ADMINISTRATIVOS DE QUE

POSSA ADVIR PARA O IMPETRANTE DANO QUE NÃO OCORRERIA SE NÃO HOUVESSE A OMISSÃO INCONSTITUCIONAL. - **ASSIM FIXADA A NATUREZA DESSE MANDADO, É ELE, NO ÂMBITO DA COMPETÊNCIA DESTA CORTE – QUE ESTÁ DEVIDAMENTE DEFINIDA PELO ARTIGO 102, I, 'Q' –, AUTO-EXECUTÁVEL, UMA VEZ QUE, PARA SER UTILIZADO, NÃO DEPENDE DE NORMA JURÍDICA QUE O REGULAMENTE, INCLUSIVE QUANTO AO PROCEDIMENTO, APLICÁVEL QUE LHE É ANALOGICAMENTE O PROCEDIMENTO DO MANDADO DE SEGURANÇA, NO QUE COUBER. QUESTÃO DE ORDEM QUE SE RESOLVE NO SENTIDO DA AUTO-APLICABILIDADE DO MANDADO DE INJUNÇÃO**, NOS TERMOS DO VOTO DO RELATOR." (MI 107-QO/DF, rel. Ministro Moreira Alves, Tribunal Pleno, julgamento em 23/11/1989, DJ de 21/09/1990)

→ **Aplicação em concurso:**

- **Juiz do Trabalho Substituto – TRT/4ª Região (2016) – Banca própria**

  "O mandado de injunção previsto na Constituição Federal de 1988 é autoaplicável."

  Afirmativa correta.

Desde então, a discussão passou a ser quase que inexistente, mas a sua importância histórica revela a necessidade de menção a tal julgamento. Com a superveniência da Lei nº 8.038/1990, que instituiu normas procedimentais para os processos que especifica, perante o Superior Tribunal de Justiça e o Supremo Tribunal Federal, passou a existir previsão expressa no ordenamento jurídico brasileiro da aplicação do procedimento do Mandado de Segurança. Com efeito, o parágrafo único de seu art. 25 firmou o entendimento de que "No mandado de injunção e no habeas data, serão observadas, no que couber, as normas do mandado de segurança, enquanto não editada legislação específica". Por fim, destaca-se que, com o regramento agora específico da Lei nº 13.300/2016, seu art. 14 afirma a aplicabilidade subsidiária ao mandado de injunção das normas do mandado de segurança (Lei nº 12.016/2009), além do Código de Processo Civil.

4. Diferenças em relação à Ação Direta de Inconstitucionalidade por Omissão

Como já referido, além do Mandado de Injunção, outro instrumento previsto pela CRFB/88 para situações de omissões legislativas foi a Ação Direta de Inconstitucionalidade por Omissão (ADIO). Entretanto, apesar de serem institutos jurídicos conexos e construídos para finalidade similares, o Mandado de Injunção não se confunde com a

ADIO, cada um deles contendo características que os individualizam e os diferenciam, pelo que exsurge importante conhecê-las.

Sobre a ADIO, de início, destaca-se que se trata de uma das ações típicas do controle concentrado e abstrato de constitucionalidade, prevista já desde a redação originária da Constituição de 1988, que em seu art. 103, § 2º, estatui: "Declarada a inconstitucionalidade por omissão de medida para tornar efetiva norma constitucional, será dada ciência ao Poder competente para a adoção das providências necessárias e, em se tratando de órgão administrativo, para fazê-lo em trinta dias".

Dentro do controle judicial de constitucionalidade, há duas classificações principais, decorrentes de dois sistemas de origens distintas. Tais classificações se comunicam e os referidos sistemas têm apresentado aproximações cada vez mais frequentes. De todo modo, ainda é importante conhecê-los.

Inicialmente, quanto aos órgãos judiciais a quem se possibilita realizar o controle de constitucionalidade, este pode ser difuso ou concentrado. Será concentrado quando couber apenas a um Tribunal Constitucional, de forma unificada e centralizada, realizar a tarefa de controle de constitucionalidade. Nesse sentido, se em uma lide em trâmite perante juízo de primeiro grau, por exemplo, exsurge a alegação de inconstitucionalidade, caberia remeter essa questão incidental ao Tribunal competente, para que, resolvida a questão, o juízo de origem pudesse retomar o curso do processo original.

De outro lado, no sistema difuso, atribui-se a todos os órgãos do Poder Judiciário, no exercício de suas funções jurisdicionais, o exercício do controle de constitucionalidade, que se dá de forma descentralizada. Até mesmo o juízo de primeiro grau, nas causas de sua competência, poderia afastar a incidência de uma norma no caso apreciado, por fundamento de sua inconstitucionalidade.

Sob outro prisma, agora quanto à forma de exercício do controle de constitucionalidade, este pode ser concreto ou abstrato. Será concreto quando se der incidentalmente em um caso concreto, no qual a arguição de inconstitucionalidade de uma norma exsurja como fundamento jurídico relevante ao deslinde da controvérsia sob análise. Nesses casos, a questão constitucional não consistirá no ponto principal da demanda, mas questão incidental e prejudicial à sua resolução.

O controle de constitucionalidade será dito abstrato, por outro lado, quando sua análise se operar de modo desvinculado a qualquer questão concreta, em que a apreciação se dá em tese, de forma abstrata. Em tais casos, a questão da constitucionalidade/inconstitucionalidade constitui o fundamento principal e único do processo.

É importante destacar que as duas formas de classificação se comunicam. Assim, o mais comum é que o controle de constitucionalidade difuso se dê de forma concreta e incidental, enquanto o controle concentrado se dê de forma abstrata. O primeiro modelo (difuso e concreto) remonta a origens do direito constitucional norte-americano, especialmente a partir do caso *Marbury vs. Madison* (1803), consubstanciando importante influência a Rui Barbosa, quando do desenho institucional da Constituição de 1891. Em uma perspectiva mais tradicional, atribui-se às decisões proferidas em tal modelo efeitos apenas *inter partes*, de modo que a incidência da norma dita inconstitucional apenas é afastada perante aquele caso concreto.

O segundo modelo (concentrado e abstrato), por sua vez, tem suas ideias principais atribuídas a Hans Kelsen, as quais foram inicialmente implementadas na Áustria e na Alemanha, posteriormente se espalhando mundo afora. Em tais casos, as decisões possuem, em geral e a princípio, efeitos *erga omnes* e *ex tunc*, expurgando-se a norma inconstitucional do ordenamento jurídico, atuando o Judiciário como legislador negativo, como já dito.

→ Aplicação em concurso:

- **Defensor Público – DPE/PR (2017) – FCC**

  "Diferencia-se o Mandado de Injunção da Ação Direta de Inconstitucionalidade por omissão pois aquele retrata processo subjetivo de controle de constitucionalidade, ao passo que este é processo objetivo; mas se assemelham pois ambos prevêem a medida liminar para suspender processos judiciais ou procedimentos administrativos, ou ainda em outra providência a ser fixada pelo Poder Judiciário."

  A afirmativa está errada.

- **Procurador do Ministério Público do TCE/MG (2007) – FCC**

  "O judicial review, como sendo a faculdade que as Constituições outorgam ao Poder Judiciário de declarar a inconstitucionalidade de lei e de outros atos do Poder Público que contrariem, formal ou materialmente, preceitos ou princípios constitucionais, como ocorre nos Estados Unidos da América do Norte, caracteriza o controle como jurisdicional."

A afirmativa está correta.

- **Advogado do Instituto de Previdência dos Servidores do Estado do Espírito Santo – IPAJM (2010)**

  "Uma norma pode ter a sua constitucionalidade aferida pelo modelo de controle difuso ou pelo modelo concentrado. O primeiro teve sua origem na Áustria, sob a influência de Hans Kelsen, e o segundo, nos Estados Unidos da América, a partir do caso Marbury versus Madison, em 1803."

  A afirmativa está errada.

Importante destacar que no modelo brasileiro atualmente vigente os dois modelos convivem, cada qual em sua esfera de competência e com suas peculiaridades: tem-se o sistema abstrato/concentrado, exercido exclusivamente pelo Supremo Tribunal Federal por meio dos processos típicos do controle de constitucionalidade (ex: Ação Direta de Inconstitucionalidade – ADI, Ação Declaratória de Constitucionalidade – ADC, Ação Direta de Inconstitucionalidade por Omissão – ADIO, Arguição por Descumprimento de Preceito Fundamental – ADPF), decisões às quais se confere efeitos vinculantes, *ex tunc* (desde o início) e eficácia erga omnes (art. 102, § 2º, da CRFB/88). Com esse modelo coexiste o sistema concreto/difuso, exercido por todos os órgãos judiciais no exercício de função judicante, inclusive pelo Supremo Tribunal Federal (na análise de Recursos Extraordinários ou processos de sua competência originária, que não os de fiscalização abstrata de inconstitucionalidade – ex: Ação Cível Originária, Ação Originária, Ação Rescisória, etc.). Além das disposições constitucionais, há para esse segundo modelo normas próprias previstas no Código de Processo Civil (como, por exemplo, o regramento relativo ao Incidente de Arguição de Inconstitucionalidade, previsto nos arts. 948 e seguintes do CPC/2015).

Entretanto, como acima aludido, os modelos têm se aproximado, de modo a se perceber uma obsolescência em suas distinções. Nesse sentido, podem ser citados como exemplos de mitigação dessas diferenças a criação da sistemática da repercussão geral (Emenda Constitucional nº 45/2004, art. 102, § 3º, da CRFB/88), pela qual, dentre outros fatores, se busca conferir efeitos vinculantes também às decisões proferidas pelo STF no âmbito do controle concreto/incidental. Outro exemplo é a possibilidade de o Senado editar resolução suspendendo a execução, total ou parcialmente, de lei declarada inconstitucional pelo STF (art. 52, X, da CRFB/88), o que na prática representa conferir efeitos *erga omnes* a uma decisão cujos efeitos inicialmente eram apenas *inter partes*.

Como em outra oportunidade já se afirmou, "o âmbito de aplicação do dispositivo (art. 52, X, da CRFB/8) foi objeto de discussão no STF na Rcl 4.335, de relatoria do Min. Gilmar Mendes", em que se discutiu "se persistia a necessidade da edição de resolução pelo Senado Federal para que se deem os mencionados efeitos vinculantes e eficácia erga omnes à decisão proferida pela Corte; ou se, por mutação constitucional, a *ratio* do dispositivo seria de tão somente dar publicidade a essas decisões"[2]. Ao final, a aludida tese de mutação constitucional restou não acolhida pelo Plenário do Supremo Tribunal Federal.

→ Aplicação em concurso:

- **Analista judiciário STM (2011)**

  "No sistema constitucional brasileiro, o Supremo Tribunal Federal (STF) pode exercer o controle de constitucionalidade apenas via recurso extraordinário e em processos objetivos, nos quais se veiculem as ações diretas."

  A alternativa está errada.

Assim, tratando-se de ação de controle concentrado de constitucionalidade, a ADIO atrai para si determinadas características próprias dessas ações, tais como ser um processo objetivo, além de rol restrito e peculiar de legitimados ativos, por exemplo. Note que, além da sua previsão constitucional, a Ação Direta de Inconstitucionalidade por Omissão, possui regramento expresso e próprio introduzido expressamente na Lei nº 9.868/99 pela Lei nº 12.063/09.

Como vimos, em sua forma concentrada e abstrata, o controle de constitucionalidade se dá de forma centralizada junto ao Supremo Tribunal Federal, em um processo em que a questão é constitucional é analisada em abstrato, de forma desvinculada a qualquer lide ou caso concreto. A partir dessa ideia e em razão da alta elevação dos valores de ordem pública envolvidos (já que se está a tratar da própria validade de normas jurídicas e da eficácia normativa da Constituição), desenvolve-se a afirmação de que o controle abstrato e concentrado

2. ARABI, Abhner Youssif Mota. **A tensão institucional entre Judiciário e Legislativo: controle de constitucionalidade, diálogo e a legitimidade da atuação do Supremo Tribunal Federal.** Curitiba: Editora Prismas, 2015, p. 127.

de constitucionalidade se dá por meio de um processo sem partes, um processo objetivo.

A partir dessa afirmação, possibilita-se a flexibilização de alguns institutos tradicionais do processo civil legal, já que nos processos de controle concentrado não há propriamente um conflito de interesses, não há exatamente uma pretensão resistida entre partes, não há partes no sentido tradicional e subjetivo do termo. Assim é que não se admite a desistência de uma ADIO (princípio da indisponibilidade), não se aceita a intervenção de terceiros (apesar de ser possível a admissão de *amici curiae*), possibilita-se a consideração na decisão de argumentos não invocados pelos proponentes da ação (causa de pedir aberta), bem como a declaração da inconstitucionalidade de normas conexas e não diretamente abrangidas pelo objeto da ação tal qual proposta (inconstitucionalidade por arrastamento), inaplicabilidade das regras de impedimento e suspeição, a fungibilidade entre as ações do controle concentrado dentre outros. Todos esses conceitos são anunciados como decorrência lógica da afirmação de um processo objetivo, de um processo sem partes.

A perspectiva é diferente no âmbito do controle difuso e concreto, em que o juízo de constitucionalidade se dá em um processo subjetivo e com partes, em seu sentido formal e material. Relembre-se, entretanto, a existência de institutos e instrumentos que aproximam essas formas, inclusive com ferramentas de dessubjetivização das demandas, como o caso da repercussão geral.

► **STF:**

> "AÇÃO DIRETA DE INCONSTITUCIONALIDADE – **DEFESA DE INTERESSES INDIVIDUAIS E CONCRETOS EM SEDE DE CONTROLE ABSTRATO DE CONSTITUCIONALIDADE – INADMISSIBILIDADE – NATUREZA OBJETIVA DO PROCESSO DE FISCALIZAÇÃO CONCENTRADA DE CONSTITUCIONALIDADE** [...] – **O controle normativo de constitucionalidade qualifica-se como típico processo de caráter objetivo, vocacionado, exclusivamente, à defesa, em tese, da harmonia do sistema constitucional. A instauração desse processo objetivo tem por função instrumental viabilizar o julgamento da validade abstrata do ato estatal em face da Constituição da República. O exame de relações jurídicas concretas e individuais constitui matéria juridicamente estranha ao domínio do processo de controle concentrado de constitucionalidade. – A tutela jurisdicional de situações individuais, uma vez suscitada a controvérsia de índole constitucional, há de ser obtida na**

via do controle difuso de constitucionalidade, que, supondo a existência de um caso concreto, revela-se acessível a qualquer pessoa que disponha de interesse e legitimidade (CPC, art. 3º). Doutrina. Precedentes. [...]" (ADI 2.422-AgR, rel. Min. Celso de Mello, Tribunal Pleno, julgada em 10/05/2012, DJe de 30/10/2014).

"[...] **Efeitos concretos remanescentes. Conforme entendimento pacificado no âmbito desta Corte, a remanescência de efeitos concretos pretéritos à revogação do ato normativo não autoriza, por si só, a continuidade de processamento da ação direta de inconstitucionalidade. A solução de situações jurídicas concretas ou individuais não se coaduna com a natureza do processo objetivo de controle de constitucionalidade. Precedentes. Agravo a que se nega provimento**". (ADI 4.620-AgR, rel. Ministro Dias Toffoli, Tribunal Pleno, julgada em 20/06/2012, DJe de 01/08/2012).

"**AÇÃO DIRETA DE INCONSTITUCIONALIDADE - PROCESSO DE CARÁTER OBJETIVO.** [...] **O CONTROLE NORMATIVO ABSTRATO CONSTITUI PROCESSO DE NATUREZA OBJETIVA - A importância de qualificar o controle normativo abstrato de constitucionalidade como processo objetivo - vocacionado, exclusivamente, à defesa, em tese, da harmonia do sistema constitucional - encontra apoio na própria jurisprudência do Supremo Tribunal Federal, que, por mais de uma vez, já enfatizou a objetividade desse instrumento de proteção 'in abstracto' da ordem constitucional**. Precedentes. Admitido o **perfil objetivo que tipifica a fiscalização abstrata de constitucionalidade, torna-se essencial concluir que, em regra, não se deve reconhecer, como pauta usual de comportamento hermenêutico, a possibilidade de aplicação sistemática, em caráter supletivo, das normas concernentes aos processos de índole subjetiva, especialmente daquelas regras meramente legais que disciplinam a intervenção de terceiros na relação processual**. Precedentes. NÃO SE DISCUTEM SITUAÇÕES INDIVIDUAIS NO PROCESSO DE CONTROLE NORMATIVO ABSTRATO **- Não se discutem situações individuais no âmbito do controle abstrato de normas, precisamente em face do caráter objetivo de que se reveste o processo de fiscalização concentrada de constitucionalidade. O círculo de sujeitos processuais legitimados a intervir na ação direta de inconstitucionalidade revela-se extremamente limitado, pois nela só podem atuar aqueles agentes ou instituições referidos no art. 103 da Constituição, além dos órgãos de que emanaram os atos normativos questionados. - A tutela jurisdicional de situações individuais - uma vez suscitada controvérsia de índole constitucional - há de ser obtida na via do controle difuso de constitucionalidade, que,**

> **supondo a existência de um caso concreto, revela-se acessível a qualquer pessoa que disponha de legítimo interesse** (CPC, art. 3º). [...]" (ADI 1.254-AgR, rel. Ministro Celso de Mello, Tribunal Pleno, julgada em 14/08/1996, DJ de 19/09/1997).
>
> "[...] **A natureza eminentemente objetiva do processo de controle abstrato de constitucionalidade não dá lugar a intervenção de terceiros que pretendam, como assistentes, defender interesses meramente subjetivos**. [...]" (ADI 575-AgR, rel. Ministro Celso de Mello, Tribunal Pleno, julgada em 09/12/1992, DJ de 01/07/1994).

Por outro lado, em relação aos legitimados ativos, assenta-se que em razão de não se discutir, nos processos de controle concentrado e abstrato, qualquer situação concreta ou qualquer questão subjetiva relacionada à norma impugnada – já que o processo é objetivo –, não se tem uma ampla legitimidade de agir para a provocação da fiscalização abstrata de constitucionalidade. Com efeito, diferente do processo civil tradicional, há regras próprias de ordem constitucional que regulam e preveem de modo taxativo o rol de legitimados aptos a ensejar o Supremo Tribunal Federal ao exercício do controle concentrado e abstrato de constitucionalidade.

▶ **STF:**

> "NÃO SE DISCUTEM SITUAÇÕES INDIVIDUAIS NO PROCESSO DE CONTROLE NORMATIVO ABSTRATO - **Não se discutem situações individuais no âmbito do controle abstrato de normas, precisamente em face do caráter objetivo de que se reveste o processo de fiscalização concentrada de constitucionalidade. O círculo de sujeitos processuais legitimados a intervir na ação direta de inconstitucionalidade revela-se extremamente limitado, pois nela só podem atuar aqueles agentes ou instituições referidos no art. 103 da Constituição, além dos órgãos de que emanaram os atos normativos questionados. - A tutela jurisdicional de situações individuais - uma vez suscitada controvérsia de índole constitucional - há de ser obtida na via do controle difuso de constitucionalidade, que, supondo a existência de um caso concreto, revela-se acessível a qualquer pessoa que disponha de legítimo interesse** (CPC, art. 3º). [...]" (ADI 1.254-AgR, rel. Ministro Celso de Mello, Tribunal Pleno, julgada em 14/08/1996, DJ de 19/09/1997).

Uma das grandes celebradas inovações da CRFB/88 quanto ao controle de constitucionalidade foi a ampliação dos legitimados aptos a ensejar a fiscalização abstrata, na linha de sua pretensão mais democrática e participativa. O rol exaustivo de legitimados é previsto no art. 103 da CRFB/88 e reproduzido na legislação infraconstitucional que o regulamenta.

> Art. 103. Podem propor a ação direta de inconstitucionalidade e a ação declaratória de constitucionalidade: (Redação dada pela Emenda Constitucional nº 45, de 2004)
>
> I - o Presidente da República;
>
> II - a Mesa do Senado Federal;
>
> III - a Mesa da Câmara dos Deputados;
>
> IV - a Mesa de Assembléia Legislativa ou da Câmara Legislativa do Distrito Federal; (Redação dada pela Emenda Constitucional nº 45, de 2004)
>
> V - o Governador de Estado ou do Distrito Federal; (Redação dada pela Emenda Constitucional nº 45, de 2004)
>
> VI - o Procurador-Geral da República;
>
> VII - o Conselho Federal da Ordem dos Advogados do Brasil;
>
> VIII - partido político com representação no Congresso Nacional;
>
> IX - confederação sindical ou entidade de classe de âmbito nacional.

Com efeito, dentro desse regime próprio de legitimidade ativa, há requisitos específicos relacionados a alguns legitimados, aqui exemplificados pela pertinência temática, os quais são integralmente aplicáveis à ADIO.

De outro lado, além das características já no início assentadas, o Mandado de Injunção (MI) é uma via subjetiva, concreta/incidental e difusa. Assim, esse *writ* apenas é possível a partir de uma lide, de um caso concreto em que as partes demandam uma tutela jurisdicional para a composição de um problema específico e real (ainda que também vivenciado por outras várias pessoas). Essa distinção básica, como elucidado, acarreta consequências ao longo de todo o procedimento de cada uma das ações, desde a sua legitimidade passiva e o órgão competente para o julgamento de cada uma delas, até a natureza e o alcance das decisões a serem proferidas em cada via (efeitos *erga omnes* ou *inter partes*); além da possibilidade expressa de deferimento de medida liminar na ADIO (art. 12-F da Lei nº 9.868/99), o que não ocorre na Lei do MI.

Desse modo, agrupando as várias diferenças sobre as quais se discorreu, as distinções podem ser sintetizadas no seguinte quadro comparativo.

ELEMENTO DE DISTINÇÃO	MANDADO DE INJUNÇÃO	ADIO
Hipótese de cabimento	Ausência de norma regulamentadora que impeça ou dificulte exercício de direitos ou liberdades constitucionais	Qualquer omissão inconstitucional
Natureza do processo	Subjetivo, concreto e difuso	Objetivo, abstrato e concentrado
Legitimidade ativa	Pessoa natural ou jurídica atingida pela ausência de norma regulamentadora	Art. 103 da CRFB/88
Alcance subjetivo da decisão	*Inter partes*, em regra. Obs: poderá ser conferida eficácia *ultra partes* ou *erga omnes*, quando isso for inerente ou indispensável ao exercício do direito, da liberdade ou da prerrogativa objeto da impetração (art. 9º, § 1º), além das regras próprias para o MI coletivo (art. 13)	*Erga omnes*

Art. 3º São **legitimados para o mandado de injunção, como impetrantes, as pessoas naturais ou jurídicas** que se afirmam titulares dos direitos, das liberdades ou das prerrogativas referidos no art. 2º e, **como impetrado, o Poder, o órgão ou a autoridade com atribuição para editar a norma regulamentadora.**

1. Legitimidade ativa

O art. 3º trata da legitimidade ativa e passiva para a impetração do Mandado de Injunção. Como já adiantado nos comentários aos artigos anteriores, a legitimidade ativa para o MI é atribuída a toda e qualquer pessoa natural ou jurídica atingida pela ausência de norma regulamentadora que impeça ou dificulte o exercício de direitos ou liberdades a ela constitucionalmente assegurados.

► **STF:**

"MANDADO DE INJUNÇÃO. [...] **LEGITIMIDADE ATIVA DE ENTIDADE SINDICAL**. MANDADO DE INJUNÇÃO UTILIZADO COMO SUCEDÂNEO DO MANDADO DE SEGURANÇA. NÃO-CONHECIMENTO. 1. **O acesso de entidades de classe à via do mandado de injunção coletivo é processualmente admissível, desde que legalmente constituídas e em funcionamento há pelo menos um ano**. [...] 3. O mandado de injunção é ação constitutiva; não é ação condenatória, não se presta a condenar o Congresso ao cumprimento de obrigação de fazer. Não cabe a cominação de pena pecuniária pela continuidade da omissão legislativa 4. Mandado de injunção não conhecido." (MI 689/PB, rel. Ministro Eros Grau, Tribunal Pleno, julgamento em 07/06/2006, DJ de 18/08/2006)

"[...] III. - **Somente tem legitimidade ativa para a ação o titular do direito ou liberdade constitucional, ou de prerrogativa inerente à nacionalidade, à soberania e à cidadania, cujo exercício esteja inviabilizado pela ausência da norma infraconstitucional regulamentadora**. [...]" (MI 595-AgR, rel. Ministro Carlos Velloso, Tribunal Pleno, julgamento em 17/03/1999, DJ de 23/04/199)

"MANDADO DE INJUNÇÃO. - O MANDADO DE INJUNÇÃO, COMO PREVISTO NO INCISO LXXI DO ARTIGO 5º DA CARTA MAGNA, SÓ É CABÍVEL QUANDO A FALTA DE NORMA REGULAMENTADORA TORNE INVIÁVEL O EXERCÍCIO DOS DIREITOS E LIBERDADES CONSTITUCIONAIS E DAS PRERROGATIVAS INERENTES À NACIONALIDADE, À SOBERANIA E À CIDADANIA, **O QUE IMPLICA DIZER QUE SÓ TEM LEGITIMIDADE PARA PROPÔ-LO O TITULAR DESSES DIREITOS, LIBERDADES OU PRERROGATIVAS CUJO EXERCÍCIO ESTEJA INVIABILIZADO POR FALTA DE SUA REGULAMENTAÇÃO**. [...]" (MI 395-QO, rel. Ministro Moreira Alves, Tribunal Pleno, julgamento em 27/05/1992, DJ de 11/09/1992).

→ **Aplicação em concurso:**

- **Procurador do Município – PGM/Manaus (2018) – CESPE**

  "Entre os legitimados para a impetração do mandado de injunção, figura a pessoa natural."

  A afirmativa está correta.

- **Procurador do Município (2011) – CESPE**

  "Pessoa jurídica pode impetrar mandado de injunção."

  A afirmativa está correta.

- **Procurador Jurídico – Prefeitura de Alumínio/SP (2016) – VUNESP**

  "No que se refere ao mandado de injunção, é correto afirmar que

  A) A legitimidade ativa é restrita a pessoas e órgãos elencados na Constituição Federal.

  B) O objeto é qualquer omissão constitucional.

  C) A competência é exclusiva do Supremo Tribunal Federal.

  D) A competência é exclusiva dos Tribunais Superiores.

  E) A legitimidade ativa é qualquer pessoa."

  Alternativa correta: letra "E".

2. Legitimidade passiva

No que se refere à legitimidade passiva, o art. 3º assenta que a impetração do Mandado de Injunção é cabível ante ao Poder, ao órgão ou à autoridade com atribuição para editar a norma regulamentadora. Note-se que, na maioria das vezes, a edição da norma regulamentadora caberá ao Poder Legislativo, a quem cabe a função típica e precípua de elaboração das leis. Entretanto, nem sempre a impetração terá como legitimado passivo determinado órgão legislativo, quando o direito dependa, por exemplo, de lei cuja iniciativa é reservada ao Chefe do Executivo (ex: art. 61, § 1º, da CRFB/88) ou a membro do Poder Judiciário ou outro órgão público (ex: art. 96, II, da CRFB/88), por exemplo. Ademais, como já destacado, a omissão regulamentadora do direito ou liberdade afetados pode ser legislativa ou também administrativa.

Assim é que a definição da legitimidade passiva – cuja importância é crucial para a definição do órgão judicial competente, por exemplo – depende do próprio conteúdo do objeto da impetração. Nesse sentido, em termos simples e diretos, a legitimidade passiva se dará para o órgão ou autoridade com competência para elaborar a norma regulamentadora inexistente.

► **STF:**

> "Embargos de declaração nos mandados de injunção 943, 1010, 1074 e 1090. [...] 7. Embargos parcialmente acolhidos (ED 943, 1010, 1074 e 1090), **apenas para reconhecer a ilegitimidade passiva da Companhia Vale do Rio Doce, todavia a manter no feito na qualidade de interessada. Embargos de declaração dos impetrantes nos MI 1010 e 1074 rejeitados**." (MI 943-ED, rel. Ministro Gilmar Mendes, Tribunal Pleno, julgamento em 27/02/2014, DJe de 23/06/2014)

"[...] **SOMENTE PESSOAS ESTATAIS PODEM FIGURAR NO POLO PASSIVO DA RELAÇÃO PROCESSUAL INSTAURADA COM A IMPETRAÇÃO DO MANDADO DE INJUNÇÃO, EIS QUE APENAS A ELAS E IMPUTÁVEL O DEVER JURÍDICO DE EMANAÇÃO DE PROVIMENTOS NORMATIVOS**. [...]" (MI 335-AgR, rel. Ministro Celso de Mello, Tribunal Pleno, julgamento em 09/08/1991, DJ de 17/06/1994)

→ Aplicação em concurso:

- **Auditor Municipal de Controle Interno – Prefeitura de São Paulo/SP (2015) – VUNESP**

  "A respeito dos remédios constitucionais previstos na Carta Magna brasileira, é correto afirmar que [...] o mandado de injunção pode ser ajuizado em face de pessoas jurídicas de direito público ou de direito privado."

  A afirmativa está errada.

Art. 4º A **petição inicial** deverá preencher os requisitos estabelecidos pela lei processual e indicará, **além do órgão impetrado, a pessoa jurídica que ele integra** ou aquela a que está vinculado.

§ 1º Quando não for transmitida por **meio eletrônico**, a petição inicial e os documentos que a instruem serão acompanhados de tantas vias quantos forem os impetrados.

§ 2º Quando o **documento necessário à prova do alegado encontrar-se em repartição ou estabelecimento público, em poder de autoridade ou de terceiro**, havendo recusa em fornecê-lo por certidão, no original, ou em cópia autêntica, será ordenada, a pedido do impetrante, a exibição do documento no **prazo de 10 (dez) dias**, devendo, nesse caso, ser juntada cópia à segunda via da petição.

§ 3º Se a recusa em fornecer o documento for do impetrado, **a ordem será feita no próprio instrumento da notificação.**

1. Petição Inicial

Como qualquer outro processo, o Mandado de Injunção apenas se inaugura após a provocação pela parte autora interessada, o que se dá por meio da petição inicial. Inicialmente, conforme disposição expressa do artigo 4º, se apresentam os mesmos requisitos existentes no Código de Processo Civil para a petição, o que, no CPC/2015, consta de seu art. 319:

> Art. 319. A petição inicial indicará:
>
> I - o juízo a que é dirigida;
>
> II - os nomes, os prenomes, o estado civil, a existência de união estável, a profissão, o número de inscrição no Cadastro de Pessoas Físicas ou no Cadastro Nacional da Pessoa Jurídica, o endereço eletrônico, o domicílio e a residência do autor e do réu;
>
> III - o fato e os fundamentos jurídicos do pedido;
>
> IV - o pedido com as suas especificações;
>
> V - o valor da causa;
>
> VI - as provas com que o autor pretende demonstrar a verdade dos fatos alegados;
>
> VII - a opção do autor pela realização ou não de audiência de conciliação ou de mediação.
>
> § 1º Caso não disponha das informações previstas no inciso II, poderá o autor, na petição inicial, requerer ao juiz diligências necessárias a sua obtenção.
>
> § 2º A petição inicial não será indeferida se, a despeito da falta de informações a que se refere o inciso II, for possível a citação do réu.
>
> § 3º A petição inicial não será indeferida pelo não atendimento ao disposto no inciso II deste artigo se a obtenção de tais informações tornar impossível ou excessivamente oneroso o acesso à justiça.

Além desses requisitos, há algumas peculiaridades a serem observadas no procedimento do *writ* estudado. De início, deve-se indicar de forma expressa o órgão impetrado, isto é, aquele que compõe o polo passivo da demanda, qual seja o órgão ou a entidade a quem se atribui a omissão impugnada. Além disso, em linha semelhante ao que se prevê na Lei do Mandado de Segurança, impõe-se que já na petição inicial se indique a Pessoa Jurídica à qual se ache vinculado o órgão impetrado, até porque essa pode sofrer consequências conforme a decisão a que se chegue ao final do processo.

Já adaptada a lei do processo eletrônico, o § 1º fixa inicialmente a forma eletrônica de transmissão da petição inicial. Entretanto, quando essa for protocolada por meios físicos, exige-se a apresentação de tantas vias quantos sejam as autoridades impetradas e pessoas jurídicas relacionadas, com o fim de se levar a conhecimento destes o conteúdo do que alegado pelo impetrante.

2. Documento necessário em poder de autoridade pública

De forma bastante semelhante ao que previsto pelo art. 6º, § 1º, da Lei nº 12.016/2009, o art. 4º, § 2º, da Lei do Mandado de Injunção prevê que no caso em que a impetração dependa de documento necessário à prova do que alegado que esteja em poder de terceiro ou de autoridade, o juiz poderá determinar, em caso de recusa destes e a pedido da parte autora, a exibição do documento no prazo de 10 (dez) dias. Se a autoridade detentora do documento for também o próprio impetrado, a determinação judicial de exibição poderá contar já do próprio instrumento de sua notificação (§ 3º).

→ Aplicação em concurso:

- **Promotor Substituto – MPE/PR (2016) – Banca própria**

  "Quando o documento necessário à prova do alegado em mandado de injunção encontrar-se em repartição ou estabelecimento público, em poder de autoridade ou de terceiro, havendo recusa em fornecê-lo por certidão, no original, ou em cópia autêntica, será ordenada, a pedido do impetrante, a exibição do documento no prazo de 10 (dez) dias, devendo, nesse caso, ser juntada cópia à segunda via da petição."

  A afirmativa está correta.

3. Competência

Como visto, já desde a petição inicial deve-se indicar a autoridade impetrada, isto é, o órgão ou a autoridade com competência para elaborar a norma regulamentadora inexistente. Além de todos os outros desdobramentos à demanda, a definição da autoridade impetrada é crucial para a fixação do órgão julgador competente para a apreciação e o julgamento do Mandado de Injunção, a qual variará conforme a autoridade impetrada a quem se atribui o estado de omissão gerador da inexistência da norma regulamentadora. É nesse sentido que Hely Lopes Meirelles, Arnoldo Wald e Gilmar Ferreira Mendes afirmam que "as regras de competência serão sempre definidas em função do órgão ou autoridade a que caiba a edição do diploma legal regulamentador"[3].

A Lei nº 13.300/2016 não apresenta regras próprias de competência. Em todo caso, o estudo da competência deve partir das definições

---

3. MEIRELLES, Hely Lopes; WALD, Arnoldo; MENDES, Gilmar Ferreira. **Mandado de segurança e ações constitucionais.** São Paulo: Editora Malheiros, 2013, p. 326.

constitucionais relativas ao tema, que, em geral, são suficientes ao deslinde do tema, ao lado de suas definições jurisprudenciais complementares. Dividiremos nossa análise conforme a competência para o processamento e o julgamento originários do mandado de segurança ou para a análise de eventual recurso ordinário constitucional eventualmente cabível.

3.1. Análise das competências originárias

Ao **Supremo Tribunal Federal**, caberá processar e julgar originariamente o mandado de injunção quando a elaboração da norma regulamentadora couber ao Presidente da República, ao Congresso Nacional, à Câmara dos Deputados, ao Senado Federal, às Mesas de uma dessas Casas Legislativas, ao Tribunal de Contas da União, a um dos Tribunais Superiores, ou ao próprio Supremo Tribunal Federal. É o que dispõe o art. 102, I, 'q', da CRFB/88.

Ainda sobre a competência do STF em matéria de Mandado de Injunção, há entendimento jurisprudencial que afirma, em interpretação ao art. 102, I, 'r', da CRFB/88, ser também de sua atribuição eventuais *writs* impetrados ante a omissão normativa do Conselho Nacional de Justiça (CNJ) e do Conselho Nacional do Ministério Público (CNMP).

► **STF:**

> "Agravo regimental em ação cível originária. Demanda proposta em face do Conselho Nacional de Justiça. Incompetência do Supremo Tribunal Federal. Não conhecimento do feito. Agravo regimental não provido. 1. **A jurisprudência prevalecente do STF está orientada no sentido de que a competência prevista no art. 102, I, r, da Constituição Federal alcança apenas as demandas manejadas por meio de ações de natureza mandamental (mandado de segurança, mandado de injunção, *habeas data* e *habeas corpus*)**. Tratando-se de demanda em face do Conselho Nacional de Justiça (CNJ) manejada pela via ordinária, sua apreciação compete à Justiça Federal de primeira instância, e não ao Supremo Tribunal Federal. Entendimento firmado pelo Plenário na AO nº 1.706-AgR/DF. 2. O entendimento apresentado pelo Ministro Dias Toffoli nos autos da AO nº 1814-QO/MG e da ACO nº 1680-AgR/AL tem sido avaliado pontualmente por esta Corte, sem que represente a regra adotada pelo Supremo Tribunal. 3. Agravo regimental não provido." (ACO 2.891-AgR, rel. Ministro Dias Toffoli, Tribunal Pleno, julgamento em 31/03/2017, DJe de 27/04/2017)

"[...] 1. **A competência desta Corte para conhecer e julgar ações que questionam atos do Conselho Nacional de Justiça – CNJ e do Conselho Nacional do Ministério Público – CNMP se limita às ações tipicamente constitucionais: mandados de segurança, mandados de injunção, *habeas corpus* e *habeas data***. Precedentes: AO 1.814-QO/MG, Rel. Min. Marco Aurélio, Tribunal Pleno, DJe de 03/12/2014; AO 1.706-AgR, Rel. Min. Celso de Mello, Tribunal Pleno, DJe de 18/02/2014. 2. *In casu*, como se trata de ação ordinária, não se configura a competência originária desta Corte para processar e julgar o feito. 3. Agravo regimental a que se nega provimento." (AO 1.692-AgR, rel. Ministro Luiz Fux, Primeira Turma, julgamento em 02/06/2015, DJe de 17/06/2015)

"[...] **RECONHECIMENTO DA COMPETÊNCIA ORIGINÁRIA DO SUPREMO TRIBUNAL FEDERAL APENAS QUANDO SE CUIDAR DE IMPETRAÇÃO de mandado de segurança, de 'habeas data', de 'habeas corpus (se for o caso) ou de mandado de injunção** NAS SITUAÇÕES EM QUE O CNJ (órgão não personificado definido como simples 'parte formal', investido de mera 'personalidade judiciária' ou de capacidade de ser parte) FOR APONTADO como órgão coator – LEGITIMAÇÃO PASSIVA 'AD CAUSAM' DA UNIÃO FEDERAL NAS DEMAIS HIPÓTESES, PELO FATO DE AS DELIBERAÇÕES DO CNJ SEREM JURIDICAMENTE IMPUTÁVEIS À PRÓPRIA UNIÃO FEDERAL, QUE É O ENTE DE DIREITO PÚBLICO EM CUJA ESTRUTURA INSTITUCIONAL SE ACHA INTEGRADO MENCIONADO CONSELHO – COMPREENSÃO E INTELIGÊNCIA DA REGRA DE COMPETÊNCIA ORIGINÁRIA INSCRITA NO ART. 102, I, 'r', DA CONSTITUIÇÃO – DOUTRINA – PRECEDENTES – AÇÃO ORIGINÁRIA NÃO CONHECIDA – RECURSO DE AGRAVO IMPROVIDO. - **A competência originária do Supremo Tribunal Federal, cuidando-se de impugnação a deliberações emanadas do Conselho Nacional de Justiça, tem sido reconhecida apenas na hipótese de impetração, contra referido órgão do Poder Judiciário (CNJ), de mandado de segurança, de 'habeas data', de 'habeas corpus' (quando for o caso) ou de mandado de injunção**, pois, em tal situação, o CNJ qualificar-se-á como órgão coator impregnado de legitimação passiva 'ad causam' para figurar na relação processual instaurada com a impetração originária, perante a Suprema Corte, daqueles 'writs' constitucionais. Em referido contexto, o Conselho Nacional de Justiça, por ser órgão não personificado, define-se como simples 'parte formal' (Pontes de Miranda, 'Comentários ao Código de Processo Civil', tomo I/222-223, item n. 5, 4ª ed., 1995, Forense; José dos Santos Carvalho Filho, 'Manual de Direito Administrativo', p. 15/17, item n. 5, 25ª ed., 2012, Atlas, v.g.), revestido de mera 'personalidade

> judiciária' (Victor Nunes Leal, 'Problemas de Direito Público', p. 424/439, 1960, Forense), achando-se investido, por efeito de tal condição, da capacidade de ser parte (Luiz Guilherme Marinoni e Daniel Mitidiero, 'Código de Processo Civil', p. 101, 5ª ed., 2013, RT; Humberto Theodoro Júnior, 'Curso de Direito Processual Civil', vol. I/101, item n. 70, 54ª ed., 2013, Forense; Nelson Nery Júnior e Rosa Maria de Andrade Nery, 'Código de Processo Civil Comentado', p. 233, item n. 5, 13ª ed., 2013, RT, v.g.), circunstância essa que plenamente legitima a sua participação em mencionadas causas mandamentais. Precedentes. - Tratando-se, porém, de demanda diversa (uma ação ordinária, p. ex.), não se configura a competência originária da Suprema Corte, considerado o entendimento prevalecente na jurisprudência do Supremo Tribunal Federal, manifestado, inclusive, em julgamentos colegiados, eis que, nas hipóteses não compreendidas no art. 102, I, alíneas 'd' e 'q', da Constituição, a legitimação passiva 'ad causam' referir-se-á, exclusivamente, à União Federal, pelo fato de as deliberações do Conselho Nacional de Justiça serem juridicamente imputáveis à própria União Federal, que é o ente de direito público em cuja estrutura institucional se acha integrado o CNJ. Doutrina. Precedentes." (AO 1.706-AgR, rel. Ministro Celso de Mello, Tribunal Pleno, julgamento em 18/12/2013, DJe de 18/02/2014)

Ao **Superior Tribunal de Justiça**, competirá processar e julgar originariamente o mandado de injunção impetrado quando a elaboração da norma regulamentadora for atribuição de órgão, entidade ou autoridade federal, da administração direta ou indireta, excetuados os casos de competência do Supremo Tribunal Federal e dos órgãos da Justiça Militar, da Justiça Eleitoral, da Justiça do Trabalho e da Justiça Federal. É o que dispõe o art. 105, I, 'h', da CRFB/88.

A partir dessa definição residual que a parte final do dispositivo parece atribuir a tal competência do STJ é que surgem algumas dúvidas, especialmente quanto à definição de quais serão as autoridades federais impetradas que justificaram a competência originária daquela Corte e quais as que estarão sujeitas à competência da Justiça Federal, por exemplo. Em tal cenário, a interpretação comumente adotada pelo Superior Tribunal de Justiça é mais restritiva quanto aos casos de sua competência originária, restringindo-a quase que só – às situações em que se volta contra Ministros de Estado, tendência também acompanhada por casos julgados pelo Supremo Tribunal Federal. Assim é que são encontrados casos em que se afirmou a competência da Justiça Federal para mandados de injunção impetrados contra autarquias e agências reguladoras em geral, tais como o CADE, o Banco Central, o IBAMA, a ANATEL e o CONTRAN.

► **STF:**

"**Mandado de injunção: omissão normativa imputada a autarquia federal (Banco Central do Brasil): competência originária do Juiz Federal e não do Supremo Tribunal, nem do Superior Tribunal de Justiça: inteligência da ressalva final do art. 105, I, h, da Constituição.**" (MI 571-QO, rel. Ministro Sepúlveda Pertence, Tribunal Pleno, julgamento em 08/10/1998, DJ de 20/11/1998)

► **STJ:**

"[...] 1. A teor do art. 87, § único, II, da Constituição Federal, **não se insere nas atribuições de Ministro de Estado a elaboração e expedição de norma ou decreto regulamentar. 2. Extinção do processo decretada**, nos termos do art. 267, VI, do CPC." (MI 135/DF, rel. Ministro Francisco Peçanha Martins, Corte Especial, julgamento em 02/02/2000, DJ de 22/05/2000)

"MANDADO DE INJUNÇÃO. LEGITIMAÇÃO PARA REQUERÊ-LO. COMPETÊNCIA DO STJ. REGISTRO DE ENTIDADE SINDICAL. [...] III – **COMPETE AO SUPERIOR TRIBUNAL DE JUSTIÇA PROCESSAR E JULGAR MANDADO DE INJUNÇÃO NO CASO DE A OMISSÃO NORMATIVA SER ATRIBUÍDA A MINISTRO DE ESTADO (CONSTITUIÇÃO, ARTS. 105, I, H E 102, I, Q)**. IV- NO CASO, O PEDIDO APRESENTA A ÍNDOLE DE SEGURANÇA E NÃO DE INJUNÇÃO; DE OUTRA PARTE, NÃO HÁ MAIS OMISSÃO NORMATIVA DA AUTORIDADE MINISTERIAL; FINALMENTE, A HAVER OMISSÃO, E ELA DE NATUREZA LEGAL, O QUE EXCLUI A COMPETÊNCIA DESTA CORTE EM TEMA DE INJUNÇÃO. V- PROCESSO QUE SE DECLARA EXTINTO, COM O CONSEQUENTE ARQUIVAMENTO DOS AUTOS." (MI 19/DF, rel. Ministro Antônio de Pádua Ribeiro, Corte Especial, julgamento em 10/05/1990, DJ de 11/06/1990)

"AGRAVO REGIMENTAL - **MANDADO DE INJUNÇÃO IMPETRADO CONTRA AUTARQUIA FEDERAL - CADE - INCOMPETÊNCIA DO SUPERIOR TRIBUNAL DE JUSTIÇA PARA PROCESSAR E JULGAR O FEITO** - PRECEDENTE DESTA CORTE ESPECIAL E DO PLENÁRIO DO SUPREMO TRIBUNAL FEDERAL. Cuida-se de mandado de injunção, impetrado pelo Ministério Público Federal, contra o Conselho Administrativo de Defesa Econômica - CADE, que, nos termos do artigo 3º da Lei n. 8.884/94, é uma autarquia federal vinculada ao Ministério da Justiça. Esta egrégia Corte Especial, na recente assentada de 27 de março de 2003, **pacificou o entendimento deste colendo Superior Tribunal de Justiça no sentido de que é**

da competência da Justiça Federal conhecer e julgar os mandados de injunção impetrados contra autarquia federal (no caso, contra a ANATEL - MI 174/DF, Rel. Min. Sálvio de Figueiredo Teixeira). A tese adotada por esta colenda Corte harmoniza-se com o modo de julgar do Excelso Supremo Tribunal Federal. Com efeito, o Plenário da Máxima Corte, por votação unânime, ao apreciar o Mandado de Injunção 571-8/SP (DJ 20.11.98), asseverou que é **da Justiça Federal a competência originária para conhecer de mandado de injunção quando a omissão normativa é atribuída a autarquia federal. 'A aparente regra geral de competência do STJ, prevista no art. 105, I, h, CF, quando subtraída das áreas de competência do STF, de um lado, e da Justiça Federal, de outro, reduz-se a hipóteses excepcionais, entre as quais me ocorre, por exemplo, aquela em que, sendo-lhe imputada a omissão normativa, seja um Ministro de Estado a parte formal no processo do mandado de injunção'** (MI 571-8/SP, Rel. Min. Sepúlveda Pertence, DJ 20.11.98). Dessa forma, **compete a este egrégio Tribunal apreciar os mandados de injunção impetrados contra omissão normativa de Ministro de Estado, mas não de autarquia federal vinculada a Ministério, como na hipótese dos autos.** Precedentes colacionados pelo agravante, do Egrégio Supremo Tribunal Federal e desta colenda Corte Superior de Justiça, que não divergem do entendimento esposado por este Magistrado ao reconhecer a incompetência deste Superior Tribunal de Justiça para processar e julgar o presente mandado de injunção. Agravo regimental improvido." (AgRg no MI 185/DF, rel. Ministro Franciulli Netto, Corte Especial, julgamento em 20/10/2004, DJ de 21/03/2005)

"**Mandado de injunção. Competência**. Precedentes da Corte e do Supremo Tribunal Federal. 1. **Tratando-se de mandado de injunção diante de omissão apontada em relação à norma emanada do Conselho Nacional de Trânsito - CONTRAN, órgão autônomo vinculado ao Ministério das Cidades e presidido pelo titular do Departamento Nacional de Trânsito, a competência para processar e julgar o mandado de injunção é da Justiça Federal, nos termos do art. 109, I, da Constituição Federal**. 2. Mandado de injunção não conhecido." (MI 193/DF, rel. Ministro Carlos Alberto Menezes Direito, Corte Especial, julgamento em 22/05/2006, DJ de 14/08/2006)

Em relação aos outros vários órgãos judiciais, não há previsão constitucional que lhes atribua competência originária para Mandados de Injunção. Assim é que, quanto aos Tribunais de Justiça estaduais, por exemplo, sua competência para o *writ* será regulada a partir das disposições da respectiva Constitucional estadual, à qual compete, nos termos do art. 125, §1º, da CRFB/88 a definição de sua competência ("A competência dos tribunais será definida na Constituição do Estado, sendo a lei de organização judiciária de iniciativa do Tribunal de Justiça").

COMPETÊNCIAS ORIGINÁRIAS PARA O MANDADO DE INJUNÇÃO	
Órgão Julgador	**Autoridade à qual cabe a elaboração da norma regulamentadora**
Supremo Tribunal Federal (art. 102, I, 'q', da CRFB/88 + jurisprudência)	Presidente da República, do Congresso Nacional, da Câmara dos Deputados, do Senado Federal, das Mesas de uma dessas Casas Legislativas, do Tribunal de Contas da União, de um dos Tribunais Superiores, ou do próprio Supremo Tribunal Federal. Ademais, conforme entendimento jurisprudencial, incluem-se também o Conselho Nacional de Justiça – CNJ e o Conselho Nacional do Ministério Público – CNMP.
Superior Tribunal de Justiça (art. 105, I, 'b', da CRFB/88)	Órgão, entidade ou autoridade federal, da administração direta ou indireta, excetuados os casos de competência do Supremo Tribunal Federal e dos órgãos da Justiça Militar, da Justiça Eleitoral, da Justiça do Trabalho e da Justiça Federal; com destaque

→ Aplicação em concurso:

- **Auditor de Controle Externo - Área Administrativa - Direito – TCE/PA (2016) – CESPE**

  "É do Supremo Tribunal Federal a competência para o processo e o julgamento de mandado de injunção coletivo apontando ausência de norma regulamentadora a cargo do Tribunal de Contas da União (TCU) ajuizado por associação de classe devidamente constituída."

  A afirmativa está correta.

- **Analista Legislativo – AL/PE (2014) – FCC**

  "Servidor público integrante dos quadros de órgão da Administração pública federal pretende ter reconhecido judicialmente o direito à contagem diferenciada do tempo para aposentadoria, em decorrência de atividade em trabalho insalubre, tendo em vista a inércia do Congresso Nacional em regulamentar, mediante lei complementar, a aposentadoria especial, como determina a Constituição da República. Para tanto, poderá o interessado valer-se de

A) ação declaratória de constitucionalidade, de competência originária do Supremo Tribunal Federal.

B) mandado de injunção, de competência originária do Tribunal Superior do Trabalho.

C) mandado de injunção, de competência originária do Superior Tribunal de Justiça.

D) mandado de injunção, de competência originária do Supremo Tribunal Federal.

E) ação direta de inconstitucionalidade, de competência originária do Supremo Tribunal Federal."

Alternativa correta: letra "D".

3.2. Competências para o Recurso Ordinário

Ao **Supremo Tribunal Federal**, caberá julgar o recurso ordinário em mandado de injunção decididos em única instância pelos Tribunais Superiores, e apenas se denegatória a decisão. É o que dispõe o art. 102, II, 'a', da CRFB/88. Observe-se que a mesma competência recursal do STF existe, nessas mesmas condições, para o *habeas data*, o *habeas corpus* e o mandado de segurança; isto é, as ações mandamentais constitucionais em geral.

Em relação ao **Superior Tribunal de Justiça**, não há previsão de competência para julgamento de recurso ordinário em mandado injunção, limitando-se o art. 105, II, da CRFB/88 a dispor dos casos de mandado de segurança e *habeas corpus*, além das "causas em que forem partes Estado estrangeiro ou organismo internacional, de um lado, e, do outro, Município ou pessoa residente ou domiciliada no País".

► **STJ:**

> "PROCESSUAL CIVIL. AGRAVO REGIMENTAL NO AGRAVO DE INSTRUMENTO. MANDADO DE INJUNÇÃO. ACÓRDÃO DENEGATÓRIO PROFERIDO POR TRIBUNAL ESTADUAL. RECURSO ORDINÁRIO INTERPOSTO PERANTE ESTA CORTE. NÃO CABIMENTO. AUSÊNCIA DE PREVISÃO NORMATIVA. 1. **Entre as hipóteses de cabimento do recurso ordinário dirigido ao Superior Tribunal de Justiça, estabelecidas pelo art. 105, II, da Constituição Federal, não se insere o mandado de injunção**. 2. Ademais, a invocação da Lei n. 8.038/90 não aproveita ao agravante. O disposto no art. 24 da referida lei trata de determinados feitos originários nos Tribunais, isto é, da ação rescisória, dos conflitos de competência, de jurisdição e de

> atribuições, da revisão criminal, do mandado de segurança, do mandado de injunção e do habeas data. De outra parte, o art. 33 do aludido normativo cuida do recurso ordinário, sem qualquer referência ao mandado de injunção. 3. Sendo assim, a utilização do recurso ordinário constitui, na espécie, erro grosseiro, a afastar a aplicação da fungibilidade recursal. 4. Agravo regimental a que se nega provimento." (AgRg no Ag 1.433.245/SE, rel. Ministro Og Fernandes, Segunda Turma, julgamento em 20/08/2015, DJe de 04/09/2015)

Há, ainda, uma última disposição constitucional sobre o tema que assenta a possibilidade de recurso em mandado de injunção também para o Tribunal Superior Eleitoral, conforme previsão do art. 121, §4º, V, da CRFB/88:

> Art. 121. Lei complementar disporá sobre a organização e competência dos tribunais, dos juízes de direito e das juntas eleitorais.
>
> [...]
>
> § 4º Das decisões dos Tribunais Regionais Eleitorais somente caberá recurso quando:
>
> [...]
>
> V - denegarem *habeas corpus*, mandado de segurança, *habeas data* ou mandado de injunção.

Além das disposições constitucionais, o regramento próprio do recurso ordinário é objeto de tratamento dos arts. 1.027 e seguintes do CPC/2015:

> CAPÍTULO VI
> DOS RECURSOS PARA O SUPREMO TRIBUNAL FEDERAL E PARA O SUPERIOR TRIBUNAL DE JUSTIÇA
>
> Seção I
> **Do Recurso Ordinário**
>
> Art. 1.027. Serão julgados em recurso ordinário:
>
> I - pelo **Supremo Tribunal Federal**, os mandados de segurança, os habeas data e os mandados de injunção decididos em única instância pelos tribunais superiores, quando denegatória a decisão;
>
> II - pelo **Superior Tribunal de Justiça**:
>
> a) os mandados de segurança decididos em única instância pelos tribunais regionais federais ou pelos tribunais de justiça dos

Estados e do Distrito Federal e Territórios, quando denegatória a decisão;

b) os processos em que forem partes, de um lado, Estado estrangeiro ou organismo internacional e, de outro, Município ou pessoa residente ou domiciliada no País.

§ 1º Nos processos referidos no inciso II, alínea "b", contra as decisões interlocutórias caberá agravo de instrumento dirigido ao Superior Tribunal de Justiça, nas hipóteses do art. 1.015.

§ 2º Aplica-se ao recurso ordinário o disposto nos arts. 1.013, § 3º, e 1.029, § 5º.

Art. 1.028. Ao recurso mencionado no art. 1.027, inciso II, alínea "b", aplicam-se, quanto aos requisitos de admissibilidade e ao procedimento, as disposições relativas à apelação e o Regimento Interno do Superior Tribunal de Justiça.

§ 1º Na hipótese do art. 1.027, § 1º, aplicam-se as disposições relativas ao agravo de instrumento e o Regimento Interno do Superior Tribunal de Justiça.

§ 2º O recurso previsto no art. 1.027, incisos I e II, alínea "a", deve ser interposto perante o tribunal de origem, cabendo ao seu presidente ou vice-presidente determinar a intimação do recorrido para, em 15 (quinze) dias, apresentar as contrarrazões.

§ 3º Findo o prazo referido no § 2º, os autos serão remetidos ao respectivo tribunal superior, independentemente de juízo de admissibilidade.

→ Aplicação em concurso:

- **Defensor Público – DPE/PR (2017) – FCC**

  "Caberá recurso ordinário ao Superior Tribunal de Justiça quando denegatória a decisão no julgamento de Mandado de Injunção em única instância pelos Tribunais Regionais Federais ou pelos Tribunais dos Estados, do Distrito Federal e Territórios."

  A afirmativa está errada.

Art. 5º Recebida a petição inicial, será ordenada:

I - a **notificação do impetrado** sobre o conteúdo da petição inicial, devendo-lhe ser enviada a segunda via apresentada com as cópias dos documentos, a fim de que, no **prazo de 10 (dez) dias, preste informações;**

II - a **ciência do ajuizamento da ação ao órgão de representação judicial** da pessoa jurídica interessada, devendo-lhe ser enviada cópia da petição inicial, para que, querendo, ingresse no feito.

1. Providências iniciais

O artigo 5º trata das providências iniciais que devem ou podem ser adotadas pelo juiz já no momento em que recebe e despacha a petição inicial do Mandado de Injunção.

Inicialmente, cabe ao juiz determinar que se notifique a autoridade coatora quanto ao conteúdo da petição inicial, enviando-lhe cópia dessa (se não for eletrônica) e de seus documentos, para que apresente suas informações no prazo de 10 (dez) dias. Note que a lei não fala em citação, tampouco em apresentação de contestação, em razão das peculiaridades do procedimento e da razão de ser do Mandado de Injunção. Pela redação literal da lei, a forma de integração do polo passivo pela autoridade impetrada se dá por meio de sua notificação, após o que se lhe coloca a faculdade processual de apresentação de suas informações sobre o estado de mora alegado, bem como sobre as demais alegações aduzidas pelo impetrante na petição inicial.

A lei determina, ainda, que se dê ciência do feito ao órgão de representação judicial da pessoa jurídica interessada (ex: Advocacia-Geral da União nos casos em que se tratar de órgão federal; Procuradoria do Estado, quando se tratar de órgão estadual) enviando-lhe também cópia da inicial, para que, querendo, possa integrar a lide, manifestando-se também sobre o alegado estado de mora. Aponta-se que a razão de ser dessa disposição é que a decisão final a ser proferida no *mandamus* pode representar efeitos a serem suportados pela pessoa jurídica à qual a autoridade omissa pertença.

Por fim, perceba que o dispositivo é análogo ao art. 7º da Lei nº 12.016/2009, com a peculiaridade de que aqui não se faz qualquer menção a medida liminar, posto que, à luz do entendimento jurisprudencial do Supremo Tribunal Federal, incabível no procedimento de Mandado de Injunção.

► **STF:**

> "MANDADO DE INJUNÇÃO - LIMINAR. **Os pronunciamentos da Corte são reiterados sobre a impossibilidade de se implementar liminar em mandado de injunção - Mandados de Injunção nºs 283, 542, 631, 636, 652 e 694, relatados pelos ministros**

Sepúlveda Pertence, Celso de Mello, Ilmar Galvão, Maurício Corrêa, Ellen Gracie e por mim, respectivamente. AÇÃO CAUTELAR – LIMINAR. **Descabe o ajuizamento de ação cautelar para ter-se, relativamente a mandado de injunção, a concessão de medida acauteladora.**" (AC 124/PR, rel. Ministro Marco Aurélio, Tribunal Pleno, julgamento em 23/09/2004, DJ de 12/11/2004)

Destaca-se, porém, que em doutrina há vozes em contrário, manifestando-se pela possibilidade do deferimento de medida liminar em Mandado de Injunção. Ainda que se trate de manifestação exarada quando inexistia a Lei nº 13.300/2016, destaca-se nesse sentido o que afirmam Hely Lopes Meirelles, Arnoldo Wald e Gilmar Ferreira Mendes: "Entendemos cabível, eventualmente, até mesmo a medida liminar como providência cautelar para evitar lesão a direito do impetrante do mandado de injunção, desde que haja possibilidade de dano irreparável se se aguardar a decisão final da Justiça". Argumentam que "se tal medida é cabível para a defesa do direito individual coletivo amparado por lei ordinária, com mais razão há de ser para proteger os direitos e prerrogativas constitucionais asseguráveis pelo mandado de injunção, desde que ocorram os pressupostos do *fumus boni iuris* e do *periculum in mora*"[4].

→ Aplicação em concurso:

- **Promotor Substituto – MPE/PR (2016) – Banca própria**

  "Após o recebimento da petição inicial do mandado de injunção é obrigatório dar-se ciência do ajuizamento da ação ao órgão de representação judicial da pessoa jurídica interessada, devendo-lhe ser enviada cópia da petição inicial, para que, querendo, ingresse no feito."

  A afirmativa está correta.

Art. 6º A **petição inicial será desde logo indeferida** quando a impetração for manifestamente incabível ou manifestamente improcedente.

Parágrafo único. Da decisão de relator que **indeferir a petição inicial, caberá agravo, em 5 (cinco) dias, para o órgão colegiado** competente para o julgamento da impetração.

4. MEIRELLES, Hely Lopes; WALD, Arnoldo; MENDES, Gilmar Ferreira. **Mandado de segurança e ações constitucionais.** São Paulo: Editora Malheiros, 2013, p. 326/327.

1. Indeferimento liminar da petição inicial

Conforme já analisado quando da análise dos requisitos específicos da peça inaugural do Mandado de Injunção, além de seus requisitos formais e materiais próprios, a petição inicial pode ser liminarmente indeferida, mediante decisão devidamente fundamentada (art. 93, IX, da CRFB/88), quando lhe faltar algum requisito legal essencial ou, por exemplo, quando não for o caso dessa ação (como quando não se tratar de direito ou liberdade constitucionalmente assegurado, mas decorrente, tão somente, de ato normativo infraconstitucional).

A partir dessa previsão da legislação específica, não se vislumbra, a princípio, qualquer óbice abstrato que impeça a aplicação ao Mandado de Injunção das técnicas de aceleração da resolução do processo previstas pelo CPC, se materialmente cabíveis tais hipóteses ao caso particular desse *writ*. É o caso, por exemplo, das hipóteses do indeferimento da petição inicial (art. 330 do CPC/2015) e da improcedência liminar do pedido (art. 332 do CPC/2015). Assim é que, por exemplo, existem casos de repercussão geral sobre temas relativos ao Mandado de Injunção, que poderiam ensejar a aplicação dos referidos institutos a um caso concreto.

► **STF:**

> "ADMINISTRATIVO. RECURSO EXTRAORDINÁRIO COM AGRAVO. MANDADO DE INJUNÇÃO. ESTADO DE PERNAMBUCO. SERVIDORES PÚBLICOS. ART. 7º, IX, DA CONSTITUIÇÃO. REGULAMENTAÇÃO DO PAGAMENTO DE ADICIONAL NOTURNO. MATÉRIA INFRACONSTITUCIONAL. AUSÊNCIA DE REPERCUSSÃO GERAL. 1. A controvérsia relativa à regulamentação do pagamento de adicional noturno para servidores públicos do Estado de Pernambuco, fundada na interpretação da Lei Estadual 10.784/92, é de natureza infraconstitucional. 2. É cabível a atribuição dos efeitos da declaração de ausência de repercussão geral quando não há matéria constitucional a ser apreciada ou quando eventual ofensa à Carta Magna se dê de forma indireta ou reflexa (RE 584.608 RG, Min. ELLEN GRACIE, DJe de 13/3/2009). 3. Ausência de repercussão geral da questão suscitada, nos termos do art. 543-A do CPC." (ARE 837.041-Repercussão Geral/PE, rel. Ministro Teori Zavascki, Tribunal Pleno – meio eletrônico, julgamento em 30/10/2014, DJe de 05/12/2014)

> "Recurso extraordinário. Repercussão Geral da questão constitucional reconhecida. Reafirmação de jurisprudência. A omissão referente à edição da Lei Complementar a que se refere o art. 40,

§4º, da CF/88, deve ser imputada ao Presidente da República e ao Congresso Nacional. 2. Competência para julgar mandado de injunção sobre a referida questão é do Supremo Tribunal Federal. 3. Recurso extraordinário provido para extinguir o mandado de injunção impetrado no Tribunal de Justiça." (RE 797.905-Repercussão Geral/SE, rel. Ministro Gilmar Mendes, Tribunal Pleno – meio eletrônico, julgamento em 15/05/2014, DJe de 29/05/2014)

→ Aplicação em concurso:

- **Analista Judiciário – Direito – TJAM (2013) – FGV**

"Com relação ao Mandado de Injunção impetrado por servidor público estadual dirigido contra a omissão legislativa em regulamentar a aposentadoria especial dos servidores (CRFB, Art. 40, § 4°), assinale a afirmativa correta.

A) Deve ser impetrado em face do Estado ao qual se vincule o servidor.

B) Deve ser impetrado em face da União.

C) Não é cabível no caso, por se tratar de matéria a ser regulamentada por lei complementar.

D) Terá como consequência a determinação para que o Estado legisle sobre o tema.

E) Apesar de cabível, em tese, não é necessário que o servidor o impetre, uma vez que há decisões anteriores do STF com caráter erga omnes"

Alternativa correta: letra "B".

2. Cabimento de agravo interno

Contra a decisão do relator que inferir liminarmente a petição inicial do Mandado de Injunção, prevê-se o cabimento de agravo interno (art. 1.021 do CPC/2015), na linha do que determina o parágrafo único do art. 6º da Lei do MI. Aqui, porém, estipula-se o prazo específico de 5 (cinco) dias para a sua interposição.

▶ STF:

Súmula nº 319: "O prazo do recurso ordinário para o Supremo Tribunal Federal, em habeas corpus ou mandado de segurança, é de cinco dias".

Destaca-se, quanto a esse recurso, a peculiaridade de que o Novo CPC prevê a possibilidade de sustentação oral nesse recurso voltado contra a decisão do relator que extinga Mandado de Segurança, Ação Rescisória ou Reclamação (art. 937, § 3º, do CPC/2015), inexistindo dispositivo semelhante que estenda a possibilidade de sustentação nesse caso ao agravo interno em Mandado de Injunção.

Não há previsão de cabimento de apelação por se tratar de recurso interponível em face de sentença e em razão de o procedimento do Mandado de Injunção ser, em regra, originário de Tribunais. Mas se se tratar de sentença de juiz de primeiro grau, a apelação será o recurso cabível.

→ **Aplicação em concurso:**

- **Delegado de Polícia Civil – PC/PA (2016) – FUNCAB**

  "Da decisão de relator que indeferir a petição inicial do mandado de injunção, caberá apelação, em 10(dez) dias, para o órgão colegiado competente para o julgamento da impetração."

  A afirmativa está errada.

Art. 7º Findo o prazo para apresentação das informações, **será ouvido o Ministério Público, que opinará em 10 (dez) dias**, após o que, **com ou sem parecer**, os autos serão conclusos para decisão.

1. Intervenção do Ministério Público

Segundo a literalidade da lei, a oportunidade de intervenção do Ministério Público no procedimento do Mandado de Injunção é obrigatória, na forma e nos prazos estabelecidos pelo art. 7º da Lei estudada. Destaque-se que ao *parquet* caberá atuar como fiscal da ordem jurídica (*custos iuris*), nos casos em não tiver sido o impetrante (ex: art. 12, I, da Lei do MI), atuando de forma independente e funcionalmente autônoma, cumprindo-lhe manifestar sobre o cabimento ou descabimento da ação, a procedência ou não do pedido formulado, sobre a regularidade ou irregularidade do processo, bem como sobre outras questões que julgue relevantes a partir dos interesses que lhe cabe defender.

Diz-se que é obrigatória a necessidade de se oportunizar ao Ministério Público a possibilidade de se manifestar no feito porque não parece restar ao órgão julgador a opção de decidir intimar ou não o membro do *parquet*. Entretanto, desde que devidamente realizada sua intimação, é possível que o processo de Mandado de Injunção prossiga sem a efetiva manifestação do Ministério Público, nas hipóteses em que este não apresentar seu parecer no prazo de 10 (dez) dias. Assim é que o art. 7º possibilita que o processo siga para a fase de sentença "com ou sem o parecer". Por isso é que se afirmou que é obrigatória a oportunidade de intervenção do Ministério Público e não a manifestação em si. A não manifestação do órgão dentro do período legal não pode ser causa ao não prosseguimento do *writ*, para o qual a celeridade e a garantia constitucional de razoável duração dos processos possuem especial relevância, já que se está a se tratar de alegada impossibilidade de exercício de direito ou liberdade constitucional.

Note que essa mesma ideia é agora também adotada, ainda que com menos rigor, pelo CPC/2015 para o procedimento comum. Nesse sentido, o art. 180, § 1º, daquele diploma legal dispõe que "Findo o prazo para manifestação do Ministério Público sem o oferecimento de parecer, o juiz requisitará os autos e dará andamento ao processo".

→ Aplicação em concurso:

- **Delegado de Polícia Civil – PC/PA (2016) – FUNCAB**

  "Findo o prazo para as informações do impetrado, o Ministério Público opinará em 10 (dez) dias e, com o parecer, os autos serão conclusos para decisão."

  A afirmativa está errada.

Apesar de sua obrigatoriedade, eventual descumprimento do dever de intimação do *parquet* é caso de nulidade relativa, em que se requer a demonstração da existência de prejuízo para que seja ela configurada. Trata-se de aplicação da máxima *"pas de nullité sans grief"*, isto é, de que não há nulidade sem prejuízo.

Sobre o assunto, pela conexão e coincidência parcial, aproveita-se o ensejo para rememorar as disposições do CPC/2015 em relação à nulidade advinda da não intervenção do Ministério Público nos casos em que essa for obrigatória:

> Art. 279. É nulo o processo quando o membro do Ministério Público não for intimado a acompanhar o feito em que deva intervir.
>
> § 1º Se o processo tiver tramitado sem conhecimento do membro do Ministério Público, o juiz invalidará os atos praticados a partir do momento em que ele deveria ter sido intimado.
>
> § 2º A nulidade só pode ser decretada após a intimação do Ministério Público, que se manifestará sobre a existência ou a inexistência de prejuízo.

Atuando como fiscal da ordem jurídica, assegura-se ao Ministério Público os poderes de ter vista dos autos depois das partes, de intimação de todos os atos do processo e de recorrer. Feitas as devidas adequações, é de se aplicar o art. 179 do CPC/2015, que assim dispõe:

> Art. 179. Nos casos de intervenção como fiscal da ordem jurídica, o Ministério Público:
>
> I - terá vista dos autos depois das partes, sendo intimado de todos os atos do processo;
>
> II - poderá produzir provas, requerer as medidas processuais pertinentes e recorrer.

Art. 8º Reconhecido o estado de mora legislativa, será **deferida a injunção** para:

I - **determinar prazo razoável** para que o impetrado promova a edição da norma regulamentadora;

II - **estabelecer as condições em que se dará o exercício** dos direitos, das liberdades ou das prerrogativas reclamados ou, se for o caso, as condições em que poderá o interessado promover ação própria visando a exercê-los, **caso não seja suprida a mora legislativa no prazo determinado.**

Parágrafo único. Será **dispensada a determinação a que se refere o inciso I** do *caput* quando **comprovado que o impetrado deixou de atender, em mandado de injunção anterior**, ao prazo estabelecido para a edição da norma.

Art. 9º A decisão terá **eficácia subjetiva limitada às partes** e produzirá efeitos **até o advento da norma regulamentadora.**

§ 1º Poderá ser conferida **eficácia *ultra partes* ou *erga omnes*** à decisão, quando isso for **inerente ou indispensável ao exercício do direito, da liberdade ou da prerrogativa objeto da impetração.**

§ 2º Transitada em julgado a decisão, **seus efeitos poderão ser estendidos** aos casos análogos por decisão monocrática do relator.

§ 3º O **indeferimento do pedido por insuficiência de prova não impede a renovação da impetração** fundada em outros elementos probatórios.

Art. 10. Sem prejuízo dos efeitos já produzidos, **a decisão poderá ser revista**, a pedido de **qualquer interessado**, quando sobrevierem **relevantes modificações das circunstâncias de fato ou de direito.**

Parágrafo único. A **ação de revisão** observará, no que couber, o procedimento estabelecido nesta Lei.

> **Art. 11.** A **norma regulamentadora superveniente** produzirá **efeitos *ex nunc*** em relação aos beneficiados por decisão transitada em julgado, **salvo se a aplicação da norma editada lhes for mais favorável.**
>
> Parágrafo único. Estará **prejudicada a impetração** se a **norma regulamentadora for editada antes da decisão**, caso em que o processo será **extinto sem resolução de mérito.**

1. Decisão no Mandado de Injunção

Os arts. 8º a 11 da Lei nº 13.300/2016 tratam da fase de decisão a ser proferida no Mandado de Injunção, dispositivos em que se cuida do conteúdo possível de tal manifestação judicial, o alcance de sua eficácia, hipóteses em que se perde sua eficácia, sua possibilidade de revisão, dentre outros aspectos e desdobramentos atinentes. Chega-se, aqui, a um ponto de grandes discussões relativamente ao Mandado de Injunção, especialmente no que se refere ao conteúdo da manifestação judicial e qual o alcance de seus efeitos ante ao quadro de omissão legislativa, especialmente no potencial confronto que daqui pode surgir com o princípio da separação dos poderes (art. 2º da CRFB/88).

Com efeito, o exercício da jurisdição por mecanismos que se voltam a garantir a supremacia e a eficácia normativa da Constituição, bem como a efetividade de suas disposições e dos direitos fundamentais nela estatuídos (como são as ações do controle de constitucionalidade e também o Mandado de Injunção) podem evidenciar tensões institucionais e irritações mútuas entre os Poderes da República. O assunto foi objeto de obra específica destinada à temática – que aqui se toma a liberdade de indicar[5], mas destaca-se que as várias teorias que se desenvolvem sobre o tema refletem posições mais amplas ou mais restritas sobre a possibilidade de criação judicial no estado de omissão normativa, lidando diretamente com aspectos como a separação dos Poderes, os limites da atuação do Judiciário, a efetividade das normas constitucionais e dos direitos/liberdades fundamentais, os conflitos entre Constitucionalismo e Democracia, dentre vários outros.

---

5. ARABI, Abhner Youssif Mota. **A tensão institucional entre Judiciário e Legislativo: controle de constitucionalidade, diálogo e a legitimidade da atuação do Supremo Tribunal Federal**. Curitiba: Editora Prismas, 2015.

Com efeito, nessas situações em que a ausência de norma regulamentadora impeça ou dificulte o exercício de direitos ou liberdades constitucionais, a omissão em si seria inconstitucional, uma vez que essa própria inação ofenderia a Constituição ao obstar que garantia nela prevista produz efeitos práticos e concretos. Nessas situações é que se afirma ocorrer uma "síndrome de inefetividade das normas constitucionais", nome de criação doutrinária e cujo conhecimento é relevante.

Antes que se passe ao estudo das várias teorias sobre a natureza da decisão judicial a ser proferida no Mandado de Injunção, destaca-se citação doutrinária que, apesar de longa, representa boa síntese da evolução do entendimento jurisprudencial do Supremo Tribunal Federal quanto ao tema, desde uma posição inicialmente mais restrita (em que caberia ao Judiciário tão somente declarar o estado de omissão legislativa e notificar a autoridade competente para que a resolvesse) até posições mais amplas e positivas.

> "O clássico exemplo dessa posição jurisprudencial [de tão somente declarar a situação de mora e dar ciência ao Poder ou órgão competente para que adote as providências cabíveis e necessárias] é o MI 107, no qual se discutia a estabilidade de servidor público militar, conforme o então vigente § 9º do art. 42 da Constituição Federal, dispositivo já revogado pela Emenda Constitucional nº 18 de 1998. Na ocasião, ficou clara a posição restritiva da corte, também dita não-concretista, de que a decisão deveria se limitar a declarar a inexistência da lei, com a consequente notificação do órgão ou autoridade competente. Isso porque o STF, enquanto integrante do Judiciário, não estaria autorizado a expedir norma geral e abstrata, atribuição reservada ao Poder Legislativo, ou mesmo que limitada ao caso concreto, em nome do princípio da separação dos Poderes. Essa mesma limitação de efeitos valeria também para as decisões proferidas em ação direta por omissão. Ressalta-se, entretanto, a obrigatoriedade da decisão para o legislador, uma vez que o que se busca, com ambos os instrumentos processuais, é a expedição de uma ordem judicial ao legislador, a qual o notifique do estado de mora e o leve a corrigir tal omissão dita inconstitucional. Não se reservava, a despeito da preocupação com a preservação da separação dos poderes, ao legislador a escolha sobre legislar ou não; mas apenas em que termos realizaria tal atividade.
>
> Entretanto, o que o passar do tempo demonstrou, e após várias decisões que nesse sentido se colocavam, é que os moldes literais

expressamente previstos no art. 102, § 2º da Constituição de 1988 para a decisão nos casos de omissão se mostraram insuficientes à solução do complexo fenômeno da omissão inconstitucional. Isso porque, mesmo após tais decisões e notificações, persistia o estado de mora legislativa. [...]

Em um Estado de Direito tal qual o brasileiro, assegura-se aos direitos fundamentais, e inclusive de modo expresso, sua imediata aplicabilidade, nos termos do § 1º do art. 5º do texto constitucional. Essa característica, tal como sugere a própria finalidade da figura do Mandado de Injunção (art. 5º, LXXI), parece demonstrar que se impõe ao legislador o dever de ação imediata na correção do estado de omissão inconstitucional, possibilitando que o exercício dos direitos e liberdades constitucionais possa ser de fato aplicável.

Nesse sentido, diante da ineficácia concreta das decisões proferidas no entendimento anterior, passou-se a concluir que a mera notificação da autoridade competente para a feitura da lei dentro de um prazo razoável não era o bastante. Assim, na evolução jurisprudencial do Supremo Tribunal Federal sobre a matéria, passou-se a fixar um prazo, que se entedia razoável, para que a norma inexistente pudesse ser editada, suprindo o quadro de omissão inconstitucional.

Coloca-se, nesse sentido, a ADI 3.682, caso no qual se discutia a ausência da norma antevista no art. 18, § 4º, da Constituição Federal, o qual prevê a existência de lei complementar que regule a criação, incorporação, fusão e desmembramento de Municípios. Acabou-se, neste caso, por julgar procedente o pedido, declarando o estado de mora em que se encontrava o Congresso Nacional e fixando prazo de 18 meses para que fossem adotadas as providências legislativas necessárias à edição da referida lei, superando assim o estado de inconstitucionalidade decorrente da omissão levantada. [...]

Outro caso notório que demonstra que a alternativa de diálogo institucional não tem sido frutífera no Brasil é o que trata da regulamentação do direito de greve para os servidores públicos. Como se sabe, tal direito é constitucionalmente previsto, mas seu exercício deveria se dar dentro dos limites definidos em lei específica (art. 37, VII), lei essa que, ressalte-se, jamais foi editada. Tal questão, diante da inércia legislativa, foi também levada ao STF por diversas vezes e em diferentes momentos, e sua evolução a seguir demonstrada evidencia uma tentativa nada exitosa de solução conjunta, entre os Poderes Judiciário e Legislativo, da omissão estatal caracterizadora do estado de inconstitucionalidade.

Nos primeiros casos levados ao tribunal, costumava-se decidir que o direito de greve para servidores públicos não poderia ser exercido enquanto não fosse regulamentado pela edição de lei prevista no texto constitucional. Argumentava-se que se tratava de norma constitucional de eficácia limitada e, portanto, de eficácia dependente de norma regulamentadora e não autoaplicável. Tal posicionamento foi adotado por reiteradas vezes durante longo período, vezes das quais figuram como exemplo os Mandados de Injunção 20, 485 e 585. Note-se que, uma vez mais, o posicionamento inicial da Corte foi bastante restritivo, no sentido de tão somente declarar a existência da mora legislativa quanto à edição de norma específica que discipline o direito fundamental em jogo.

Entretanto, persistente o estado inconstitucional de mora legislativa, passou a surgir a ideia de aplicação provisória da lei geral de greve dos trabalhadores da iniciativa privada (Lei nº 7.783/89) também para os servidores públicos. Ressalte-se que se trataria de aplicação provisória, incidente apenas enquanto não editada a aludida lei específica. Operou-se, assim, na jurisprudência do STF, uma revisão parcial de entendimento, exemplificada no julgamento dos Mandados de Injunção 670 e 712. Passou-se a adotar uma solução mais concretizadora para o insistente quadro de omissão que se verificava, de modo que se decidiu aplicar analogicamente aos servidores públicos a lei geral de greve. Tal giro jurisprudencial decorreu da impossibilidade de persistência do quadro de 'selvageria', citando as palavras do Ministro Eros Grau, relator do MI 712, que se instaurara em razão do vácuo legislativo, quadro este que traria consequências nefastas ao Estado Democrático de Direito. Destaca-se, do mencionado voto relator, o seguinte trecho:

> 'Por essa razão, não estou a defender aqui a assunção do papel de legislador positivo pelo Supremo Tribunal Federal. Pelo contrário, enfatizo tão-somente que, tendo em vista as imperiosas balizas constitucionais que demandam a concretização do direito de greve a todos os trabalhadores, este Tribunal não pode se abster de reconhecer que, assim como se estabelece o controle judicial sobre a atividade do legislador, é possível atuar também nos casos de inatividade ou omissão do Legislativo.'

[...]

Foi também a partir desses julgados que passou a ganhar repercussão a ideia da possibilidade de formulação, pelo Supremo Tribunal Federal, de sentenças de perfil aditivo, conceito esse baseado nas *decisioni manipolative* (sentenças manipulativas) do Direito italiano. Trata-se, de um modo geral, de uma técnica de decisão que busca superar a limitação das decisões judiciais ao binômio constitucional/inconstitucional, de modo que as decisões proferidas acabam, diante da complexidade e inevitabilidade do caso, por significar, em alguma medida, uma inovação sobre o texto que se está a interpretar, acrescentando ou retirando dele significados que, a priori e por uma atuação mais restritiva, não seriam autoevidentes.

Entretanto, destaque-se que tal atuação não se dá como um meio de ocupar espaços de poder atribuídos tipicamente ao Legislativo. Pelo contrário, trata-se de um modelo de decisão que tenta se adequar às complexidades da sociedade e das demandas por esta levadas ao Judiciário, garantindo maior concretização aos ditames constitucionais. Em suma, a formulação de decisões aditivas ou manipulativas surgiria no contexto de uma Constituição de caráter fortemente programático e a concomitante ineficácia do Poder Legislativo em dar respostas tempestivas às demandas sociais que surgem em referência aos valores constitucionalmente assegurados. Nesse espaço, caberia ao Poder Judiciário cumprir seu papel de garantidor de concretização e aplicação imediata dos direitos e liberdades fundamentais, suprindo a lacuna inconstitucional deixada pelo Legislativo.

Mais especificamente, na rápida evolução jurisprudencial que aqui se demonstra sobre uma atuação mais restrita ou mais ativa do Supremo Tribunal Federal, entendeu-se que, na verdade, tratava-se de uma solução obrigatória ante ao duradouro conflito entre o direto de greve dos servidores públicos e a necessidade de que se estabelecessem limites à atuação deste direito. Afirmou-se que a discricionariedade do legislador consiste na possibilidade de definição material do conteúdo da lei, jamais alcançando, entretanto, a possibilidade de escolha sobre a edição ou não de determinado diploma legislativo exigido pelo texto constitucional. Nesse sentido que, mais uma vez, se justificaria a conduta dita ativa do Supremo Tribunal Federal, estando este no exercício de uma competência complementar implícita destinada ao preenchimento de lacunas legislativas que impeçam a manifestação concreta de direitos fundamentais.

Tais imbróglios institucionais se repetiram em outras matérias que foram levadas pela sociedade à apreciação do Poder Judiciário. Além do já citado caso da regulamentação de greve dos servidores públicos, houve outros casos em que a inércia legislativa forçou uma conduta mais ativa do Supremo Tribunal Federal, tais como os que trataram do Fundo de Participação dos Estados e do Distrito Federal (FPE) e do Fundo de Participação dos Municípios (FPM), além do caso da regulamentação do aviso prévio proporcional.

Ressalte-se, uma vez mais, que o exercício de tais competências suplementares pelo Poder Judiciário apenas se dá de forma transitória, isto é, até que se dê a edição do respectivo diploma legislativo de incumbência dos legisladores. Isso porque não é dado a este último a opção sobre conceder ou não determinado direito, visto que já são declarados expressamente por previsão constitucional; mas cabe-lhe apenas dispor sobre a formatação e modo de tratamento que se dará ao direito já existente. O que ocorre, entretanto é que diante dessa conduta do Poder Judiciário, a qual se entende constitucionalmente respaldada, os reais responsáveis pela edição das leis regulamentadoras acabam por se acomodar, e diante da situação já resolvida, não atuam no sentido de dar o devido tratamento legislativo às matérias. O que daí não se pode afirmar é que o Poder Judiciário, que atua em função de uma atuação omissiva e inerte do Legislativo (ou melhor, de uma não-atuação legislativa), estaria usurpando competências constitucionalmente repartidas. Conforme se tem mostrado durante todo esse trabalho, a atuação do Poder Judiciário é legítima diante da inércia dos outros Poderes, em especial o Legislativo, uma vez que se dá no sentido de afirmação e concretização de direitos fundamentais."[6]

→ Aplicação em concurso:

- **Procurador Autárquico – PauliPrev (2018) – VUNESP**

"No que se refere ao mandado de injunção, é correto afirmar que:

A) sem prejuízo dos efeitos já produzidos, a decisão poderá ser revista, a pedido de qualquer interessado, quando sobrevierem relevantes modificações das circunstâncias de fato ou de direito.

B) a norma regulamentadora superveniente produzirá efeitos ex tunc em relação aos beneficiados por decisão transitada em julgado, salvo se a aplicação da norma editada lhes for menos favorável.

6. *Ibidem*, pp. 70-78.

C) estará prejudicada a impetração se a norma regulamentadora for editada antes da decisão, caso em que o processo será extinto com resolução de mérito.

D) o indeferimento do pedido por insuficiência de prova impede a renovação da impetração.

E) a decisão terá eficácia objetiva limitada às partes e produzirá efeitos mesmo após o advento da norma regulamentadora."

Alternativa correta: letra 'A'.

- **Procurador do Estado do Maranhão (2016) – FCC**

"Considere os seguintes dispositivos da Lei no 13.300, de 23 de junho de 2016:

Art. 1º Esta Lei disciplina o processo e o julgamento dos mandados de injunção individual e coletivo, nos termos do inciso LXXI do art. 5º da Constituição Federal.

Art. 2º Conceder-se-á mandado de injunção sempre que a falta total ou parcial de norma regulamentadora torne inviável o exercício dos direitos e liberdades constitucionais e das prerrogativas inerentes à nacionalidade, à soberania e à cidadania.

(...)

Art. 3º São legitimados para o mandado de injunção, como impetrantes, as pessoas naturais ou jurídicas que se afirmam titulares dos direitos, das liberdades ou das prerrogativas referidos no art. 2º e, como impetrado, o Poder, o órgão ou a autoridade com atribuição para editar a norma regulamentadora.

(...)

Art. 12. O mandado de injunção coletivo pode ser promovido:

(...)

II – por partido político com representação no Congresso Nacional, para assegurar o exercício de direitos, liberdades e prerrogativas de seus integrantes ou relacionados com a finalidade partidária;

III – por organização sindical, entidade de classe ou associação legalmente constituída e em funcionamento há pelo menos 1 (um) ano, para assegurar o exercício de direitos, liberdades e prerrogativas em favor da totalidade ou de parte de seus membros ou associados, na forma de seus estatutos e desde que pertinentes a suas finalidades, dispensada, para tanto, autorização especial;

(...)

Tomados os dispositivos acima transcritos, os aspectos do mandado de injunção neles disciplinados são:

A) compatíveis com a Constituição Federal e a jurisprudência do Supremo Tribunal Federal.

B) incompatíveis com a Constituição Federal e a jurisprudência do Supremo Tribunal Federal, no que se refere à regulamentação de um mandado de injunção coletivo.

C) incompatíveis com a Constituição Federal e a jurisprudência do Supremo Tribunal Federal, no que se refere à legitimação de pessoas jurídicas para a impetração de mandado de injunção.

D) incompatíveis com a Constituição Federal e a jurisprudência do Supremo Tribunal Federal, no que se refere à legitimação de associações, independentemente de autorização especial, para ajuizamento de ação de índole coletiva.

E) incompatíveis com a Constituição Federal e a jurisprudência do Supremo Tribunal Federal, no que se refere ao objeto do mandado de injunção."

Alternativa correta: letra "A".

2. Teorias sobre a eficácia objetiva

À luz do exposto, são diversas as teorias que se constroem sobre o alcance da eficácia objetiva da decisão em Mandado de Injunção, isto é, sobre qual os limites de seu conteúdo e da atuação judicial.

2.1. Teoria não-concretista

Em um ponto de vista mais restrito, afigura-se a **teoria não-concretista**, que reflete a posição inicialmente adotada pelo Supremo Tribunal Federal citada na evolução que acima se fez. Para esse entendimento, não cabe ao Judiciário efetivamente suprir a omissão normativa impugnada (nem mesmo a determinação de aplicação analógica de outro ato normativo, por exemplo), visto que tal atividade é estranha a suas competências e capacidades institucionais, devendo a decisão proferida limitar-se tão somente a declarar o estado de mora normativa e intimar a autoridade a quem cabe a edição da norma faltante para que proceda à sua elaboração.

A decisão teria, assim, natureza declaratória (quanto à afirmação do estado de omissão normativa) e mandamental (quanto à notificação para que se elabore a norma faltante), mas sem o mesmo vigor executivo que normalmente se confere às decisões judiciais. Como passo seguinte, ainda dentro de uma perspectiva não-concretista, passa-se a admitir a fixação de prazo para que o órgão competente elabore a norma cuja inexistência se reconheceu, mas sem que haja grandes consequências para o caso de descumprimento.

2.2. Teorias concretistas

De outro lado, exsurgem as **teorias concretistas**, que afirmam um maior alcance objetivo da decisão judicial, defendendo que, além da declaração do estado de omissão e da notificação da autoridade competente, é possível que o órgão judicial supra essa mora normativa, estabelecendo os termos e as condições de exercício do direito ou liberdade atingido, até que sobrevenha o ato normativo faltante. Isso porque a qualidade constitucional e fundamental do direito ou liberdade cujo exercício está impedido ou dificultado impõe a atipicidade da natureza mais positiva da medida judicial, que será transitória, isto é, até que a autoridade competente cumpra seu dever constitucional de emissão do ato normativo inexistente.

A perspectiva concretista desdobra-se em algumas subdivisões importantes que, a partir dessa premissa geral comum, apresentam particularidades. Inicialmente, quanto ao alcance subjetivo da decisão, distinguem-se as correntes concretista individual e concretista geral.

Segundo uma corrente **concretista individual**, a solução estabelecida pelo órgão julgador para o estado de omissão normativa é aplicável apenas à situação subjetiva posta nos autos do Mandado de Injunção em que se chegou a tal conclusão, isto é, valerá apenas para o(s) autor(es) do *writ* em julgamento. A eficácia da decisão, portanto, é *inter partes*, isto é, restrita às partes da relação jurídica processual.

O principal fundamento dessa posição é que ao adotar essa solução individual o Poder Judiciário não estaria a fixar normas gerais e abstratas, mas solução incidental e concreta, a partir de uma lide levada a sua apreciação e com o fim de possibilitar o exercício da posição jurídica subjetiva reclamada na ação sob julgamento. Entretanto, como ponto negativo dessa perspectiva, destaca-se a lesão à isonomia, visto que se permitiria o exercício do direito ou da liberdade constitucional reclamado apenas àqueles que ajuizassem suas demandas.

De outro lado, segundo a corrente **concretista geral**, a solução construída judicialmente terá eficácia *erga omnes*, alcançando todos aqueles que estejam naquela mesma situação de impedimento ou dificuldade de exercício do direito ou liberdade constitucional atingido pela omissão inconstitucional, independentemente de terem estes impetrado ou não seus mandados de injunção. Se, por um lado, amplia-se a generalidade e abstração do provimento jurisdicional, de outro, a isonomia parece ser melhor resguardada.

Sob outro elemento de distinção, qual seja a necessidade ou não de prévia concessão de prazo para que seja sanada a omissão inconstitucional, exsurgem as correntes concretista direta e concretista intermediária. Segundo a primeira (**concretista direta**), a solução construída pelo órgão julgador pode se dar imediatamente, isto é, independentemente de prévia atribuição de prazo para que a autoridade competente elabore a norma regulamentadora faltante. De outro lado, a segunda (**concretista intermediária**) recomenda que a solução judicial apenas pode ser construída se antes houver sido conferido o referido prazo para sanação do estado de mora normativa, de modo que apenas em caso de descumprimento desse prazo é que se abrira espaço à criação judicial das definições transitórias.

Analisadas essas teorias principais, nota-se que o art. 8º da Lei nº 13.300/2016 adotou solução sincrética e mista, sem se comprometer com qualquer das teorias. Com efeito, ambas as soluções (determinação de prazo razoável para que a autoridade impetrada proceda à edição da norma regulamentadora ausente e estabelecimento das condições em que se dará o exercício dos direitos, das liberdades ou das prerrogativas reclamados ou, se for o caso, as condições em que poderá o interessado promover ação própria visando a exercê-los) encontram-se albergadas pelos seus incisos. Ainda que a lei indique que a segunda solução é subsidiária à primeira, já que será adotada "caso não seja suprida a mora legislativa no prazo determinado", é possível que essa primeira etapa de fixação de prazo seja dispensada, sobretudo quando a autoridade impetrada já houver descumprido o prazo fixado em Mandado de Injunção anterior (parágrafo único). Mesmo fora dessa hipótese do parágrafo único, entende-se ser possível, excepcionalmente, que já se parta diretamente para o segundo grupo de soluções, especialmente se considerados os 30 anos de vigência do texto constitucional, em que qualquer omissão normativa inconstitucional é agravadamente injustificada.

→ Aplicação em concurso:

- **Procurador do Estado – PGE/RS (2015) – FUNDATEC**

  "No que se refere ao mandado de injunção, previsto no artigo 5º, inciso LXXI, da Constituição Federal de 1988, é correto afirmar que a jurisprudência do STF:

A) Sempre adotou a corrente não concretista, equiparando sua finalidade à da ação de inconstitucionalidade por omissão.

B) Inicialmente adotou a corrente não concretista, equiparando sua finalidade à da ação de inconstitucionalidade por omissão, transitando em 2007 para a corrente concretista com efeitos gerais.

C) Inicialmente adotou a corrente concretista com efeitos gerais, equiparando sua finalidade à da ação de inconstitucionalidade por omissão, transitando em 2007 para a corrente não concretista.

D) Inicialmente adotou a corrente concretista particular, transitando em 2007 para a corrente não concretista, equiparando sua finalidade à da ação de inconstitucionalidade por omissão.

E) Sempre adotou a corrente concretista, no sentido de tornar viável o exercício de direitos e liberdades inviabilizados por faltar norma regulamentadora."

Alternativa correta: letra "B".

- **Defensor Público – DPE/PE (2015) – CESPE**

"A jurisprudência do STF acerca do mandado de injunção evoluiu para admitir que, além de declarar omisso o Poder Legislativo, o próprio tribunal edite a norma geral de que depende o exercício do direito invocado pelo impetrante."

A afirmativa está correta.

3. Eficácia subjetiva da decisão

Em relação à eficácia subjetiva da decisão, a Lei nº 13.300/2016 adota como regra a eficácia *inter partes*, afirmando no *caput* de seu art. 9º que a decisão terá eficácia subjetiva limitada às partes. Além disso, assenta-se expressamente a sua transitoriedade e provisoriedade, já que a solução judicial produzirá efeitos apenas até que advenha a norma regulamentadora, emanada da autoridade competente. Após o trânsito em julgado da primeira decisão judicial que tenha eficácia apenas *inter partes*, seus efeitos poderão ser estendidos ao outros Mandados de Injunção análogos, inclusive por decisão monocrática do relator (§ 2º).

Não obstante, em mais um posicionamento misto e sincrético da Lei estudada, o § 1º desse mesmo art. 9º abre a possibilidade de que seja conferida eficácia *ultra partes* ou *erga omnes* à decisão judicial, nos casos em que essa providência se revele "inerente ou indispensável ao exercício do direito, da liberdade ou da prerrogativa objeto da impetração" (condicionamento que parece existir na totalidade dos casos em que cabível o Mandado de Injunção e procedente o pedido nele formulado). Regra semelhante é prevista também para o Mandado de Injunção coletivo (art. 13).

Por fim, em caso de denegação do Mandado de Injunção apenas por falta de provas, assegura-se a possibilidade de renovação da impetração, já que a negativa anterior terá ocorrido sem a apreciação de seu mérito (§ 3º). Nesse caso, a nova impetração deverá se fazer acompanhar de novos documentos a fim de que se consiga melhor sorte na pretensão inicialmente rejeitada.

→ Aplicação em concurso:

- **Procurador do Município – PGM/Manaus (2018) – CESPE**

  "A decisão que concede mandado de injunção, em regra, gera efeitos ultra partes."

  A afirmativa está errada.

- **Procurador do Estado – PGE/PE (2018) – CESPE**

  "De acordo com lei que disciplina o mandado de injunção, uma vez transitada em julgado a decisão final, o relator poderá, monocraticamente, estender seus efeitos a casos análogos,"

  A afirmativa está correta.

- **Defensor Público – DPE/PR (2017) – FCC**

  "Sobre o Mandado de Injunção, é correto afirmar:

  A lei que o regulamenta, em contrariedade à jurisprudência do Supremo Tribunal Federal, não permite a extensão dos efeitos da decisão para além das partes, já que se trata de processo constitucional subjetivo que visa assegurar o exercício de direitos do impetrante."

  A afirmativa está errada.

- **Delegado de Polícia Civil – PC/PE (2016) – CESPE**

  "A sentença em mandado de injunção gera efeitos *erga omnes*, alcançando, de maneira indistinta, todos aqueles privados de exercer quaisquer direitos e liberdades constitucionais por falta de norma regulamentadora."

  A afirmativa está errada.

- **Delegado de Polícia Civil – PC/PA (2016) – FUNCAB**

  "Transitada em julgado e decisão do mandato de injunção, seus efeitos poderão ser estendidos aos casos análogos, desde que por decisão fundamentada do órgão colegiado competente."

  A afirmativa está errada.

- **Promotor Substituto – MPE/PR (2016) – Banca própria**

  "A Lei n. 13.300/2016 estabeleceu que a decisão em mandado de injunção terá, em regra, eficácia subjetiva limitada às partes. No entanto, poderá lhe ser conferida eficácia *ultra partes* ou *erga omnes* quando isso for inerente ou indispensável ao exercício do direito, da liberdade ou da prerrogativa objeto da impetração."

  A afirmativa está correta.

4. Ação de Revisão

O art. 10 cria uma ação específica de revisão da decisão judicial inicialmente proferida, nos casos em que sobrevenham relevantes modificações das circunstâncias de fato ou de direito, caso em que estarão resguardados os efeitos já produzidos. Ao procedimento de revisão, que não apresenta minudências legais expressamente previstas, aplicar-se-ão as disposições procedimentais estabelecidas pela Lei nº 13.300/2016 ao próprio Mandado de Injunção, de modo que a competência para o seu julgamento será do mesmo órgão judicial prolator da decisão a ser revisada. Segundo esse mesmo dispositivo, a legitimidade ativa é assegurada a qualquer interessado.

Diferentemente de um recurso, trata-se de um meio autônomo, de uma nova ação, mas que não se confunde com a ação rescisória, que é aquela disciplinada pelos arts. 966 e seguintes do CPC/2015, cabível nas hipóteses de rescindibilidade ali estabelecidas. Por meio da ação de revisão não se quer desconstituir a coisa julgada inicialmente formada, mas rever os termos em que esta foi estabelecida, quando houver mudança relevante nas circunstâncias de fato ou de direito que possam ensejar solução diversa daquela inicialmente construída pelo Poder Judiciário.

5. Superveniência da norma regulamentadora

Além do que já discorrido quanto à perda de objeto do Mandado de Injunção ainda não julgado quando sobrevenha, ao seu ajuizamento, a norma regulamentadora, pode ser que essa exsurja já depois de transitada em julgado decisão judicial que tenha estabelecido o modo de exercício dos direitos, das liberdades ou das prerrogativas reclamados no *writ*. Nesses casos, a superveniência da lei fará com que essa passe a produzir seus efeitos, sobrepondo-se ao que afirmado pela decisão judicial. A nova norma regulamentadora, porém, apenas será aplicável as situações ocorridas a partir de sua vigência, possuindo, portanto, efeitos *ex nunc*. A ressalva quanto a essa regra se dá quando a norma editada seja mais favorável aos beneficiados do que o regime transitório estabelecido por decisão judicial transitada em julgado, caso em que as disposições normativas poderão ser aplicadas retroativamente nos termos do *caput* do art. 11 da Lei nº 13.300/2016.

Em relação ao parágrafo único do art. 11, que estabelece que a edição da norma regulamentadora antes da decisão de mérito do Mandado de Injunção, ensejará sua extinção sem resolução de mérito, rememora-se o que já discorrido quanto à perda de objeto do Mandado de Injunção. Assim é que se afirmou que no caso da edição da norma regulamentadora supervenientemente à impetração do MI, a jurisprudência mais tradicional afirma ser, em regra, o caso de sua perda de objeto, ensejando a extinção, sem apreciação de mérito, do referido *writ*.

▶ **STF:**

> "AGRAVO REGIMENTAL EM MANDADO DE INJUNÇÃO. ALEGADA OMISSÃO DA NORMA REGULAMENTADORA DO ART. 7º, XXI, DA CONSTITUIÇÃO. SUPERVENIÊNCIA DA LEI 12.506/2011. PERDA DE OBJETO. AGRAVO DESPROVIDO. I - **A orientação do Supremo Tribunal Federal é pela prejudicialidade do mandado de injunção com a edição da norma regulamentadora então ausente**. II - Excede os limites da via eleita a pretensão de sanar a alegada lacuna normativa do período pretérito à edição da lei regulamentadora. III – Agravo a que se nega provimento." (MI 1.011-AgR, rel. Ministro Ricardo Lewandowski, Tribunal Pleno, julgamento em 10/05/2012, DJe de 30/05/2012)

> "**MANDADO DE INJUNÇÃO - OBJETO - PERDA. Uma vez editada a lei em relação à qual restou apontada omissão, tem-se a perda de objeto do mandado de injunção**. MANDADO DE INJUNÇÃO - INCONSTITUCIONALIDADE DE NORMA - CONTROLE CONCENTRADO. O mandado de injunção não é o meio próprio a lograr-se o controle concentrado de constitucionalidade de certa norma." (MI 575-AgR, rel. Ministro Marco Aurélio, Tribunal Pleno, julgamento em 29/10/1998, DJ de 26/02/1999)

> "Mandado de injunção. Alegação de falta de regulamentação do disposto no inciso I do artigo 202 da Constituição. - Legitimação ativa dos impetrantes reconhecida porque o citado dispositivo constitucional lhes conferiu direito para cujo exercício e mister sua regulamentação. - **Regulamentação que se fez pela Lei n. 8.213, de 24 de julho de 1991, posteriormente, portanto, a impetração deste mandado, mas antes da conclusão de seu julgamento. Mandado de injunção que se julga prejudicado**." (MI

183/RS, rel. Ministro Moreira Alves, Tribunal Pleno, julgamento em 30/10/1991, DJ de 28/02/1992)

Entretanto, destaca-se haver caso em que se afastou a tese de prejudicialidade do Mandado de Injunção, mesmo com a superveniência da norma regulamentadora, tendo em vista que o julgamento de mérito do *writ* já havia sido iniciado pelo Plenário do STF.

▶ **STF:**

> "Embargos de declaração nos mandados de injunção 943, 1010, 1074 e 1090. 2. Aviso prévio proporcional ao tempo de serviço. 3. Advento da Lei 12.506/2011 no curso do julgamento. 4. Aplicação de parâmetros similares aos da referida lei. 5. Alegação de omissão quanto ao pedido de exclusão da embargante, Companhia Vale do Rio Doce, do pólo passivo dos writs. 6. **Argumentação de perda superveniente do objeto das impetrações em razão do advento da norma regulamentadora. Rejeição da tese pelo Plenário, que decidiu dar continuidade no julgamento dos MI impetrados antes da publicação da Lei 12.506/2011** 7. Embargos parcialmente acolhidos (ED 943, 1010, 1074 e 1090), apenas para reconhecer a ilegitimidade passiva da Companhia Vale do Rio Doce, todavia a manter no feito na qualidade de interessada. Embargos de declaração dos impetrantes nos MI 1010 e 1074 rejeitados." (MI 943-ED, rel. Ministro Gilmar Mendes, Tribunal Pleno, julgamento em 27/02/2014, DJe de 23/06/2014)

→ **Aplicação em concurso:**

- **Defensor Público – DPE/PR (2017) – FCC**

  "Sobre o Mandado de Injunção, é correto afirmar:

  A sentença proferida nele poderá estabelecer as condições em que se dará o exercício dos direitos, das liberdades ou das prerrogativas reclamados, caso haja mora do órgão impetrado. Se editada a norma faltante em momento posterior, esta não retroagirá, exceto se for benéfica ao impetrante."

  A afirmativa está correta.

- **Promotor Substituto – MPE/PR (2016) – Banca própria**

  "A norma regulamentadora superveniente produzirá efeitos *ex nunc* em relação aos beneficiados por decisão transitada em julgado proferida em mandado de injunção, salvo se a aplicação das regras da decisão judicial lhes for mais favorável"

  A afirmativa está errada.

- **Delegado de Polícia Civil – PC/PA (2016) – FUNCAB**

  "A norma regulamentadora superveniente produzirá efeitos *ex nunc* em relação aos beneficiados por decisão transitada em julgado em sede de mandado de injunção, salvo se a aplicação da norma editada lhes for mais favorável."

  A afirmativa está correta.

- **Juiz do Trabalho Substituto – TRT/4ª Região (2016) – Banca própria**

  "Sobrevindo norma regulamentadora, quando em curso mandado de injunção, prestar-se-á a via eleita para sanar a lacuna normativa do período pretérito à edição da lei regulamentadora."

  Afirmativa errada.

- **Analista Judiciário – Oficial de Justiça (Avaliador) – TJDFT (2015) – CESPE**

  "Conforme o STF, a edição de norma regulamentadora prejudica o mandado de injunção, salvo na hipótese de o impetrante pretender ver sanada lacuna normativa do período anterior à edição da lei."

  Afirmativa errada.

- **Procurador do Estado – PGE/PA (2015) – UEPA**

  "A orientação do STF é pela prejudicialidade do mandado de injunção com a edição da norma regulamentadora então ausente. Excede os limites desta Ação a pretensão de sanar eventual lacuna normativa do período pretérito à edição da lei regulamentadora."

  Afirmativa correta.

- **Juiz de Direito Substituto – TJAL (2015) – CESPE**

  "É cabível a impetração de mandado de injunção, ainda que já tenha sido editada a norma exigida pelo texto constitucional, para que seja sanada a omissão existente no período anterior à tardia edição da lei regulamentadora."

  Afirmativa errada.

- **Juiz de Direito Substituto – TJPB (2015) – CESPE**

  "Após a impetração de mandado de injunção, pendente de julgamento, o diploma legal objeto da reclamação foi promulgado. Nessa situação, a ação não estará prejudicada por ser possível, na via processual, discutir pretensão do interessado de sanar a lacuna normativa no período pretérito à edição da lei regulamentadora."

  Afirmativa errada.

6. Recursos

Além da já estudada previsão do cabimento de agravo interno contra a decisão de relator que indefira liminarmente a petição inicial do Mandado de Injunção (artigo 6º, parágrafo único), a Lei nº 13.300/2016 não trata dos recursos cabíveis em tal procedimento. Ademais, há as previsões constitucionais de cabimento de recurso ordinário (para o Supremo Tribunal Federal e para o Tribunal Superior Eleitoral), na linha do que já destacado quando do estudo das competências.

Apesar da não previsão legal, pode se afirmar serem cabíveis outros recursos como os embargos de declaração, já que oponíveis contra qualquer decisão judicial (art. 1.022 do CPC/2015); os recursos extraordinário e especial, cuja possibilidade decorre das próprias previsões constitucionais e da aplicação subsidiária do art. 18 da Lei nº 12.016/2009 c/c o art. 14 da Lei nº 12.016/2009; e até mesmo apelação contra apelação, se eventualmente for o caso de alguma competência originária de primeira instância.

Art. 12. O **mandado de injunção coletivo** pode ser promovido:

I - **pelo Ministério Público**, quando a tutela requerida for especialmente relevante para a **defesa da ordem jurídica, do regime democrático ou dos interesses sociais ou individuais indisponíveis**;

II - por **partido político com representação no Congresso Nacional**, para assegurar o exercício de direitos, liberdades e prerrogativas **de seus integrantes ou relacionados com a finalidade partidária**;

III - por **organização sindical, entidade de classe ou associação legalmente constituída e em funcionamento há pelo menos 1 (um) ano**, para assegurar o exercício de direitos, liberdades e prerrogativas em favor **da totalidade ou de parte de seus membros ou associados**, na forma de seus estatutos e desde que pertinentes a suas finalidades, **dispensada, para tanto, autorização especial**;

IV - pela **Defensoria Pública**, quando a tutela requerida for especialmente relevante para a **promoção dos direitos humanos e a defesa dos direitos individuais e coletivos dos necessitados**, na forma do inciso LXXIV do art. 5º da Constituição Federal.

Parágrafo único. Os direitos, as liberdades e as prerrogativas protegidos por mandado de injunção coletivo são os **pertencentes, indistintamente, a uma coletividade indeterminada de pessoas ou determinada por grupo, classe ou categoria**.

Art. 13. No mandado de injunção coletivo, **a sentença fará coisa julgada limitadamente às pessoas integrantes da coletividade, do grupo, da classe ou da categoria substituídos pelo impetrante, sem prejuízo do disposto nos §§ 1º e 2º do art. 9º.**

Parágrafo único. O mandado de injunção coletivo **não induz litispendência em relação aos individuais,** mas os efeitos da coisa julgada não beneficiarão o impetrante que **não requerer a desistência da demanda individual no prazo de 30 (trinta) dias** a contar da ciência comprovada da impetração coletiva.

1. Mandado de Injunção Coletivo

Por se tratar de uma das ações coletivas, os arts. 12 e 13 da Lei nº 13.300/2016 foram objeto de tratamento específico pelo Volume 28 desta coleção de "Leis Especiais para Concursos", que tratando dos Direitos Coletivos em geral aborda a questão conjuntamente com as outras leis concernentes ao microssistema do processo civil coletivo, tais como a Lei da Ação Civil Pública (7.347/1985), o Título III do Código de Defesa do Consumidor (8.078/1990), a Lei da Ação Popular (4.717/1965) e também o Mandado de Segurança Coletivo (artigos 21 e 22 da Lei nº 12.016/2009). Para o estudo específico desses assuntos, remetemos o leitor à referida obra, já que o estudo conjunto de todos esses atos normativos é essencial à mais completa compreensão da matéria.

Ainda assim, abaixo, destaca-se ao leitor algumas questões relativas ao tema, que se resolvem pela mera leitura dos dispositivos legais.

→ Aplicação em concurso:

- **Juiz do Trabalho Substituto – TRT/4ª Região (2016) – Banca própria**

  "Não é possível ajuizar mandado de injunção coletivo."

  Afirmativa errada.

- **Promotor Substituto – MPE/PR (2016) – Banca própria**

  "O mandado de injunção coletivo não induz litispendência em relação aos individuais, mas os efeitos da coisa julgada não beneficiarão o impetrante que não requerer a desistência da demanda individual no prazo de 30 (trinta) dias a contar da ciência comprovada da impetração coletiva."

  A afirmativa está correta.

- **Delegado de Polícia Civil – PC/PA (2016) – FUNCAB**

  "O mandado de injunção coletivo, pode ser impetrado por organização sindical legalmente constituída e em funcionamento há pelo menos 1 (um) ano, para assegurar o exercício de direitos, liberdades e prerrogativas de seus membros, mediante autorização especial obtida em assembleia geral."

  A afirmativa está errada.

Art. 14. Aplicam-se **subsidiariamente ao mandado de injunção as normas do mandado de segurança**, disciplinado pela Lei nº 12.016, de 7 de agosto de 2009, **e do Código de Processo Civil**, instituído pela Lei nº 5.869, de 11 de janeiro de 1973, e pela Lei nº 13.105, de 16 de março de 2015, observado o disposto em seus arts. 1.045 e 1.046.

1. Aplicação subsidiária das normas processuais civis e das regras do Mandado de Segurança

O artigo 14 determina, por fim, a aplicação subsidiária ao Mandado de Injunção das normas processuais civis (CPC) e do Mandado de Segurança (Lei nº 12.016/2009). A previsão é importante em razão da sinteticidade da Lei nº 13.300/2016, que parece não ter esgotado todas as regras procedimentais a serem eventualmente adotadas durante o transcurso do MI.

Rememora-se que a Lei nº 13.300/2016 – apesar de editada mais de vinte e sete anos depois da promulgação da CRFB/88 – foi a primeira lei do ordenamento jurídico brasileiro destinada a dar tratamento ao mandado de injunção, minudenciando e regulamentando as normas constitucionais e estabelecendo seu procedimento. No estado anterior à sua existência, especialmente nos primeiros anos de vigência do atual texto constitucional, discutia-se se a norma constitucional do art. 5º, LXXI, seria autoaplicável ou se a possibilidade de manejo do Mandado de Injunção dependeria de prévia norma infraconstitucional que atribuísse eficácia à previsão constitucional e estabelecesse o seu iter procedimental.

Como já acima destacado, a questão foi analisada pelo Supremo Tribunal Federal ainda na década de 1980 em questão de ordem suscitada no famoso MI 107. À época, evidenciavam-se duas posições antagônicas, conforme a defesa da necessidade ou desnecessidade da existência de prévio ato normativo infraconstitucional que regulamentasse o direito ao uso do Mandado de Injunção. Restou vencedora a tese de que a ausência de norma infraconstitucional não poderia impedir o manejo de tal remédio constitucional, de modo que, na ausência de regramento específico, dever-se-ia utilizar o procedimento então existente para o *writ* do Mandado de Segurança.

▶ **STF:**

> "**MANDADO DE INJUNÇÃO. QUESTÃO DE ORDEM SOBRE SUA AUTO-APLICABILIDADE, OU NÃO**. - EM FACE DOS TEXTOS DA CONSTITUIÇÃO FEDERAL RELATIVOS AO MANDADO DE INJUNÇÃO, É ELE AÇÃO OUTORGADA AO TITULAR DE DIREITO, **GARANTIA OU PRERROGATIVA A QUE ALUDE O ARTIGO 5º., LXXI, DOS QUAIS O EXERCÍCIO ESTÁ INVIABILIZADO PELA FALTA DE NORMA REGULAMENTADORA**, E AÇÃO QUE VISA A OBTER DO PODER JUDICIÁRIO A DECLARAÇÃO DE INCONSTITUCIONALIDADE DESSA OMISSÃO SE ESTIVER CARACTERIZADA A MORA EM REGULAMENTAR POR PARTE DO PODER, ÓRGÃO, ENTIDADE OU AUTORIDADE DE QUE ELA DEPENDA, COM A FINALIDADE DE QUE SE LHE DÊ CIÊNCIA DESSA DECLARAÇÃO, PARA QUE ADOTE AS PROVIDÊNCIAS NECESSÁRIAS, À SEMELHANÇA DO QUE OCORRE COM A AÇÃO DIRETA DE INCONSTITUCIONALIDADE POR OMISSÃO (ARTIGO 103, PAR-2., DA CARTA MAGNA), E DE QUE SE DETERMINE, SE SE TRATAR DE DIREITO CONSTITUCIONAL OPONÍVEL CONTRA O ESTADO, A SUSPENSÃO DOS PROCESSOS JUDICIAIS OU ADMINISTRATIVOS DE QUE POSSA ADVIR PARA O IMPETRANTE DANO QUE NÃO OCORRERIA SE NÃO HOUVESSE A OMISSÃO INCONSTITUCIONAL. – **ASSIM FIXADA A NATUREZA DESSE MANDADO, E ELE, NO ÂMBITO DA COMPETÊNCIA DESTA CORTE – QUE ESTÁ DEVIDAMENTE DEFINIDA PELO ARTIGO 102, I, 'Q' -, AUTO-EXECUTÁVEL, UMA VEZ QUE, PARA SER UTILIZADO, NÃO DEPENDE DE NORMA JURÍDICA QUE O REGULAMENTE, INCLUSIVE QUANTO AO PROCEDIMENTO, APLICÁVEL QUE LHE É ANALOGICAMENTE O PROCEDIMENTO DO MANDADO DE SEGURANÇA, NO QUE COUBER. QUESTÃO DE ORDEM QUE SE RESOLVE NO SENTIDO DA AUTO-APLICABILIDADE DO MANDADO DE INJUNÇÃO**, NOS TERMOS DO VOTO DO RELATOR." (MI 107-QO/DF, rel. Ministro Moreira Alves, Tribunal Pleno, julgamento em 23/11/1989, DJ de 21/09/1990)

Desde então, a discussão passou a ser quase que inexistente, mas a sua importância histórica revela a necessidade de menção a tal julgamento. Com a superveniência da Lei nº 8.038/1990, que instituiu normas procedimentais para os processos que especifica, perante o Superior Tribunal de Justiça e o Supremo Tribunal Federal, passou a existir previsão expressa no ordenamento jurídico brasileiro da aplicação do procedimento do Mandado de Segurança. Com efeito, o parágrafo único de seu art. 25 firmou o entendimento de que "No mandado de injunção e no habeas data, serão observadas, no que couber, as normas do mandado de segurança, enquanto não editada legislação específica". Por fim, destaca-se que com o regramento agora específico da Lei nº 13.300/2016, seu art. 14 afirma a aplicabilidade subsidiária ao mandado de injunção as normas do mandado de segurança Lei nº 12.016/2009, além do Código de Processo Civil.

Essa possibilidade agora expressa de aplicação subsidiária das normas do Mandado de Segurança ao Mandado de Injunção já teve sua aplicação invocada pelo Supremo Tribunal Federal para assentar, por exemplo, a impossibilidade de fixação de condenação ao pagamento de honorários advocatícios nessa impetração ora estudada, o que se mantém também durante a fase recursal que nela possa existir.

▶ **STF:**

> "AGRAVO INTERNO EM MANDADO DE INJUNÇÃO. SEGURADO DO REGIME GERAL DE PREVIDÊNCIA SOCIAL. DESAPOSENTAÇÃO. AUSÊNCIA DE DEVER CONSTITUCIONAL DE LEGISLAR SOBRE O TEMA. PRECEDENTES. 1. À míngua de direito subjetivo constitucionalmente assegurado à 'desaposentação', consoante assentado em precedentes desta Suprema Corte, não há falar em inércia legislativa na sua regulamentação e, portanto, não há campo para a concessão da ordem injuncional pretendida. 2. **Inaplicável o art. 85, § 11, do CPC/2015, por se tratar de recurso interposto em mandado de injunção (arts. 14 da Lei nº 13.300/2016 e 25 da Lei 12.016/2009)**. 3. Agravo interno conhecido e não provido, com aplicação, no caso de votação unânime, da penalidade prevista no art. 1.021, § 4º, do CPC/2015, calculada à razão de 5% (cinco por cento) sobre o valor atualizado da causa." (MI 6.658-AgR/DF, rel. Ministra Rosa Weber, Tribunal Pleno, julgamento em 02/06/2017, DJe de 13/06/2017)

Em relação às normas gerais de processo civil, além do CPC/2015 (Lei nº 13.105/2015), o dispositivo faz referência também ao revogado CPC/1973 (Lei nº 5.869/1973), fazendo a ressalva de observância dos artigos 1.045 e 1.046 do Novo CPC, que assim estabelecem:

> Art. 1.045. Este Código entra em vigor após decorrido 1 (um) ano da data de sua publicação oficial.
>
> Art. 1.046. Ao entrar em vigor este Código, suas disposições se aplicarão desde logo aos processos pendentes, ficando revogada a Lei no 5.869, de 11 de janeiro de 1973.

Art. 15. Esta Lei entra em **vigor na data de sua publicação.**

Brasília, 23 de junho de 2016; 195º da Independência e 128º da República.

EDITORA
JusPODIVM
www.editorajuspodivm.com.br
Impresso por :
Graphium
gráfica e editora
Tel.:11 2769-9056